NOTICE HISTORIQUE

SUR

LA FONDATION

DE LA

SOCIÉTÉ DE L'UNION

DES

TRAVAILLEURS DU TOUR-DE-FRANCE

RÉDIGÉE ET PROPOSÉE

Par le sociétaire MARQUET, du Bureau des Serruriers, à Paris, 1873

REVUE ET ADOPTÉE PAR UNE COMMISSION
COMPOSÉE DES SOCIÉTAIRES

BRUDON, COTTIN, HAMON, GUILLIER, LEDAIN, LINIEZ,
MARQUET, PAIN, PERRIGOT ET THIERRY

MÉDAILLE D'OR
A l'Exposition collective ouvrière
internationale de 1878

8e ÉDITION

REVUE ET AUGMENTÉE

Ouvriers, vous êtes faibles et malheureux parce que vous êtes divisés. « Unissez-vous, l'union fait la force. » (*Proverbe.*)

TOURS
IMPRIMERIE PAUL BOUSREZ

1832-1900

MINISTÈRE
DE
L'INTÉRIEUR

DIRECTION
DU PERSONNEL ET DU SECRÉTARIAT

5e Bureau

SOCIÉTÉ
de Secours Mutuels
L'UNION DES TRAVAILLEURS
DU
Tour de France
A PARIS

N° 141

STATUTS

RÉPUBLIQUE FRANÇAISE

Le Président du Conseil, Ministre de l'Intérieur et des Cultes;

Vu la loi du 1er avril 1898;

Vu le dépôt prescrit par l'article 4 de la loi précitée effectué le 5 août 1899.

ARRÊTE :

Article premier

Sont approuvés, tels qu'ils sont annexés au présent arrêté, les statuts de la Société de secours mutuels l'*Union des Travailleurs du Tour de France*, à Paris.

Art. 2

Le Préfet de police est chargé de l'exécution du présent arrêté.

Fait à Paris, le 25 août 1899.

Signé: WALDECK-ROUSSEAU.

Pour ampliation :

Le chef du bureau du Secrétariat,

(Illisible.)

RECOMPENSES OBTENUES

Par la Société de l'Union des Travailleurs du Tour-de-France

1878, Médaille d'Or à Paris

obtenue à l'occasion de l'Exposition collective ouvrière, pour récompenser l'intelligence et la persistance de ses efforts en vue d'unir les travailleurs et d'améliorer leur situation.

1894, Médaille d'Argent,

décernée à Lyon pour la présentation de nos livres et règlements, constatant la bonne organisation de notre Société.

Même année : Prime

au Congrès-Concours de Genève, récompense décernée pour la plus faible durée des malades (qui est au-dessous de 20 jours par malade et par année et pour ses contributions qui ne dépassent pas 20 francs comme moyenne par membre et par année).

1895, Médaille d'Or

reçue à l'Exposition de Bordeaux, pour l'exposition d'une vitrine contenant notre bannière, nos règlements, notre notice relatant principalement que nous n'abandonnons jamais nos collègues durant toute leur existence.

1896, Médaille d'Or

reçue à l'Exposition de Rouen, pour la présentation des statuts concernant la bonne organisation de la Société.

Même année : Médaille de Bronze

décernée à l'Exposition du travail de Rouen, pour des travaux présentés par les sociétaires Thouvenet pour un plan et Laurent pour un travail de mécanique.

1897, Médaille de Vermeil

reçue au Congrès-Concours de Saintes, pour un traité fourni sur l'assurance que peut donner l'état des sociétaires de secours mutuels, comparativement aux sociétés de retraite simple.

PRÉFACE

Écrire l'histoire, surtout celle d'une Société, c'est urgent et utile; il est donc bon d'en démontrer la nécessité dans cette préface, et prouver que pour la Société de l'Union c'était un besoin, un devoir impérieux et important.

Aussi, pour bien raconter tout ce qui a été réalisé de bienfaits dans cette Société, où la mutualité et l'unité remplissent un grand rôle, il a fallu mentionner avec preuve à l'appui tout ce qui a donné la pensée de l'instituer, et tout ce qui a contribué à son origine ainsi qu'à la transformation sociale qui évidemment a dû s'accomplir, afin d'améliorer la position des jeunes ouvriers voyageurs sur le tour de France.

C'est pourquoi aussi l'on s'est appliqué à faire ressortir avec beaucoup de clarté tout ce qui en a rendu le besoin utile, afin que ceux qui sont appelés à en faire partie connaissent bien toutes les difficultés que les promoteurs ont eu à vaincre avant que leur œuvre de bienfaisance mutuelle ait été en état de rendre tout le bien désirable pour l'humanité.

C'est donc pour toutes ces raisons que l'idée de faire une *Notice historique* sur la Société de l'Union a été adoptée sans aucune opposition, parce qu'il était évident qu'un tel document serait très précieux pour ceux qui aiment à connaître la vérité sur tous les faits accomplis depuis l'ère première de la fondation jusqu'à l'époque actuelle où l'on se trouve, et pour que l'on soit bien renseigné sur tout ce qui a servi à faire : Unité des travailleurs, principe institué par les fondateurs de la Société.

C'est ainsi que l'ont compris les sociétaires qui ont été choisis pour collaborer et coopérer par leur concours dévoué et amical sur toutes les notes écrites dans le manuscrit rédigé pour faire la *Notice historique*.

Ils ont aussi pensé qu'ils devaient prévenir, et surtout faire remarquer aux lecteurs de cette histoire, qu'ils ne doivent voir dans ce traité que le compte rendu de tout ce qui a été favorable à l'accomplissement de l'unité professionnelle, sans aucun parti pris de dénigrement contre personne. Car, bien au contraire, ce commentaire a pour but de pouvoir atteindre un rapprochement très amical entre tous les ouvriers, quelle que soit la profession qu'ils exercent et quelle que soit la Société qu'ils ont choisie au moment de faire leur tour de France, et dans laquelle ils ont trouvé chacun toutes les inspirations convenables à leur amour pour faire le bien, ainsi que pour le développement de leurs facultés intellectuelles et morales.

Il est donc bien essentiel que tous comprennent que ce travail de la fraternité a bien été rédigé pour que tous les ouvriers y puisent de bons et utiles renseignements, par la reproduction des faits qui se sont produits depuis de longues années écoulées et éloignées de nous.

Pour que cette préface soit complète et pour que tous les sociétaires connaissent bien la raison qui a donné lieu de faire une Notice, il est utile de placer ici la copie de la lettre reçue au Bureau général de Paris en 1875. A ladite lettre est ajoutée une partie de la citation lue à la commission par l'auteur de l'historique, et dont le tout réuni est écrit dans ce qui suit :

Paris, le 7 avril 1875

« Chers collègues,

« Dans l'un des cinq Règlements préparatoires rédigé par une commission dite de revision, celle de Nantes, il est dit dans un article concernant l'assemblée du jour de l'anniversaire au mois d'août :

« Qu'il serait fait à cette réunion l'historique de la Société.

« Mais, pour cela, il aurait fallu en avoir une. Et comme il n'en existe pas encore, j'ai réfléchi depuis à cette demande, et j'ai pensé qu'un écrit fait dans ce sens, qui indiquerait toutes les phases et tout ce qui a servi à établir la Société de l'Union, depuis la première époque de sa fondation jusqu'à l'époque actuelle, serait en effet très utile ; et qu'il serait très bon que la lecture d'une partie en fût faite chaque année à l'assemblée du jour de la fête anniversaire. Surtout que, d'après l'article nouveau 207, il est dit : *« Les sociétaires auront chacun le droit de présenter leurs invités à cette assemblée. »* La lecture d'un passage de la Notice ferait donc mieux connaître les principes sur lesquels repose notre Société.

« En conséquence, je propose qu'à la première assemblée générale il soit nommé une commission chargée d'étudier le projet d'une Notice historique d'après divers documents, tels que Registres de procès-verbaux et de copies de lettres, ainsi que de discours prononcés par des sociétaires, ou des écrits, comme ceux des livres et brochures rédigés par (Pierre) Moreau, ancien sociétaire, par (Flora) Tristan et par d'autres écrivains dont les ouvrages sont connus pour êtres utiles à l'union des Travailleurs.

« J'ai différentes brochures et plusieurs Règlements de la Société, ainsi que plusieurs manuscrits, qui serviront de pièces justificatives pour pouvoir écrire une Notice.

« J'ai aussi commencé un écrit historique qui assurément facilitera sur les recherches que la commission aura à s'enquérir pour faire un travail complet.

« Lorsque ce travail sera terminé par la commission de Paris, on en informerait tous les Bureaux des autres villes, afin que l'on puisse, par un vote, adopter d'en faire imprimer un grand nombre d'exemplaires, pour que tous les sociétaires reçoivent et possèdent cette histoire de l'Union.

« Chaque candidat la recevrait aussi, en même temps qu'il reçoit l'exemplaire du Règlement, soit qu'elle soit liée avec, ou séparément. Tous en payeraient donc le prix de revient, et je présume que ce traité ne reviendrait pas plus coûteux que le règlement actuel. Et puis tous les sociétaires connaîtraient bien l'origine fondamentale de la Société. Puis aussi pour que tous les membres de l'Union aient toujours cette histoire, on pourrait écrire dans l'article 4, que le Règlement contenant la *Notice historique* de la Société sera remis à chaque candidat contre la somme de soixante-quinze centimes.

« En attendant la réalisation de ce projet, recevez les salutations amicales de votre dévoué collègue de l'Union.

« Jean Marquet. »

L'idée émise dans cette lettre de faire l'histoire de la Société de l'Union fut adoptée à l'unanimité à l'assemblée générale du 18 juillet 1875; parce que tous les membres présents à cette réunion ont reconnu, en effet, que la proposition de faire une Notice pour la Société était une demande bien fondée. Et, comme l'innovateur, tous ont pensé qu'il pourrait en résulter un bien sensible pour que l'amitié fraternelle soit réellement établie entre les membres de toutes les sociétés corporatives.

Il était aussi évident que, par ce compte rendu, tous les ouvriers soucieux de connaître les bons résultats accomplis dans la Société verraient que toutes les réformes tendant au soulagement et au bien-être de la classe laborieuse ont été obtenus avec un grand succès pour le bien de l'humanité, parce que le principe unitaire était la base de l'Union.

En conséquence, une commission fut nommée pour étudier ce projet et faire un récit exact de tout ce qui a contribué à la fondation, et d'indiquer aussi tout ce qui a été réalisé de bien dans la Société pour adoucir suffisamment les souffrances des sociétaires dont la position était devenue difficile, par des maladies longues qui, sans des secours efficaces, auraient mis ces ouvriers voyageurs dans une misère affreuse. Il était donc urgent que la Notice mentionnât et fît bien ressortir tous les beaux résultats obtenus par l'unité ouvrière.

Les membres de cette commission, après avoir fait informer tous les Bureaux du Tour-de-France par plusieurs notes écrites sur les bulletins trimestriels, ont été heureux de recevoir des anciens registres de procès-verbaux et de correspondance contenant des lettres de Bureau à Bureau, des pièces officielles et des documents intéressants, ainsi que quelques livres et des brochures écrits par des auteurs amis du progrès ayant pour but de faire améliorer la situation des ouvriers. Avec tous ces documents la commission est parvenue, après des études laborieuses, à pouvoir compléter le manuscrit présenté par l'auteur.

Ce récit inédit, appuyé par tous ces documents irréfutables, a bien servi pour prouver que toutes les bonnes intentions émises par les fondateurs ont toujours été la préoccupation de tous les adhérents à l'Union.

Il est donc évident que si la Notice est bien comprise elle fera persévérer les ouvriers de toutes les Sociétés qui font le tour de France, soit les compagnons de toutes professions et de tous devoirs, les Unionistes, les Bienfaisants et bien d'autres Sociétés, à s'unir pour faire le plus de bien possible ; et cela par une égale cotisation accessible à tous et individuellement. C'est ainsi que la paix et la concorde seront définitivement résolus entre tous les travailleurs amis du progres, pour l'amélioration de la classe ouvrière.

Cet appel amical fait dans la Notice sera assurément bien entendu ; car la Société de l'Union des Travailleurs du Tour de France, est généreuse ; elle est ouverte à tous, elle n'exclut aucune bonne volonté ; elle a ses racines dans son amour sincère da faire le bien ; elle a pour but de pacifier, de concilier, d'unir surtout, et d'apprendre le culte de la légalité par le respect des uns pour les autres.

Mais un des principaux buts de la Notice est aussi de redresser plusieurs erreurs qui ont été commises par divers écrivains sur l'époque de l'origine de la Société, surtout M. Perdiguier, qui, dans ses deux volumes intitulés : *Livre du Compagnonnage*, suppose que la Société de l'Union a été fondée en 1823, ce n'est pas exact. Ce qui a pu lui faire croire cela, c'est que dès cette année 1823 une dissidence s'était produite à La Rochelle, entre les Compagnons et Aspirants menuisiers du Devoir. Il est vrai que cette cause a contribué dans une certaine mesure à la fondation de l'Union. En lisant ce passage qui est écrit dans la Notice historique, on sera convaincu que cette affaire a dû donner l'idée aux Aspirants de former une autre Société.

D'autre part, il y a beaucoup de sociétaires qui croient que la Société a été fondée le 15 août 1832; c'est une erreur qui s'est glissée dans l'esprit d'un grand nombre, parce que le premier règlement unitaire, terminé en 1845, a été mis en vigueur à partir du 15 août 1846, et que ce règlement portait à l'article 218, qu'une fête anniversaire serait célébrée chaque année le 15 août. Et aussi, les commissions de la revision du Règlement mis en vigueur le premier mars 1858, ont bien commis une grande erreur en écrivant au préambule que la Société avait été fondée le 15 août 1832, puisque le Bureau des serruriers à Bordeaux a été fondé le 12 juin 1832, ayant pour principal fondateur le sociétaire Marius Motte, qui faisait suivre sa signature avec cette mention toutes les fois qu'il écrivait des lettres à la Société, surtout celles qu'il envoyait au Bureau central à la fin de chaque trimestre pour toucher sa pension.

Ensuite le Bureau de Toulon a été institué même avant le 30 juillet 1832, puisque la pièce officielle qui existe dans ce Bureau, et dont on trouvera la copie textuelle dans la Notice, porte la date du 30 juillet 1832, avec les signatures des membres du Bureau, qui évidemment ont dû être nommés au commencement de ce mois-là.

En outre, le livre intitulé : *De la Réforme du Compagnonnage*, par Pierre Moreau, sociétaire de l'Union, publié en 1843, donne un compte bien rendu de l'époque à laquelle la Société a pris naissance. C'est pour cela que dans ce manuscrit on a reproduit plusieurs pages de ce livre, qui donnent l'exacte vérité sur bien des choses concernant la Société. Un autre livre n'est pas moins intéressant, on en a donc aussi reproduit quelques pages; elles appuient d'une manière irréfutable les assertions du sociétaire Moreau; c'est celui de M. Simon, intitulé : *Etude historique et morale sur le Compagnonnage et sur quelques autres associations d'ouvriers depuis leur origine jusqu'à nos jours*. Il raconte la fondation de la Société, dont l'origine a pris naissance à la suite de la prise d'Alger, en 1830. En cela il est bien d'accord avec Moreau, le fidèle Unioniste.

Cependant il est avéré que le fonctionnement véritable et officiel n'a pu être mis en pratique qu'en 1832, mais bien avant le 15 août. Ainsi donc tous les documents étudiés par la commission de la Notice et qui sont inscrits dans cette histoire ouvrière feront connaître avec sincérité tout ce qui a contribué à la fondation.

De plus, il y a des sociétaires qui croient aussi que (Flora) Tristan a été fondatrice de la Société; c'est une erreur profonde, car ce n'est qu'en 1840 qu'elle a commencé à écrire ses œuvres du Prolétariat. Et c'est en 1843 qu'elle a publié le livre intitulé : *l'Union ouvrière*, par lequel elle faisait un appel aux prolétaires afin d'instituer une Société pour les deux sexes, dont le but était, selon elle, d'instruire les enfants pauvres, de venir en aide aux ouvriers et ouvrières rendus infirmes par des maladies ou par des accidents de toute nature, et surtout de pourvoir aux besoins de la vieillesse ouvrière. Elle proposait de bâtir des invalides civils pour y loger et nourrir tous ceux qui seraient atteints par la misère.

Pour la réalisation de ses idées humanitaires, il n'y aurait eu qu'à verser par chaque ouvrier et ouvrière la faible somme de deux francs chaque année, s'appuyant sur ce fait qu'il y a environ en France cinq millions d'ouvriers et deux millions d'ouvrières; que ces sept millions de travailleurs réunis produiraient la somme énorme de quatorze millions de francs. Toutes ces idées conçues en vue de l'humanité ont donc leur raison d'être produites dans la Notice, mais on y verra que cette femme n'a connu la Société de l'Union que par les écrits de MM. Perdiguier et Moreau, en 1842. Cependant les pages contenant ce qu'a écrit (Flora) Tristan et tout ce qu'elle a tenté de faire pour la classe ouvrière seront donc lues avec plaisir, surtout celles où on lira les réunions qu'elle a eues avec les sociétaires de l'Union a Paris, et avec ceux de plusieurs autres villes jusqu'à Bordeaux, où la mort l'a atteinte en 1844.

Un autre fait bien saillant encore fera connaître que l'idée des chambres syndicales ouvrières a été adoptée par les premiers sociétaires de l'Union, car, en effet, dans le règlement mis en vigueur à Lyon a partir du 1er octobre 1832, on avait institué un titre de syndicat dont l'article 16 disait : Le Syndicat nommera, parmi les sociétaires, un premier, un second et un troisième syndic suppléant.

Il ressort donc avec évidence que les fondateurs étaient tous des hommes pratiques et suffisamment instruits pour introduire tout ce qui pouvait contribuer à la réalisation sociale et fondamentale d'une bonne Société. Aussi firent-ils un bon et utile règlement ayant pour principe d'unir les ouvriers par des bases solides, bien équitables et accessibles à tous.

La lecture de cette Notice, commentaire historique, sera donc lue agréablement, parce qu'elle est instructive pour tous les ouvriers, par la reproduction fidèle de ce qui a été publié par des écrivains très dévoués aux questions sociales, surtout aussi par le contenu de plusieurs lettres écrites de Bureaux à Bureaux, ou de sociétaires proposant diverses résolutions à faire introduire dans la Société pour le bien de tous et afin qu'un fonctionnement régulier soit établi pour l'administration sociale de l'Union.

Tous ces documents produiront assurément un grand plaisir aux nombreux lecteurs, parce qu'ils les instruiront de tout ce qui a été fait d'utile, soit pour secours aux malades, pensions allouées aux invalides et aux vieux sociétaires, diplômes institués et accordés à ceux qui rentrent dans leurs foyers ayant eu une conduite irréprochable sur le tour de France; à ceux qui ayant un certain laps de temps d'activité et qui restant sociétaires sont reconnus dignes de posséder un certificat attestant la moralité de leur conduite, récompenses décernées à plusieurs sociétaires en 1841 et en 1842, et enfin la grande récompense gagnée par la Société d'une médaille d'or. Toutes ces indications écrites prouveront que par la persistance on peut faire de grandes et utiles innovations.

Dans ce travail on remarquera que depuis le Règlement rédigé et adopté à Lyon le 1er octobre 1832, il y a eu cinq revisions, dont la première a été faite pour qu'il n'y ait qu'un seul Règlement pour toutes les professions, lequel a été mis en vigueur à partir du 15 août 1846. Jusqu'à cette date chaque profession avait son Règlement particulier, tout en faisant partie de l'Union, ce qui était un grand inconvénient pour les ouvriers voyageurs, et qui paralysait le but de l'unité professionnelle. C'est ce qui a donné l'idée d'avoir un seul Règlement unique pour tous les corps réunis à l'Union. Dans ce moment on suit les articles du cinquième Règlement unitaire.

Il est bon de faire remarquer que, depuis la fondation, un grand nombre d'ouvriers ont fait partie de la Société, dont on peut évaluer le chiffre sans exagération à plus de cinquante mille, qui tous ont coopéré à toutes les réformes utiles afin que les jeunes ouvriers puissent s'instruire, se secourir et se protéger mutuellement en cas de maladies, de chômage et de privations de toute nature, surtout pendant leur voyage sur le tour de France. Aussi, pour récompenser le travail assidu de tous les sociétaires, on a institué le Diplôme de remerciement. Ce certificat de bonne conduite est orné d'un beau dessin allégorique, et il fait l'orgueil de ceux qui retournent dans leur foyer natal, et montrent les emblèmes de la Société à leurs parents et à leurs amis. Au chapitre dixième, on trouvera la description du dessin qui figure autour du certificat d'aptitude et de dévouement.

Par toutes les bonnes résolutions adoptées à chaque revision, un grand nombre de sociétaires ont reçu des secours : les uns pour maladies ; dans ce cas, ils ont eu les soins de médecins, et les médicaments leur ont été fournis par la Société. D'autres ont reçu des secours de route, c'est-à-dire que lorsqu'un sociétaire arrive dans une ville où la Société a un Bureau établi, si l'on ne peut lui procurer du travail et s'il est dénué de toutes ressources pécuniaires, il a droit à cinq centimes par kilomètre jusqu'à la première ville où il existe un Bureau. Enfin, seize sociétaires ont reçu le bienfait de la pension, principe innové par les commissions, en 1845 et 1846, selon les vœux de (Flora) Tristan, et pour améliorer la position des travailleurs.

Cette bonne et utile innovation humanitaire pour les ouvriers devenus invalides, et pour ceux atteints par la vieillesse, fut donc instituée dans la Société par les commissions chargées de faire le premier Règlement unitaire de 1846, parce que les membres ont pensé que si la Société ne pouvait pas bâtir des Palais de l'Union ouvrière, les sociétaires devaient faire au moins quelque chose qui y ressemblât. Le chiffre de cette pension est fixé, depuis le 1er janvier 1858, à la somme de cinq cents francs par an, pour tous les sociétaires qui ont atteint l'âge de soixante ans et qui ont vingt-cinq ans d'activité dans la Société.

Si le chiffre de ce secours est aussi élevé, c'est que les auteurs ont pensé qu'il fallait faire beaucoup pour prouver l'utilité des invalides civils ouvriers, invoqués depuis bien longtemps par plusieurs écrivains pour tous les travailleurs, et dont on a démontré que cette institution pouvait être administrée d'une manière facile et générale pour la classe laborieuse. Il était donc utile, et c'était le devoir qui incombait impérieusement aux sociétaires de l'Union, d'adopter qu'une forte somme fût allouée à la vieillesse, afin de démontrer que les Sociétés ouvrières devaient et pouvaient réaliser ce problème pour leurs membres, en attendant que les invalides civils soient institués.

Mais en outre de la pension de vieillesse, il a été adopté qu'il y en aurait une autre qui serait allouée aux sociétaires atteints de maladies incurables, et dont la somme est en proportion du temps d'activité dans la Société.

On remarquera assurément que tous ces bienfaits de la pension allouée aux membres de la Société, en vertu du règlement, pour ceux qui se trouvent dans une position difficile de la vie, sont bien le résultat de l'unité professionnelle. Car, en effet, si chaque profession de l'Union avait eu son Règlement et sa caisse à part, il est évident que ce résultat humanitaire n'aurait pu être réalisé sur une aussi large base.

Il est bon aussi de dire que tous les secours indiqués dans la Notice n'ont été adoptés que graduellement. Ainsi, depuis le premier Règlement rédigé en 1832, à chaque fois que les articles ont été revisés on a augmenté les secours selon les ressources que la Société possédait en caisse. Et ce n'est qu'après vingt-huit années d'existence que les sociétaires ont réussi à placer des fonds en réserve pour la caisse de retraite.

Ainsi donc, le premier placement de fonds a été effectué le 7 juillet 1860. Trente-quatre obligations du chemin de fer de l'Ouest ont été achetées et portées en titre nominatif au nom de la Société. La somme versée a été de dix mille trois cent soixante-deux francs dix centimes. Elle avait été fournie par les caisses de vingt-deux villes où les sociétaires avaient établi des Bureaux.

Actuellement il y a dans la caisse centrale environ 250,000 francs de valeurs représentées par :

1° Un certificat de 10 obligations Foncières communales 1880, 3 0/0, remboursables à 500 francs, rapportant 144 francs.	144 »
2° Un certificat de 12 obligations Foncières 3 0/0, remboursables à 500 francs, rapportant 170 fr. 40.	170 40
3° Un certificat de 120 obligations Est Français 3 0/0, remboursables à 500 francs, rapportant 1,728 francs.	1,728 »
4° Un certificat de 105 obligations Ouest 3 0/0, remboursables à 500 fr., rapportant 1,512 fr.	1,512 »
5° Un certificat de 120 obligations Ouest 3 0/0, remboursables à 500 fr., rapportant 1,728 fr.	1,728 »
6° Un certificat de 52 obligations Foncières 1883 3 0/0, remboursables à 500 francs, rapportant 748 fr. 80	748 80
7° Un certificat de 33 obligations Est Algérien 3 0/0, remboursables à 500 francs, rapportant 475 fr. 20	475 20
8° Un titre de rente sur l'Etat de 200 francs. .	200 »
TOTAL du revenu. .	6,706 40

La caisse du fonds social pour les pensions a donc, depuis le 7 juillet de l'année 1860, augmenté son avoir de plus de deux cent quarante-cinq mille francs (1).

(1) Il est bien entendu qu'à chaque fois que l'on fera réimprimer des exemplaires de cette Notice, on écrira la somme exacte portée sur les registres du Bureau central et le nombre d'obligations, afin que l'on voie la différence qu'il y a depuis l'année 1860.

Ce qui est un excellent résultat pour une Société qui ne s'est formée qu'avec de jeunes ouvriers voyageurs.

Il est donc utile aussi de faire remarquer que tous ces résultats ont été accomplis à force d'abnégation, de dévouement et par une persistance continuelle, sans rétribution pour les membres de Bureaux. Il était donc du devoir de la commission de la Notice de signaler tout le bien que l'unité des travailleurs a su produire pour le soulagement des ouvriers laborieux, dans les moments les plus pénibles de la vie.

Assurément ce livre sera extrêmement intéressant et instructif à tous égards. Et comme il est écrit avec le désir ardent qu'une bonne conciliation amicale ait lieu entre tous, il en rendra donc la lecture doublement attrayante ; car cette histoire fera donner par sa lecture un véritable intérêt pour la paix et le bonheur de tous les ouvriers.

En outre, ce document sera très utile d'être lu par ceux qui veulent être reçus sociétaires, parce qu'ils connaîtront, avant d'être reçus, toutes les phases subies par la Société. Ils sauront pourquoi elle a été fondée, à quelle époque, ce qu'elle a produit de bien sur le tour de France et pourquoi le principe unitaire a été institué. Il est donc bien essentiel que chaque candidat en ait fait une lecture sérieuse avant sa réception.

Aussi, en vue de toute l'utilité que la Notice peut rendre, les sociétaires qui ont participé à l'élaboration de ce travail ont pensé qu'il serait bon de lui donner une grande publicité, et ils engagent tous les lecteurs à s'inspirer des vœux exprimés au dernier chapitre, ayant pour but d'instituer une caisse de retraite pour les invalides du travail et de la vieillesse entre les Sociétés corporatives, surtout entre celles dont les membres font ce qu'on appelle le tour de France. Ce serait assurément un acheminement prochain et certain pour l'idée des invalides ouvriers. Et le but de réunir tous les hommes en un seul intérêt serait atteint.

Puissent donc ces vœux sincères recevoir bientôt l'application nécessaire, comme cela est désiré depuis bien longtemps, pour qué l'union des ouvriers voyageurs soit accomplie avec une entière franchise. Et tous ceux qui ont coopéré à rédiger les pages de cette histoire souhaitent bien ardemment la réalisation de ce projet humanitaire.

Il est bon de dire aussi qu'une Exposition universelle ayant eu lieu à Paris, en 1878, une grande récompense fut décerné à la Société, ce qui a comblé de joie les membres de la commission pour la Notice ainsi que ceux surtout qui avaient été chargés de faire accepter tous les documents et les archives de l'Union, pour qu'ils soient exposés à la vue du public.

Cela a donc bien dédommagé tous ces sociétaires des nombreuses soirées employées pour leur travail en vue de faire connaître la Société. Assurément que cette nouvelle a aussi rendu heureux tous les sociétaires de l'Union. Et le chapitre dix-septième sera évidemment bien instructif et très intéressant à lire, par le rapport donnant le compte de tout ce qui a servi efficacement pour faire donner une récompense aux sociétaires. On remarquera que cette bonne nouvelle, annoncée a tous les Bureaux, a rempli d'allégresse tous les membres de la Société d'avoir reçu un diplôme d'honneur leur attribuant une médaille d'or.

Cette récompense si légitimement acquise était bien la consécration de l'œuvre sublime entreprise par les fondateurs depuis 1832, et qui a été continuée par de vaillants successeurs, très dévoués pour cette œuvre, et qui ont su faire la Société ce qu'elle est aujourd'hui.

Il est à regretter que beaucoup de ceux qui ont pris une part active à ce travail par un dévouement infatigable et persévérant soient morts à la tâche. Mais il est certain qu'ils ont laissé derrière eux des amis qui, sans aucun doute, les remplaceront très bien pour que la réalisation sociale s'accomplisse sûrement et d'une manière durable.

Le manuscrit de la Notice historique accepté par la commission de l'exposition collective ouvrière, ayant été déposé au groupe de l'enseignement, a puissamment contribué à la récompense décernée par le Jury à la Société de l'Union des travailleurs du Tour-de-France, avec la mention suivante :

« *Pour récompenser l'intelligense et la persistance de ses efforts en vue d'unir les travailleurs et d'améliorer leur situation* »

Ces paroles, prononcées publiquement le 19 novembre 1878, en désignant la récompense qui était attribuée à la Société, ont donc bien indiqué le motif qui a fait valoir cette haute estime reconnue par des hommes très compétents; qui ont vu que tous les resultats si bien obtenus pour la classe ouvrière l'ont été par des ouvriers qui, n'ayant que les faibles moyens qu'ils possèdent, c'est-à-dire peu ou pas d'instruction, ont su, malgré ces difficultés, faire réussir avec avantage la grande idée d'établir solidement l'unité entre toutes les professions.

Et si les sociétaires de l'Union ont reçu ce témoignage, c'est que toutes les difficultés qu'ils avaient eu a vaincre ont été bien comprises par les membres du Jury de cette exposition, et parce que parmi ce Jury figuraient des hommes dont la compétence en pareille matière n'était pas contestable.

Car le Président était un des vétérans de la démocratie (Louis) Blanc. Et avec lui il y avait MM. Hérisson, député, (Antide) Martin, conseiller municipal de

Paris, et M. Lépine, ouvrier sculpteur et secrétaire de la commission ouvrière. Ils étaient assurément très compétents pour cette mission de rechercher ceux d'entre les exposants qui méritaient d'être notés et de recevoir un prix récompensant leurs travaux manuels ou intellectuels.

Ce que les Sociétaires de l'Union ne devront pas oublier aussi, c'est la fête donnée à Paris le 12 janvier 1879, à l'occasion de la remise des médailles offertes par l'administration du journal *La Lanterne* aux lauréats de l'exposition collective ouvrière de 1878, et dont le directeur, M Mayer, a remis une médaille en vermeil au délégué de la commission de l'Exposition pour la Société de l'Union.

Il est donc bien évident que le rapport écrit au chapitre dix-septième, et dans lequel on a détaillé minutieusement tout ce qui a été fait pour cette exposition du génie et des idées fécondes de l'ouvrier français sera intéressant. Ce récit sera bien instructif pour tous les lecteurs et en particulier pour les jeunes sociétaires qui sont avides de connaître toute l'histoire de la Société.

Ainsi, en parcourant bien attentivement les pages de cette *Notice historique* de l'Union, on sera convaincu que la persistance continuelle de tous les ouvriers adhérents a ce principe de la mutualité unitaire, a bien contribué à faire réussir l'œuvre humanitaire entreprise depuis la fondation pour améliorer la situation des Travailleurs du Tour-de-France.

Que cette lecture encourage donc tous les collaborateurs dans la tâche qu'ils ont acceptée, afin de faire accomplir tout ce qui peut être réalisé de bien, pour rendre les ouvriers le plus heureux possible jusqu'à la fin de leur vie.

Enfin, pour que cette histoire de la Société ne reste pas à l'état de lettre morte, les membres de la commission résolurent d'envoyer une circulaire dans tous les Bureaux de la Société, dans laquelle ils proposaient que la *Notice* serait liée avec le Règlement, afin que tous les sociétaires puissent connaître l'histoire entière de l'Union, pensant que ce mode de publicité serait le plus pratique. D'ailleurs, voici la copie textuelle de cette circulaire :

« Paris, le 12 novembre 1880.

« Chers Collègues,

« En 1875, l'assemblée générale du Bureau de Paris a accepté une proposition et nommé une commission pour préparer l'Histoire de la fondation et des diverses phases qu'a traversées notre Société depuis cette époque.

« Cette commission puisa ses renseignements dans un mémoire très compliqué, fourni par le sociétaire Marquet, ainsi que de différents ouvrages traitant de la question qui nous intéresse, publiés à diverses époques par des écrivains ouvriers, tels que (Pierre) Moreau, (Agricol) Perdiguier, (Flora) Tristan, etc..., ainsi que plusieurs documents authentiques qui nous ont été fournis par divers Bureaux.

« La commission, après avoir compulsé avec soin tous ces documents, est parvenue à rédiger un manuscrit très compliqué retraçant les diverses périodes qu'a traversées notre Société, qui fit partie de notre collection déposée à l'Exposition de 1878, et contribua pour la plus grande part à nous faire obtenir la récompense qui nous a été décernée par le Jury. Mais ce manuscrit excessivement intéressant ne doit pas rester dans nos cartons, il doit se trouver dans la main de tous les sociétaires pour leur apprendre à connaître l'institution dans laquelle ils rentrent. Pour atteindre ce but, la commission a étudié les moyens les plus pratiques de le publier, et voici la proposition qu'elle soumet à votre approbation. Aussitôt la revision du Règlement terminée, on y joindrait pour l'impression cet historique, qui se composera a peu près de cent cinquante pages d'impression et porterait notre livret au double de ce qu'il est aujourd'hui, et coûtera réuni environ soixante-quinze centimes d'achat; nous ferons suivre ce travail du rapport de l'Exposition de 1878, qui sera également très intéressant pour tous les sociétaires.

« C'est le moyen qui nous a paru le plus pratique pour vulgariser parmi les sociétaires l'origine de notre Société sans faire subir de dépenses à notre caisse.

« Veuillez examiner avec soin notre proposition, et faites connaître votre décision au Bureau central le plus tôt possible, pour que la rédaction et la correction puissent ne pas apporter de retard à la publication de notre Règlement.

« Brudon, Marquet, Liniez, Thierry, Ledain, Pain. »

Le Bureau central, vu la demande de la commission, fit inscrire ladite communication sur le Bulletin du deuxième trimestre 1880. En conséquence, tous les Bureaux se mirent donc a étudier ce projet, qui, malgré de mûres réflexions, ne put obtenir de suite une majorité sérieuse; en effet, les sociétaires étaient divisés sur le mode de publication qui devait être adopté. Les uns avaient accepté la proposition de la commission; d'autres pensaient qu'il était préférable de faire imprimer la Notice sur une brochure à part du Règlement, et comme il n'y avait pas eu de conclusion définitive, on avait recommencé l'étude de cette question.

Pendant que chaque Bureau continuait à voir quel serait enfin le mode le plus convenable, la commission définitive pour le Règlement était nommée comme l'avaient adoptée les sociétaires de Bordeaux réunis en assemblée générale. Ces délégués, qui avaient fait partie des autres commissions préparatoires, étaient donc réunis en congrès à Paris, afin de reviser ensemble et définitivement les articles proposés ou adoptés par les cinq Bureaux généraux.

La commission de la Notice pensant qu'il était urgent et de son devoir de soumettre sa proposition aux membres du Congrès, elle lui écrivit donc une lettre en date du 4 août 1882. En conséquence, les délégués, après avoir vu le manuscrit historique et avoir entendu les explications du Secrétaire rédacteur de ladite Notice, ont, dans la séance du 19 août 1882, et sur la proposition des délégués de Paris, adopté que cette histoire serait écrite sur une brochure et qu'elle serait délivrée aux sociétaires et aux candidats en même temps que le Règlement, pourvu que le tout ensemble ne coûte pas plus de soixante-quinze centimes.

En terminant cette préface on peut dire que la Notice est une encyclopédie historique, parce que l'on y trouvera facilement et sûrement les renseignements dont on aura besoin. Il reste aussi un vœu à exprimer, c'est que toutes les pages contenant des faits historiques soient lues avec une grande attention, pour que la paix amicale existe bien cordialement entre tous les ouvriers. C'est ainsi que le désiraient les fondateurs de l'Union en 1832. Et ce sont les vœux bien ardents qui ont toujours été souhaités et désirés par ceux qui ont travaillé avec dévouement et persévérance à la réalisation du grand et sublime problème :

D'UNIR LES TRAVAILLEURS DU TOUR-DE-FRANCE.

NOTICE

CHAPITRE PREMIER

PREMIÈRE ÉPOQUE

Causes qui ont servi à fonder la Société de 1823 à 1830

La Société de l'Union des Travailleurs du Tour-de-France doit son existence à des ouvriers qui, pénétrés des devoirs que l'humanité et la fraternité imposent à l'homme, étaient convaincus que, pour prodiguer à son semblable toutes les ressources que les circonstances et les égards commandent pour lui venir en aide dans les moments les plus pénibles de la vie, il fallait s'unir et persister ensuite pour que le principe de la mutualité se réalise d'une manière féconde.

Ces ouvriers courageux se sont donc dévoués pour la fondation de cette Union ouvrière, dont le principal motif avait pour but de détruire les préventions qui engendraient dans la nombreuse classe d'ouvriers voyageurs de fréquentes collisions, dont le résultat était toujours funeste à tous.

Ils se mirent donc à l'œuvre pour faire une réforme sociale, afin d'inaugurer une vie en harmonie avec des principes d'ordre, de paix et de concorde. Ces travailleurs pensaient aussi que le joug qui paralysait le développement des facultés intellectuelles et fraternelles devait être secoué, parce que le moment le plus favorable était enfin arrivé.

Car depuis longtemps, les ouvriers qui voulaient s'instruire plus profondément dans leurs industries professionnelles, pour acquérir l'expérience qui leur était nécessaire, partaient de leur pays natal, aussitôt leur apprentissage terminé. pour faire le tour de France. Ceux qui se destinaient a ce voyage avaient besoin d'aide et d'appui pour parcourir les villes qui leur étaient inconnues et où ils étaient inconnus. Les Sociétés d'ouvriers étaient donc très utiles.

Mais à cette époque, il n'y avait encore sur le Tour-de-France que les Sociétés de Compagnonnage, soit celle dite du « Devoir » ou celle du « Devoir de Liberté », qui étaient les seules Sociétés bien connues pour faciliter et guider les jeunes gens dans leurs voyages.

Dans ces deux sortes de Sociétés il n'y avait pas d'unité entre les diverses professions ouvrières. Il y manquait alors beaucoup de choses utiles, entre autres l'égalité de tous. Il existait aussi divers procédés qui etaient imposés par les Compagnons envers ceux qui ne l'étaient pas encore, tels que le prix pour l'embauchage, qui leur était réclamé lorsqu'on leur procurait du travail.

C'est-à-dire que lorsqu'un ouvrier avait été placé dans un atelier par une demande ou adresse venue chez la Mère, « autrement dit : chez le chef d'établissement de la Société, » et que l'aspirant était conduit par un compagnon chez celui qui avait demandé un ouvrier, il devait payer un certain prix au Rouleur ou Rôleur : — beaucoup l'appellent rouleur, mais le vrai nom serait rôleur. Cette qualification viendrait de ce que dans la Société des Compagnons du Devoir cette charge était remplie à tour de rôle par un compagnon, pendant huit ou quinze jours. — (1);

Quoi qu'il en soit, le jeune ouvrier était obligé de payer un tribut pour avoir été embauché dans une ville où il venait d'arriver. En outre, les aspirants étaient aussi contraints de se soumettre aux décisions des compagnons, qui prenaient leurs repas dans une salle séparée de celle des aspirants, afin qu'il y eût une distinction entre eux, comme si, par le fait d'être plus ou moins habile au travail, cela était une cause pour être traité d'une manière différente, tandis qu'il aurait dû en être autrement. Pour toutes ces raisons il existait alors peu de sympathie entre ces deux classes d'ouvriers voyageurs.

C'est donc après avoir profondément réfléchi à toutes ces inégalités, à toutes les hiérarchies qui étaient suivies dans le Compagnonnage, a tout le mal que cette fausse doctrine causait aux ouvriers sur le Tour-de-France, aux mauvaises habitudes de prépondérance entre les travailleurs, aux jalousies et aux rancunes qu'ils apportaient en rentrant dans leurs foyers, que des ouvriers sages et éclairés, guidés par des sentiments de justice et d'amour pour leurs semblables, se sont décidés à sortir des rangs du Compagnonnage, où ils étaient entrés faute de ne pas connaître une autre Société ayant de meilleurs procédés, pour parvenir à faire l'Unité corporative, par la raison qu'il n'en existait pas encore d'autres connues

---

(1) Cela est ainsi expliqué dans le « *Conseiller des Compagnons* », livre écrit par M. Chovin, compagnon menuisier du Devoir, page 73. La publication en a été faite en 1860, à Paris, chez Dutertre, libraire, passage Bourg-l'Abbé, 18 et 20, et chez l'auteur, rue du Cherche-Midi, 117.

sur le Tour-de-France pouvant réaliser ces vœux et rendre un accord parfait entre tous les ouvriers voyageurs.

On avait bien essayé déjà à plusieurs reprises de fonder une autre Société dans laquelle il devrait y avoir plus de sympathie et plus d'égalité entre tous ceux qui en feraient partie ; mais, les circonstances n'ayant pas été bien favorables, il y avait eu impossibilité de pouvoir s'entendre pour cette fondation, à cause des grandes difficultés qu'il paraissait y avoir à surmonter.

Cependant il était certain que cela arriverait bientôt, car le mécontentement des aspirants devenait toujours plus grand, par rapport aux différentes réformes qu'ils ne cessaient de réclamer aux compagnons, et que ceux-ci persistaient à ne pas vouloir accorder, malgré toutes les réclamations qui paraissaient justes et fondées.

Aussi une affaire assez grave étant survenue à La Rochelle entre les compagnons et les aspirants menuisiers du Devoir, il était évident que ce fait contribuerait beaucoup à ce qu'une séparation sérieuse eût lieu et qu'elle pût contribuer à l'inauguration des idées progressives. Voici, d'ailleurs, quels ont été ces faits, qui sont empruntés au livre de M. Chovin, compagnon menuisier du Devoir, dans ce qui suit:

« De l'année 1820 à l'année 1823, ladite ville fut complètement dépourvue de compagnons menuisiers. Les aspirants, par contre, y abondèrent; ils s'y formèrent en Société, et, habitués à être ainsi seuls, ils firent tous leurs efforts pour éloigner de cette ville les compagnons venant de Nantes ou de Bordeaux, leur disant qu'il n'y avait pas d'ouvrage et que celui qu'on y faisait était bien mal payé. Ils les éloignaient donc ainsi, afin de ne pas être sous leur domination.

« Mais cet état de choses ne pouvait durer longtemps. Cette conduite des aspirants fit naître certains doutes chez les compagnons, qui envoyèrent de Bordeaux deux des leurs à La Rochelle, afin de voir auprès des patrons eux-mêmes jusqu'à quel point les paroles des aspirants étaient vraies ; ils furent convaincus que ces derniers les avaient induits en erreur. Aussi s'empressèrent-ils d'y envoyer un plus grand nombre de compagnons afin d'y établir le Devoir, c'est-à-dire d'en faire une ville de réception (1). »

Ce résultat fit donc naître une mésintelligence entre les compagnons et les aspirants. Cette antipathie se propageait dans toutes les professions du Devoir, et les aspirants attendaient avec impatience qu'un moment favorable se présentât pour en profiter avec succès, afin d'arriver à une désunion générale pour qu'une séparation sérieuse eût lieu, car cela était bien désiré par tous les ouvriers voyageurs, qui comprenaient quelle était l'obligation du devoir que chaque citoyen avait à remplir envers son semblable pour le guider dans le chemin du bien, par l'égalité de tous, base d'une société, source de toute justice et de tout progrès ; et c'est ce qui devait être rigoureusement observé par tous les ouvriers probes et laborieux, afin de réussir à établir une bonne Société avec des principes d'ordre, de paix et de concorde.

Aussi, d'après les idées émises ci-dessus, une transformation sociale était inévitable, puisqu'elle était ardemment désirée par tous les hommes de progrès, qui attendaient une bonne occasion pour unir les ouvriers dans une Société ayant pour devise : « *Tous pour chacun et chacun pour tous*. »

---

(1) Voir le *Conseiller des Compagnons*, par M. Chovin, pages 92 et 93.

Enfin, une occasion paraissant être favorable s'étant présentée, on finit par en profiter, et à force de persistance un entier succès put être réalisé. D'ailleurs le moment était bien propice, c'est pour cela que les aspirants n'hésitèrent plus ; ils se mirent donc à l'œuvre avec courage et dévouement. Comme il existait une concorde parfaite entre eux tous, ils s'entendirent facilement pour adopter et poser les bases qui devaient établir la Société de l'Union sur le Tour-de-France.

Aussi, après une entente sérieuse entre les aspirants des principales villes, tendant à secouer la prépondérance des compagnons, afin de proclamer l'égalité de tous les jeunes ouvriers voyageurs, cet espoir d'hommes marchant avec persistance vers le progrès fut couronné de succès ; car une dissidence ayant éclaté à Toulon, en 1830, entre les compagnons et les aspirants serruriers du Devoir, ces derniers, après une étude approfondie, fondèrent l'Union, ne doutant pas que les autres corporations ne les suivissent aussitôt que l'on connaîtrait leurs résolutions.

D'après le récit emprunté au livre de (Pierre) Moreau, ouvrier serrurier et sociétaire de l'Union, on verra à quel sujet la dissidence avait eu lieu et quelles en ont été les conséquences. Cette affaire est racontée aussi par un autre écrivain, M. C.-G. Simon, qui, vu les bons principes admis, a pensé que la nouvelle institution sociale avait eu sa raison d'être. D'ailleurs, ces faits, écrits bien fidèlement comme ils ont eu lieu, serviront assurément aux lecteurs et à la Société. En voici donc la copie textuelle dans ce qui suit :

« Au moment de l'expédition d'Alger, il arriva à Toulon une grande affluence d'ouvriers, afin d'exécuter tous les travaux commandés, de sorte que le local de la Mère se trouvait trop petit ; les compagnons, d'accord avec les aspirants, engagèrent M. et Mme Marti alors Mère (c'est-à-dire chef d'établissement du lieu où siège la Société) à louer des appartements plus vastes, leur promettant, en compensation des frais que leur occasionnerait ce changement de domicile, de ne jamais les quitter sans avoir des raisons et motifs légitimes.

« Quelque temps après, les ouvriers arrivant toujours en abondance, moitié par curiosité, moitié pour travailler, la salle à manger des aspirants ne put contenir tous ceux qui s'y présentaient ; les compagnons, au nombre de six, deux serruriers et quatre forgerons, occupaient la plus belle et la plus grande salle. M. et Mme Martin les prièrent d'admettre quelques aspirants avec eux afin de pouvoir loger tout leur monde ; les compagnons s'y refusèrent hautement, disant que c'était les mortifier et porter atteinte à leurs prérogatives. Dès lors, ils cherchèrent un autre établissement sans consulter les aspirants, et ordonnèrent à ceux-ci de les suivre, faisant *Espontons* (1) tous ceux qui s'y refuseraient.

« Les aspirants, comprenant mieux leurs devoirs envers M. et Mme Martin, ne tinrent aucun compte de leurs menaces. C'est alors que les esprits s'aigrirent de part et d'autre et que plusieurs collisions survinrent. Les compagnons voulurent exclure de leurs ateliers et de la ville les aspirants, qui, d'accord, provoquèrent une réunion de maîtres (2) afin que justice leur fût rendue.

« En effet, après avoir entendu les parties intéressées, MM. les maîtres approuvèrent ce qu'avaient fait les aspirants et les conservèrent dans leurs ateliers

---

(1) Cette qualification est employée contre ceux qui ne veulent pas se soumettre aux volontés des compagnons. On dit aussi : *Révoltés*.

(2) C'est ainsi qu'à cette époque on désignait les patrons.

pour leur assurer gain de cause. De leur côté, MM. les compagnons de Marseille usèrent de sagesse et de prudence pour faire rentrer les aspirants sous l'obéissance et la bannière de maître Jacques (1). Mais les têtes étaient montées, l'étendard de la liberté flottait, la *Marseillaise* et le *Chant du Départ* animaient les esprits d'un saint enthousiasme ; l'égalité était réclamée par les ouvriers les plus intelligents, et c'est de cet élan qu'est sortie l'immortelle Association de « l'Union des Travailleurs du Tour-de-France » (2).

Les nouvelles institutions du gouvernement de Juillet 1830 encourageaient aussi ceux qui suivaient le progrès à marcher en avant pour atteindre le but d'une nouvelle couche sociale. Enfin le sociétaire Moreau continuait ainsi :

« Ce n'était pas seulement pour se soustraire à l'exploitation que les fondateurs intelligents instituèrent l'Union, mais pour détruire toutes les rivalités, toutes les guerres immorales et sauvages qui avaient lieu entre les compagnons d'une même profession, ou d'une profession opposée. L'expérience les avait convaincus que tant qu'il existerait des priviléges et des distinctions dans les Sociétés ouvrières, il y aurait discordes et combats ; car celui ci voudra toujours avoir, soit par son rang d'ancienneté dans le compagnonnage ou sa supériorité par la profession, une préséance, une prérogative ou un droit sur celui-là (3). »

(1) C'est le nom d'un architecte qui, dit-on, aurait été le fondateur des Compagnons du Devoir, à l'époque où le Temple de Salomon fut bâti.

(2) Voir le livre de la *Réforme*, par Moreau, etc., aux pages 72 et 73. Voir aussi le livre : *Etude sur le Compagnonnage*, par M. C.-G. Simon à la page 123.

(3) Voir le livre de la *Réforme*, etc, par Moreau, page 74.

C'est donc pour toutes ces raisons que les aspirants de la ville de Toulon refusèrent les propositions que leur firent les compagnons de la ville de Marseille. Ils préférèrent suivre le cours de la séparation, et il fut adopté que tous les ouvriers de toutes les professions, en remplissant les mêmes devoirs, auraient les mêmes droits ; que le faible ne serait plus exploité par le fort, et que toutes les distinctions qui existaient dans le compagnonnage ainsi que les cérémonies mystérieuses seraient abolies; qu'une Société de bienfaisance et d'encouragement serait instituée, que des secours seraient accordés à ceux qui se trouveraient dans le besoin.

En conséquence, ces premiers fondateurs firent part de cette nouvelle institution et de ce nouveau programme à tous les aspirants établis dans les villes du Tour-de-France. Une réponse favorable leur fut faite de partout, car on désirait voir régner la justice et l'égalité. Ainsi donc, les villes de Lyon, Avignon, Marseille, Toulouse, Bordeaux, Nantes, Tours, etc., etc., ayant accepté les propositions de la ville de Toulon, tous les adhérents, à son exemple, organisèrent des Bureaux. Et c'est ainsi que l'Union fut décrétée et fondée. Chaque profession eut ses chefs particuliers, librement élus par tous.

Ainsi, au lieu de compagnons, on forma un Bureau par profession, composé au moins de trois membres et de sept au plus, suivant le nombre de sociétaires : un Président, un Secrétaire, un Trésorier et des Syndics. Ces membres, élus au scrutin et à la majorité absolue des suffrages, étaient rééligibles, et sur la demande de la moitié des sociétaires ils pouvaient être révoqués et mis en accusation, s'ils venaient à commettre quelque délit (1).

(1) Voir le premier Règlement mis en vigueur à partir du 1er octobre 1832, article 20.

En outre de ce qui vient d'être expliqué, il convient, pour faire ressortir l'avantage et quel devait être le résultat à obtenir dans la Société, de faire suivre ces lignes de la démonstration faite et écrite par (Pierre) Moreau dans ce qui ce suit :

« Aucun tribut n'est prélevé par les chefs pour les embauchages : les syndics seront rétribués par la Société en raison du temps qu'ils ont à perdre. De cette manière les faibles ouvriers ne payent pas pour les forts, car il n'est pas juste que le jeune homme sortant d'apprentissage, par cela seulement qu'il est faible ouvrier, paye au compagnon, qui doit être plus habile, un tribut chaque fois qu'il est embauché.

« Là au moins tous peuvent manger dans la même salle, ce qui est très avantageux, parce que, après le repas, il arrive souvent qu'on parle d'ouvrage ; alors, si c'est un bon ouvrier qui développe ses idées, tous en profitent. Si elles sont mauvaises, elles passent a la censure de tous, et on en profite encore. Enfermés dans une chambre particulière, les compagnons ne peuvent rendre aucun service aux aspirants (1).

Le raisonnement invoqué ci-dessus étant le principe fondamental des Unionistes, il est inutile de le commenter ; le lecteur saura assurément le comprendre. Disons seulement que si ce qui s'est passé à la première époque a été utile d'être bien expliqué dans ce chapitre, c'est pour faire connaître tout ce qui a servi à la fondation de la Société. La seconde époque ne l'est pas moins, c'est pourquoi elle sera aussi bien développée, car la Notice doit servir à faire

---

(1) Voir le livre de la *Réforme*, etc, par Moreau, aux pages 75 et 76.

comprendre toute la persistance qu'il a fallu pour que l'idée de l'unité des professions puisse se résoudre d'une manière productive. Aussi tous les chapitres qui suivront en seront une preuve irrécusable.

CHAPITRE DEUXIÈME

SECONDE ÉPOQUE

Fondation définitive d'un Bureau à Toulon en 1832

D'après tout ce qui précède, on voit quel était le but qui devait être réalisé par ceux qui voudraient s'unir aux idées nouvelles, entreprises pour faire disparaître tous les préjugés et en vue d'améliorer la position des jeunes ouvriers sur leur tour de France, but bien grand, mais rempli de grandes difficultés. C'est ce que l'on verra dans le cours de ce long commentaire historique.

En attendant, comme tous les adhérents travaillaient avec courage à l'établissement de l'Union, toutes les réformes accomplies les enhardissaient à persévérer. D'ailleurs toutes ces réformes étant faites avec une grande connaissance pour le progrès social et par des ouvriers intelligents, probes et dévoués au bien de tous, firent donc diminuer le prestige des compagnons. Et comme ceux-ci ne voulaient faire aucun changement dans leurs rapports avec les aspirants, il était évident que les idées nouvelles seraient bientôt comprises par le plus grand nombre. Aussi une autre scission était encore sur le point de se produire dans le compagnonnage, car le mécontentement général semblait exister chez les aspirants. Il était donc certain que cette fois la séparation serait bien plus grande et plus générale que celle de 1830.

En effet, comme les aspirants savaient que la Société de l'Union s'organisait sur de bons principes, eux aussi désiraient coopérer à cette œuvre d'unité ouvrière. C'est pourquoi ils eurent de nouveau l'intention de demander des réformes sérieuses aux compagnons, et, en cas de refus, ils étaient bien décidés à se joindre immédiatement aux sociétaires, afin de former une plus grande union sur le Tour de France.

La désunion entre les compagnons et aspirants du Devoir se produisit en effet, voici à quelle époque et à quel sujet :

Au mois de juin de l'année 1832, à l'occasion des préparatifs pour la fête de la Saint-Pierre, jour fêté par les ouvriers serruriers, les aspirants, après s'être consultés sur le tour de France, furent d'avis qu'ils demanderaient aux compagnons que ladite fête, fût à l'avenir faite et présidée en commun, c'est-à-dire avec les compagnons et les aspirants réunis. De plus, il devait être aussi demandé que les embauchages ne fussent plus payés par les aspirants.

Ces demandes, de toute justice, furent donc soumises aux compagnons dans les principales villes, telles que Marseille, Toulon, Avignon, Lyon, Toulouse, Bordeaux, Nantes, Tours, etc., etc. Mais, après de longs commentaires invoqués de part et d'autre, il ne fut pas possible d'arriver à une bonne solution : les compagnons voulant toujours continuer d'avoir la prépondérance sur toutes les affaires de la Société et sans aucun autre changement dans leurs habitudes ; ils décidèrent en outre que les aspirants qui ne voudraient plus se conformer à leurs coutumes et à leurs anciens usages n'auraient qu'à se retirer.

Après cette décision définitive, tous ceux qui désiraient marcher vers le progrès se retirèrent immédiatement de chez la Mère des compagnons, comprenant que le moment était bien favorable pour atteindre le but qu'ils s'étaient proposé. Ils n'hésitèrent donc plus à s'unir aux sociétaires de l'Union, et ils résolurent de coopérer aux bienfaits institués par les premiers fondateurs de ladite Société, dont les membres avaient proclamé que l'égalité de tous par tous serait la doctrine qui devrait être suivie par tous ceux qui en feraient partie.

Ils adoptèrent en outre qu'ils feraient tous leurs efforts afin de bien consolider l'Union sur un grand principe d'équité soutenu par des bases solidement établies pour l'unité de toutes les professions, en s'instruisant, se secourant et se protégeant mutuellement en cas de maladie, de chômage ou de privations de toute nature. Et en contribuant également aux frais indispensables, afin de pouvoir accorder des secours à ceux qui en auraient besoin, sans aucun mystère dans les réunions ou dans les cérémonies et à la vue de tous les membres de la Société.

Telles furent les bonnes résolutions adoptées par ces courageux prolétaires, travailleurs infatigables, dévoués aux nouvelles institutions pour les ouvriers voyageurs. Ils s'unirent donc aux aspirants qui avaient quitté les compagnons du Devoir en 1830, et qui, depuis, travaillaient avec dévouement pour fonder la Société de l'Union dans la ville de Toulon.

Les démarches faites pour cette fusion furent couronnées de succès, car ces nouveaux adhérents furent acceptés de grand cœur et avec reconnaissance par les sociétaires. La réunion de tous ces jeunes ouvriers produisit un excellent résultat, parce que jusqu'à ce moment la Société de l'Union n'était encore qu'à l'état de projet. Mais aussitôt que l'union de tous ces hommes de progrès fut faite, la fondation était définitivement instituée et assurée pour toujours. Ce résultat ayant été proclamé dans toutes les villes du tour de France, fit naître une joie générale. C'est pour cette raison et pour perpétuer le souvenir de cette entente amicale, que l'on a adopté que la date de la fondation de l'Union serait à partir de cette heureuse et mémorable année 1832.

Aussitôt que toutes les résolutions ci-dessus eurent été adoptées et connues, les aspirants de toutes les villes et de toutes les professions résolurent aussi de quitter les compagnons du Devoir pour rentrer dans les rangs de l'Union. Tous ces fondateurs furent d'avis qu'il fallait rédiger un Règlement pour que la fondation de cette Société ouvrière pût être consolidée par des liens amicaux bien établis et équitables, préconisant toutes les choses utiles pour le bien-être de la classe laborieuse.

Cette bonne idée fut acceptée par tous ces jeunes réformateurs, et ils se mirent immédiatement à l'œuvre pour que les articles de ce Règlement pussent être faits avec une bonne justice humanitaire, afin de pouvoir venir en aide à tous ceux qui seraient dans le besoin. Il était utile aussi que le fonctionnement de la Société pût s'opérer d'une manière régulière et avec une grande impartialité pour tous les membres qui en feraient partie.

Pour atteindre ce but si nécessaire et tant désiré, il fallait avoir un grand dévouement, beaucoup de persévérance et avoir surtout un grand désintéressement pour toutes les pertes de temps qui évidemment auraient lieu par suite des démarches qu'il y aurait à faire afin de constituer cette nouvelle Société sur des bases qui la rendissent durable.

Les sociétaires serruriers de la ville de Lyon furent chargés de rédiger ce premier Règlement, qui devait être la pierre fondamentale de l'unité ouvrière sur le tour de France. En attendant que les statuts de ce grand projet de centralisation sociale fussent élaborés, les ouvriers continuaient à se grouper pour se constituer ensuite et suivre les principes admis nouvellement.

C'est pour cela qu'à cette mémorable époque de l'année 1832, les aspirants des quatre corps, c'est-à-dire les ferblantiers, chaudronniers, fondeurs et couteliers de la ville de Toulon, suivant l'exemple qui leur était donné par l'élan de toutes les professions à s'unir aux sociétaires de l'Union. Eux aussi se séparèrent des compagnons du Devoir, et fusionnèrent avec ceux qui étaient établis dans la susdite ville depuis 1830. Ils adoptèrent en outre que le titre de l'Union serait celui de leur nouvelle Société, et ils formèrent immédiatement un Bureau dans l'établissement de Mme Vve Morel, place au Foin, à Toulon.

Pour donner une plus grande solidité morale à la Société, ils rédigèrent de suite un Règlement, en attendant que celui de Lyon fût terminé. Ils s'empressèrent de le soumettre aux autorités de la ville de Toulon, pour que la Société pût fonctionner avec régularité, et afin que cette ville, déjà célèbre et immortelle pour l'Union, qui s'y était fondée en 1830, devînt d'une plus grande célébrité, si une autorisation était accordée par les magistrats de ladite ville aux ouvriers de l'unité ouvrière. Cette demande ayant donc été faite, elle fut bien reçue, et les vœux des sociétaires furent admis, car l'institution du Bureau qu'ils avaient formé était reconnu pour les professions réunies à l'Union.

Cette première adhésion favorablement accordée par les autorités devait servir à affirmer l'union des travailleurs de toutes les professions sur le tour de France. Aussi l'extrait de cette autorisation est bien soigneusement conservé dans la caisse de la Société du Bureau de Toulon. En voici la copie textuelle dans ce qui suit :

Extrait de la Mairie de Toulon (Var).

« Monsieur le Sous-Préfet,

« Les ouvriers ferblantiers, chaudronniers, fondeurs et couteliers, désirant former une Société de prévoyance et de secours sous le nom de Société de l'Union et d'encouragement, dont la réunion se trouve chez Mme Vve Morel, au Rendez-vous des voyageurs, place au Foin, et qui ont eu l'honneur de vous présenter leur Règlement, vous supplient de vouloir bien y donner votre adhésion.

« Ils se conformeront aux lois et règlements concernant ces sortes de Sociétés.

« Ils se disent avec le plus profond respect de vous,

« Monsieur le Sous-Préfet,

« Les très humbles et obéissants serviteurs.

Signés : BRUNET, *Président*.

AUBERTIN, *Trésorier*. LAVAUX, *Secrétaire*.

Toulon, le 30 juillet 1832. »

« Le Maire de la ville de Toulon,

« Vu la pétition ci-dessus par laquelle les ouvriers ferblantiers, chaudronniers, fondeurs et couteliers, demandent l'autorisation de se former en Société de prévoyance et de secours ;

« Vu le renvoi fait par la lettre de M. le Sous-Préfet du 31 juillet dernier ;

« Vu la liste des sociétaires et le Règlement qui doit régir ladite Société ;

« Considérant que le Règlement ne contient rien de contraire ni aux bonnes mœurs ni à l'ordre public, est d'avis qu'il y a lieu de faire droit à la demande des pétitionnaires.

« Toulon, le 8 août 1832.

Signé : GUIEU.

« Vu la présente pétition des ouvriers ferblantiers, chaudronniers, fondeurs et couteliers, par laquelle ils demandent l'autorisation de se former en société de prévoyance et de secours ;

« Vu la liste et le Règlement qui accompagnent cette pétition ;

« Vu l'avis favorable de M. le Maire de cette ville.

« Le Sous-Préfet de Toulon ne voit aucun inconvénient à ce que l'autorisation demandée par lesdits ouvriers leur soit accordée.

« Toulon, le 9 août 1832.

« *Le Sous-Préfet*,

« Signé : F. DUCHATEL.

« Vu et approuvé :

« Draguignan, le 22 août 1832.

« Pour le Préfet par intérim en tournée :

« *Le Conseiller de Préfecture délégué*,

« Signé : TIERREL.

« Pour expédition conforme :

« *Le Maire de la ville de Toulon*,

« Signé : GUIEU.

« Vu et enregistré au commissariat de police sous le n° 36.

« Toulon, le 28 août 1832.

« *Le commissaire de police*,

« Signé : PRÉRAU.

« Enregistré le 28 août 1832, n° 41 ; reçu soixante-quinze centimes, pour droit d'expédition. »

Cette autorisation, formulée dans des termes aussi explicites et flatteurs pour ces jeunes Unionistes, produisit un grand contentement parmi eux. Ils étaient fiers et glorieux de cette marque de confiance et d'estime favorable qui leur était donnée par les autorités du département du Var. C'est pour cela que cette pièce est bien soigneusement conservée dans la caisse du Bureau de la Société de l'Union à Toulon. Et elle est montrée à tous les sociétaires de passage dans cette ville par les membres du Bureau, qui se font toujours une gloire d'avoir une preuve mémorable de la fondation unioniste.

Toutes les professions réunies à l'Union eurent donc connaissance de cette autorisation et de l'accueil favorable accordé aux sociétaires de la ville de Toulon. Dans toutes les villes, on fut très satisfait de cet excellent résultat pour cette fondation de l'Union ouvrière instituée sur le Tour-de-France.

Cette adhésion encourageante donnait une grande confiance pour l'avenir unitaire proclamé par des hommes probes et laborieux qui, ayant su mettre tous les préjugés de côté, se dévoueraient entièrement aux principes de l'Union fondée et reconnue par des travailleurs courageux et amis du bien, qui devait être prodigué également à tous les membres d'une même Société, et sans aucune distinction.

Afin que ces bonnes intentions humanitaires fussent bien établies et assurées pour tous, il était utile de faire des statuts de justice et d'égalité. Pour cela, dans toutes les villes où la Société prenait naissance, on pensait à régler ce que chacun devait faire et aux droits que chacun aurait à faire valoir selon sa position. Pour ce travail, de toutes parts on désignait que cette réglementation incombait aux ouvriers serruriers de la ville de Lyon, parce qu'ils étaient les plus nombreux et qu'il y en avait plusieurs parmi eux qui étaient à Toulon lorsque la première séparation d'avec les compagnons avait eu lieu. Ils se rendirent donc aux vœux exprimés par la majorité;

en conséquence, ils élirent une commission dont les membres étaient reconnus très capables de pouvoir élaborer avec fruit ce travail sérieux pour que le Règlement fût convenablement rédigé et qu'il y eût une grande impartialité de droits, de devoirs et dont la base devait être l'égalité fraternelle entre tous les travailleurs qui feraient partie de la nouvelle Société dans n'importe quelle ville qu'ils habiteraient.

Dans le chapitre suivant, on verra tout ce qui fut adopté en vue de faciliter les jeunes ouvriers voyageurs à se secourir et à se protéger mutuellement en cas de maladies, de chômages et de privations de toute nature. Assurément, la lecture des principaux articles adoptés à Lyon en 1832, et qui sont transcrits textuellement dans le chapitre troisième, intéressera bien tous les sociétaires de l'Union des travailleurs du Tour-de-France.

CHAPITRE TROISIÈME

Premier Règlement adopté à Lyon en 1832.

Ce travail ardu des statuts de la Société, ayant été terminé à la gloire de tous les fondateurs de l'Union, fut promulgué à Lyon le 1er octobre 1832, après avoir été lu et approuvé à l'unanimité dans une réunion où tous les futurs sociétaires étaient réunis.

Les articles de ce premier Règlement ont été rédigés par le sociétaire Gruardet l'aîné, ouvrier serrurier, qui était le secrétaire de la commission ; on lui doit pour son dévouement et la tâche qu'il a si bien remplie une éternelle reconnaissance.

Aussitôt que l'adoption des articles fut terminée, on adopta que le Règlement serait mis en vigueur immédiatement. En conséquence, un Syndicat composé de cinq membres fut nommé par ladite assemblée, le 1er octobre 1832 : il y eut un Président, un Vice-Président, un Caissier et deux Syndics. Le président élu était le sociétaire Chalet, ouvrier serrurier travaillant à Lyon (1).

Un procès-verbal fut rédigé constatant l'adoption du Règlement et la nomination des cinq membres du syndicat, qui promirent de s'acquitter avec zèle et probité de l'emploi social qui venait de leur être conféré par le suffrage des membres présents (2).

On avait en outre adopté que les villes dont les noms suivent seraient villes de réunion, savoir :

Lyon (chef-lieu), Saint-Etienne, Vienne, Valence, Marseille, Toulon, Avignon, Nîmes, Alais, Montpellier, Béziers, Carcassonne, Toulouse, Agen, Bordeaux, Saintes, Rochefort, La Rochelle, Nantes, Angers, Saumur, Tours, Blois, Orléans, Paris et Dijon.

Comme il était stipulé dans le Règlement que la ville de Lyon serait le chef-lieu, toutes les autres villes de réunion devaient donc correspondre directement avec Lyon, à seule fin d'établir l'unité des serruriers en attendant un meilleur résultat.

Pour que la Société pût être propagée avec avantage et qu'elle fût connue dans toutes les villes du Tour-de-France, on avait aussi adopté, que les sociétaires, quel qu'en fût le nombre, qui seraient dans une ville de réunion étaient chargés d'installer les Bureaux et d'y recevoir les adhérents. Ce principe étant admis dès le commencement de l'année 1832, on a vu des sociétaires être reçus bien avant la

---

(1) Le susdit sociétaire Chalet était établi serrurier en 1851 à Saint-Genis-Laval, près de Lyon.

(2) Ce procès-verbal était en 1851 dans la caisse des Syndics du Bureau des serruriers à Lyon.

promulgation datée du 1er octobre 1832. C'est en vertu de cette décision que le sociétaire Motte, Marius, fut le fondateur du Bureau des serruriers à Bordeaux en 1832, le 12 juin (1).

A cette même époque les aspirants serruriers du Devoir de ladite ville se séparèrent des compagnons et s'unirent aux sociétaires ; cela a bien contribué à pouvoir accomplir l'œuvre de la fondation de l'Union dans la ville de Bordeaux, ce résultat a aussi contribué à ce que la Société fût enfin définitivement constituée sur le Tour-de-France. Donc gloire et honneur à tous les fondateurs des deux mémorables années 1830 et 1832, pour l'idée bienfaisante qu'ils ont conçue et mise en pratique, d'unir les travailleurs afin de se protéger mutuellement.

Il est bon de faire connaître aux lecteurs une bonne partie du Règlement de Lyon pour qu'ils sachent bien que tous les membres de cette commission voulaient réussir à pouvoir faire améliorer la situation des travailleurs sur une grande échelle ; on en sera convaincu en lisant la forme et les articles dudit Règlement, dont voici la copie textuelle et commençant par la reproduction suivante :

HUMANITÉ — BIENFAISANCE

RÈGLEMENT GÉNÉRAL

de la Société d'Encouragement des Ouvriers Serruriers

SOUS LE TITRE DE :

SOCIÉTÉ DE L'UNION

A la suite un préambule était rédigé pour faire

---

(1) Le sociétaire Motte, Marius, pensionné le 19 mars 1867, est décédé à Laragne le 15 mars 1875, à l'âge de soixante-huit ans, ayant quarante-trois ans de Société.

connaître le but fondamental de la Société et indiquer aux sociétaires les devoirs qu'ils avaient à remplir envers tous les ouvriers, surtout envers ceux qui se destinaient à voyager pour faire le tour de France. En voici la copie textuelle dans ce qui suit :

« L'homme appelé par état à quitter le lieu de sa naissance et à abandonner sa famille pour voyager a besoin d'appui. Habitant souvent des contrées où il est inconnu, il a fréquemment à lutter contre les maladies ou contre le défaut d'occupations; il est exposé à des privations et même à des souffrances qu'un peu d'aide ferait cesser promptement.

« Souvent son travail et le développement de son industrie sont paralysés, et l'ouvrier qui n'a pas été secouru à propos, et qui n'est demeuré pourvu que d'un talent médiocre, fût devenu un homme habile peut-être, si la bienveillance lui eût accordé son aide.

« Pour se prêter un mutuel appui, les ouvriers serruriers ont pris la résolution de former entre eux une Société.

« Pénétrés des devoirs que l'humanité impose à l'homme ; convaincus que chaque individu doit à son semblable tous les égards que les circonstances commandent, les ouvriers serruriers veulent qu'il y ait réciproquement entre eux de plus grandes obligations à remplir encore, dans l'intérêt et pour le bien de tous les sociétaires.

« D'autres Sociétés existent ou peuvent exister par la suite, et n'avoir aucun rapport avec celle qu'ils vont former.

« Que ces réunions diverses soient plus ou moins philanthropiques ; qu'elles soient dirigées par des sentiments d'humanité, ou que, au contraire, un esprit de domination, d'intolérance et même d'incivilité soit leur règle, aucune espèce d'animosité ne doit se manifester néanmoins envers leurs sociétaires.

« Le devoir du citoyen est de se rendre utile autant qu'il le peut envers ses compatriotes, et de plaindre ceux qui sont entraînés à une conduite blâmable par des doctrines fausses, des préjugés ridicules, ou un fanatisme qui attestent un défaut d'instruction et de civilisation.

« Les soussignés, pénétrés de l'utilité que peut offrir une Société d'encouragement, en ont arrêté les bases ainsi qu'il suit :

DE LA SOCIÉTÉ

ARTICLE PREMIER

« Les ouvriers serruriers, quelque pays qu'ils habitent en France, peuvent faire partie de la présente Société. La ville de Lyon sera le chef-lieu avec lequel correspondront les réunions de toutes les autres villes.

ART. 4

« Pour que le chef-lieu fût transféré de Lyon dans une autre ville, il faudrait qu'il eût été délibéré à ce sujet, soit au chef-lieu, soit dans toutes les villes de réunion, et que les trois cinquièmes des voix de tous les sociétaires délibérant eussent fixé un autre chef-lieu. »

Assurément, la lecture du préambule ci-dessus ainsi que des articles qui y font suite doit bien indiquer les bons sentiments qui animaient les fondateurs, pour que l'œuvre d'humanité et d'apaisement fût résolue entre tous les ouvriers. Afin aussi que ce premier Règlement soit bien connu de tous les sociétaires, les principaux articles qui peuvent servir à faire connaître toutes les pensées de ces jeunes innovateurs de l'Union vont être écrits dans les pages qui suivent :

DE L'ADMISSION

ART. 5

« Les soussignés formeront, à Lyon, la Société. Ils recevront les ouvriers qui voudront en faire partie.

« Ils feront choix de cinq Syndics, lesquels nommeront entre eux un Président, un Vice-président et un Caissier. Ce choix sera fait d'après les conditions d'élection qui seront déterminées par le présent Règlement.

ART. 6

« Les quatre syndics et le président choisiront dans les villes de réunion cinq ouvriers habitant chacun une de ces villes; ils leur enverront la copie imprimée du présent Règlement; ils les autoriseront à recevoir les sociétaires et à se considérer comme sociétaires eux-mêmes.

« Les cinq ouvriers désignés conformément au présent article devront être d'une moralité parfaite et bien connue des Syndics.

« Il sera gardé copie, sur un registre, des lettres essentielles, et de celles surtout qui délégueront aux ouvriers des villes de réunion le pouvoir d'admettre les sociétaires.

ART. 9

« Pour être reçu sociétaire il faut :

« 1° Etre âgé de seize ans accomplis;

« 2° Etre de bonnes mœurs et de bonne conduite;

« 3° Etre porteur d'un passeport en règle, et non suranné, ou d'une carte de sûreté;

« 4° Etre muni d'un livret portant certificat des chefs d'atelier pour le compte desquels on aura travaillé.

ART. 10

« Un ouvrier qui désirera être reçu sociétaire devra être présenté par l'un des membres de la Société, lequel certifiera la bonne conduite et les bonnes mœurs du candidat.

« Le candidat demandera en assemblée générale à être admis dans la Société.

« Il déclarera que le Règlement lui est bien connu, qu'il l'a lu et médité.

« Il s'engagera sur l'honneur à l'observer exactement et ponctuellement s'il est admis.

« Le sociétaire certificateur accompagnera le candidat hors de l'assemblée, puis il rentrera.

« L'assemblée délibérera.

« Si le candidat est admis, le sociétaire certificateur l'introduira de nouveau.

« Le président lui déclarera au nom de tous les sociétaires qu'il fait partie de la *Société de l'Union*, puis il lui remettra son livret, lequel sera précédé du Règlement imprimé.

« Le nouveau sociétaire dira : *Je reçois avec satisfaction ce Règlement, et je réitère en présence de tous les sociétaires l'engagement que j'ai pris de l'observer.*

ART. 11

« Chaque sociétaire payera un franc entre les mains du caissier à l'instant où son livret lui sera remis.

« A compter du 1er janvier 1835 le prix de la réception d'un sociétaire, le Règlement et le livret compris, sera de un franc cinquante centimes.

« Le prix de réception sera le même partout :

« Un franc jusqu'au 1er janvier prochain, et un franc cinquante centimes à dater du 1er janvier prochain.

MÈRE

ART. 12

« Au chef-lieu ainsi que dans chaque ville de réunion, il y aura une *Mère*, choisie par les sociétaires.

« Ce sera dans son domicile que se tiendront les assemblées ; il y en aura une le premier dimanche de chaque mois, et plus fréquemment s'il y a nécessité.

« Là encore se rendront les sociétaires arrivant et ceux qui voudront du travail.

Art. 13

« La *Mère* recevra les adresses des chefs d'atelier qui demanderont des ouvriers.

« Elle devra remettre ces adresses au syndic qui sera de semaine pour le placement des ouvriers; il lui sera défendu expressément de les remettre à toute autre personne sans y être autorisée par ce même syndic.

« Les adresses des chefs d'atelier devront être notées par la *Mère* sur un registre qu'elle aura à cet effet ; elles seront inscrites exactement par ordre de demande.

SYNDICAT

Art. 16

« Le Syndicat nommera, parmi les sociétaires, un premier, un second et un troisième syndic suppléant.

« Les Syndics suppléants exerceront les fonctions du syndicat dans le cas d'absence des syndics. Ils seront assujettis au même serment que les syndics.

« Les nominations qui auront lieu ainsi seront enregistrées sur le livret des délibérations.

Art. 17

« Tout syndic prêtera serment avant son entrée en fonctions, et en assemblée générale, de remplir loyalement et avec équité son emploi.

« Le serment sera conçu en ces termes :

« Je jure sur mon honneur et ma conscience de m'acquitter avec zèle et probité de l'emploi auquel j'ai été nommé par le suffrage universel des sociétaires; je jure d'avoir seulement et uniquement la *justice* pour règle de ma conduite comme syndic.

Art. 20

« Les syndics seront nommés tous les ans à l'assemblée d'août.

« Ils pourront être réélus.

« Ceux qui, par démission, décès ou voyages, laisseront leurs places vacantes, seront remplacés de suite.

« Tout syndic sera remplacé aussi sur la demande de la moitié des sociétaires de la ville où il exercera ses fonctions, et dans le courant de son année de Syndicat, si des motifs de mécontentement déterminent la moitié des sociétaires à demander son remplacement, ce qui sera annoté sur son livret par les autres syndics.

Art. 22

« Les syndics seront chargés de régler, et de transiger au besoin, les contestations qui s'élèveront entre les sociétaires et les chefs d'atelier.

« Si un seul syndic adoptait, dans ce cas, un avis qu'un sociétaire croirait être contraire à la justice, ce sociétaire aurait le droit de demander que la décision fût rendue par tout le syndicat.

« Les sociétaires seront tenus de se conformer aux décisions des syndics, sous les peines portées par l'article 61 (Renvoi de la Société).

Art. 23

« A raison du temps que les syndics devront employer pour l'exercice de leurs fonctions, ils auront droit à une rétribution.

« Cette rétribution sera fixée en assemblée générale de sociétaires, à la majorité des voix.

« Elle sera établie au chef-lieu et dans chaque ville de réunion, selon le travail que le syndicat occasionnera aux syndics.

« On aura égard aux occupations que la correspondance occasionnera au président, à raison de la ville où sera le syndicat, lorsqu'on fixera sa rétribution, laquelle rétribution pourra différer de celle des autres syndics.

Art. 25

« Au chef-lieu, ainsi que dans toutes les villes de réunion, le syndicat s'occupera de déterminer autant de sociétaires qu'il sera possible à former une cotisation pour recevoir en commun des leçons de dessin.

« Le syndicat sera chargé de choisir le professeur et de traiter du prix de ses leçons.

Art. 36

« Chaque mois il sera décidé, en assemblée générale, quelle somme devra être versée à la caisse sociale par chaque sociétaire.

« Le taux du versement à effectuer sera susceptible de varier selon les besoins de la Société.

Art. 37

« Tout sociétaire s'engage à faire preuve, dans les pays où il pourra passer ou habiter, et dans toutes les circonstances où il se trouvera, de beaucoup d'honnêteté, de civilité et de modération.

Le syndicat de toutes les villes adressera fréquemment cette recommandation aux sociétaires dans les assemblées.

« Les syndics devront eux-mêmes en donner l'exemple.

« Les sociétaires qui se seraient rendus coupables de bruit ou de scandale, quelque part que ce fût, pourraient être condamnés à une amende qui sera de vingt centimes au moins, et de cinq francs au plus, selon la gravité de la circonstance. Cette amende sera délibérée en assemblée, hors de la présence de l'accusé, mais après avoir entendu ses motifs.

Art. 38

« Les sociétaires se doivent réciproquement paix, bonne intelligence et beaucoup d'égards et d'affection.

« Ils sont obligés les uns envers les autres de veiller sur les actions de ceux d'entre eux qui seraient rencontrés ayant fait excès de vin, et d'user de tous les moyens raisonnables pour les faire rentrer dans leur domicile.

ART. 48

« Aucun sociétaire sans travail ne sera placé dans un atelier par le syndicat, sans qu'au préalable il ait été retiré près du chef d'atelier qu'il viendra de quitter une attestation constatant que ce sociétaire demeure quitte envers ce chef d'atelier.

MALADIES

ART. 54

« Le sociétaire malade ou blessé par accident fera prévenir le syndic de semaine.

« Ce syndic s'assurera de l'état du malade, et lui fera compter soixante centimes par jour pendant tout le temps de la maladie, ou lui fera porter des aliments pour cette même somme.

« Le malade aura le choix, ou de recevoir la somme, ou de recevoir les aliments ; mais il n'aura droit au secours de soixante centimes qu'autant qu'il sera à l'hôpital.

« Cependant, dans le cas où un sociétaire malade voudrait ne pas aller à l'hôpital, il pourra réclamer le secours de soixante centimes par jour; mais ce secours ne lui sera accordé qu'autant que sa maladie sera grave et qu'il aura été consenti en assemblée générale et à la majorité des voix.

ART. 55

« Tout sociétaire atteint d'une maladie qui serait occasionnée par son inconduite n'aura droit à aucune indemnité.

ART. 56

« Lorsqu'un sociétaire sera atteint d'une maladie grave, le syndicat aura le droit de requérir des sociétaires pour le veiller pendant la nuit.

« Ces sociétaires seront choisis parmi ceux sans travail; à défaut, ou en cas d'insuffisance, parmi ceux ayant de l'occupation, en commençant par les sociétaires les plus anciens résidant dans la ville. Chaque nuit, il y en aura un ou deux désignés à cet effet, selon la gravité de la maladie.

« Pendant le jour, le malade sera visité fréquemment par les sociétaires sans travail, et, à défaut, par ceux ayant de l'occupation.

« Les sociétaires qui refuseraient de se rendre à l'ordre qui leur serait donné à ce sujet par le syndicat, seraient passibles d'une amende de trois francs.

ART. 57

« Le secours de soixante centimes par jour, soit pour maladie ou pour détention, ne sera ainsi accordé que pendant le premier mois.

« Le deuxième mois il sera de cinquante centimes.

« Le troisième mois et les suivants, il sera de quarante centimes.

DÉCÈS

ART. 58

« Lors du décès d'un sociétaire, tous les sociétaires seront convoqués pour le service funèbre.

« Tout sociétaire qui ne s'y rendra pas à l'heure indiquée sera passible d'une amende de trois francs, sauf empêchements légitimes, ce qui serait apprécié en assemblée générale.

ART. 59

« Lorsqu'un sociétaire sera décédé, le syndicat veillera à la conservation de ses effets et hardes; il informera les parents du défunt du décès de ce sociétaire; il leur rendra compte de ce que devra le défunt, de ce qui lui sera dû, de ce qu'il possédera, et il leur réclamera l'autorisation nécessaire pour qu'il règle la succession et qu'il leur envoie ses hardes.

« Il leur fera parvenir le Règlement et le livret du défunt, en ayant soin de noter au livret un dernier certificat attestant la bonne conduite de ce sociétaire.

ART. 60

« Tout sociétaire, lorsqu'il cessera de faire partie de la Société, soit qu'il se marie ou qu'il s'établisse chef d'atelier, aura le droit de demander un certificat en forme de tableau, indiquant ses nom, prénoms, lieu et date de naissance, date de réception comme sociétaire, ses nominations au syndicat, s'il y a été appelé, leur date, ses prix, s'il en a obtenu, le lieu et l'année de l'obtention.

« Ces tableaux ne seront délivrés qu'au chef-lieu, sur le vu du Règlement et du livret du demandeur.

« Le sociétaire demandeur, en formant sa demande, fera parvenir franc de port au chef-lieu son livret, plus deux francs pour prix des tableaux.

« Le livret lui sera renvoyé avec les tableaux.

« Le tableau sera signé par quatre syndics et par le président ; il sera revêtu du cachet de la Société.

FÊTE ANNIVERSAIRE

ART. 65

« Chaque année, le jour de Saint-Pierre, les sociétaires célébreront leur fête au chef-lieu et dans toutes les villes de réunion, et ils se réuniront dans un banquet.

« Il sera délivré aux indigents au moins cinquante kilogrammes de pain, et au chef-lieu (à Lyon), au moins cent kilogrammes.

« Tout sociétaire qui le jour de la fête ne se rendrait pas à la réunion qui aurait lieu dans le domicile de la Mère, et à l'heure qui sera fixée, sera condamné à une amende de trois francs.

Art. 66

« La distribution du pain aux indigents sera faite, autant que possible, sous la surveillance des sociétaires qui auront obtenu des prix.

Les bons de pain seront de deux kilogrammes; ils seront fournis et signés par le boulanger avec lequel on aura traité.

Ces bons seront répartis plusieurs jours avant la distribution entre les sociétaires, qui les donneront aux personnes les plus nécessiteuses, en prenant les précautions, entre eux, pour qu'un indigent ne reçoive pas plusieurs bons.

Art. 67

« Chaque année, le jour de la fête, avant le banquet, il sera délivré au chef-lieu, ainsi que dans toutes les villes de réunion, un prix de *Talent* et un prix de *Bonne conduite*.

« Si le nombre de sociétaires excède dans une ville, le nombre de trente, il sera délivré deux prix de *Talent* et deux prix de *Bonne conduite*.

» Au-dessus de soixante sociétaires, il sera délivré trois prix de *Talent* et trois prix de *Bonne conduite*.

« Les prix de *Talent* seront accordés aux sociétaires qui auront exécuté pour le concours les ouvrages qui pourront être considérés comme chefs-d'œuvre, et qui mériteront la préférence sur les autres ouvrages du concours.

« Des chefs d'ateliers, non sociétaires, au nombre de trois, cinq ou sept, exerçant ou ayant exercé la serrurerie, seront priés de venir former le jury et de décider. Ils seront choisis par les sociétaires et à la majorité des voix.

Art. 69

Les prix de *Bonne conduite* seront accordés aux sociétaires qui auront la meilleure réputation de probité, de mœurs, d'exactitude à leur travail et de civilité.

« Ils seront délivrés par les sociétaires et en assemblée, avant la réunion du jury, au scrutin et à la majorité des suffrages.

« Ces prix ne seront accordés qu'aux sociétaires ayant fait partie de la Société pendant deux ans.

« En 1838 et 1839, il faudra avoir fait partie pendant deux ans, soit de cette Société, soit d'une autre.

Art. 70

« Le prix de *Talent* sera :

« Une médaille massive en cuivre, octogone, de 18 lignes de hauteur et de même largeur.

« Sur la face on lira : *Union*. Ce mot sera surmonté du symbole de l'union. A côte du mot *Union* et de bas en haut, on lira : *Humanité*, et de l'autre côté de ce mot, de haut en bas, on lira : *Civilité*.

« Sur le revers on lira : *Prix de Talent*. Au-dessus de ce mot sera une équerre, et au-dessous un compas.

Art. 71

« Le prix de *Bonne conduite* sera :

« Une médaille massive en cuivre, ovale, de 24 lignes de hauteur, sur seize à dix-sept lignes de largeur.

« La face de cette médaille sera la même que la face de la médaille du prix de talent.

« Sur le revers on lira : *Prix de Bonne conduite*. Au-dessus de ce mot sera une équerre, et au-dessous un compas.

Art. 80

« En 1839, le second dimanche de juillet, il sera délivré à Lyon deux grands prix de serrurerie et deux à Bordeaux.

« Chaque grand prix consistera en une médaille

semblable à celle du *Talent*, et qui sera délivrée annuellement; toutes seront frappées de même, seulement les médailles des grands prix seront en argent.

ART. 81

« Tous les trois ans, le second dimanche de juillet, et à compter de 1839, les deux grands prix de Lyon et les deux grands prix de Bordeaux continueront à être délivrés au concours.

« Les sociétaires sont tous admis à concourir.

« Celui qui aura obtenu la médaille de cuivre pourra présenter au concours des grands prix le travail qui lui aura fait obtenir la médaille de cuivre.

« Nul sociétaire ne pourra concourir la même année à Lyon et à Bordeaux, sous peine d'être privé des deux grands prix, s'il en avait obtenu un à Lyon et un à Bordeaux, et même d'un grand prix, s'il n'en avait obtenu qu'un, soit à Lyon, soit à Bordeaux.

« Tout sociétaire qui aura obtenu un grand prix ne pourra concourir de nouveau lors d'une nouvelle distribution de grands prix.

ART. 82

« Pour qu'un ouvrage soit admis au concours des grands prix, il faudra que le syndicat entier du chef-lieu ou d'une ville de réunion atteste que cet ouvrage a été confectionné par le sociétaire qui le produira.

« Ce sociétaire devra affirmer, lors de l'examen des ouvrages, qu'il est bien l'auteur de celui qu'il aura produit.

« Les ouvrages pour le concours des grands prix seront déposés le 1er juillet de l'année du concours entre les mains du syndicat de Lyon ou de Bordeaux. Il sera procédé pour le dépôt ainsi qu'il est stipulé :

« Le syndicat sera dans l'obligation de garder le secret sur le nom des sociétaires qui auront concouru.

« Le jury fera ouvrir les boîtes ou caisses en sa présence. Toutes les précautions devront être prises pour qu'il ignore les noms des sociétaires auxquels appartiendront les ouvrages du concours.

ART. 84

« Trois mois avant la distribution des grands prix, le syndicat de Lyon se rendra près de M. le Maire de Lyon et de M. le Préfet du Rhône, pour les prier d'assister à la distribution et même de la présider et de distribuer eux-mêmes les médailles aux sociétaires désignés par le jury.

« Les Syndics solliciteront que les brevets soient visés par M. le Maire et M. le Préfet.

« Ils solliciteront également que la réunion du jury et la distribution aient lieu dans un local désigné par ces autorités; à défaut, ils en choisiront un.

« Le syndicat de Bordeaux agira de même à Bordeaux.

« Si MM. les Préfets et Maires de Lyon et de Bordeaux assistent ou président à la distribution des prix, la séance sera publique si ces autorités le désirent.

ART. 91

« La demande d'une autorisation sera adressée à M. le Ministre de l'Intérieur par le syndicat de Lyon.

« La Société n'ayant que des vues sages et favorables sous le rapport du bien public et de l'industrie, il y a lieu de croire que M. le Ministre donnera son approbation.

« Cette approbation sera imprimée. Il en sera remis copie à chaque sociétaire, qui la fera joindre à son Règlement, et qui sera tenu de se conformer aux conditions que M. le Ministre de l'Intérieur aura jugé convenable de mettre à son approbation.

« Fait à Lyon, le 1er octobre 1832 (1). »

La reproduction des principaux articles contenus dans ce premier Règlement de la Société suffira assurément pour faire connaître les principes de la base fondamentale qui ont servi à faire la Société ce qu'elle est actuellement.

On a vu que tout a été prévu, soins, secours en cas de maladies ou de chômage, récompenses pour les travailleurs et pour ceux qui auraient une bonne conduite. Tout cela afin d'encourager les jeunes ouvriers à suivre une bonne voie.

On aura remarqué que l'anniversaire de la Société n'avait pas encore été fixé au 15 août, mais bien le jour fêté depuis longtemps par les ouvriers serruriers. Il en a été de même pour les autres professions qui se sont réunies à l'Union. C'est ainsi que les menuisiers fêtaient la Sainte-Anne; les forgerons, maréchaux-ferrants, etc., la Saint-Eloi; les charrons, la Sainte-Catherine, et ainsi pour les autres professions. Ce n'est qu'en 1846 que l'on décida de ne plus faire qu'une seule fête pour tous les corps d'état réunis à l'Union, et le 15 août fut la date adoptée pour le jour anniversaire de la Société, date à laquelle le nouveau Règlement-Unitaire a été mis en vigueur.

Quant aux récompenses, il est bon de mentionner ici les noms de ceux qui ont eu cet honneur. Ainsi donc, en vertu des articles qui précèdent et d'après les vœux de la majorité, le sociétaire Moreau (Pierre), ouvrier serrurier, né le 13 janvier 1811, à Château-renault (Indre-et-Loire), près de Tours, fut honoré

(1) Imprimé chez M. Gabriel Rossary, 1, rue Saint-Dominique, à Lyon.

d'une médaille en or, à Lyon, le 1er octobre 1841. Et c'est par reconnaissance pour son zèle envers la Société, pour l'encourager à continuer de défendre le faible contre le fort, que les sociétaires lui ont fait présent de cette médaille ; et aussi pour l'engager à continuer de combattre par sa plume toutes les fausses doctrines, tous les préjugés et les abus qui existaient encore sur le Tour-de-France, comme il l'avait fait dans sa brochure intitulée : *Un mot sur le Compagnonnage*, laquelle fut publiée en 1841.

Le Sociétaire Moreau a donc eu la joie d'avoir la première médaille d'or. La seconde fut décernée au Sociétaire Chesnau, ouvrier serrurier à Bordeaux, le 25 décembre 1842, en récompense de sa bonne conduite, du zèle et du dévouement dont il avait fait preuve comme Président général de ladite ville, depuis huit années qu'il occupait cette première charge. Un tel dévouement consacré à défendre les intérêts de l'Union méritait bien qu'une grande récompense fût décernée à ce bon et estimé Sociétaire, afin de l'honorer de la gratitude de tous ses amis et frères de l'Union du Tour-de-France (1).

Nous sommes heureux de constater également dans la rédaction de notre premier Règlement que l'organisation des syndicats professionnels était un fait accompli ; car, en lisant les articles qui en déterminent le fonctionnement, nous trouvons le germe de la fondation des Chambres syndicales ouvrières qui sont aujourd'hui répandues sur toute la surface du territoire de la République.

Et à juste titre nous pouvons revendiquer l'honneur d'être les promoteurs de ces nombreuses asso-

---

(1) Pour ces deux récompenses voir le livre : *De la Réforme*, etc., par Moreau, publié en 1843, aux pages 164 et 165.

ciations qui sont appelées à jouer un grand rôle dans l'organisation des nations futures.

Ainsi que l'indique l'article 91, à l'unanimité les sociétaires avaient adopté que la demande d'une autorisation serait adressée à M. le Ministre de l'Intérieur par le syndicat de la ville de Lyon. La Société n'ayant que des vues sages et favorables, sous le rapport du bien public et de l'industrie, il y avait lieu de croire que M. le Ministre donnerait son approbation à cette belle œuvre sociale d'ouvriers réunis pour secourir les plus infortunés.

Cette demande fut en effet adressée au Ministre de l'Intérieur ; mais il répondit que pour le moment, vû que l'on ne pouvait pas encore savoir si la Société aurait assez de membres pour qu'elle pût fonctionner convenablement, il était donc urgent d'attendre quelque temps encore, afin de la voir à l'œuvre, avant de prendre une décision pour accorder cette autorisation favorablement, et que pour le moment il n'y avait pas lieu de faire droit à cette demande.

Les jeunes Unionistes, surpris et affligés de cette réponse, furent donc obligés de s'organiser sans avoir l'adhésion de l'autorité supérieure, ce qu'ils firent en attendant un autre moment plus favorable à leurs vœux, si la Société parvenait à s'établir dans de bonnes conditions, ce qu'ils ne doutaient nullement, pensant tous qu'à force de persistance un bon résultat serait atteint.

En attendant, le premier Règlement ayant été expédié aux sociétaires de toutes les villes, il fut reçu avec une grande joie par tous les fondateurs de l'Union, qui l'adoptèrent tous, parce qu'il était rédigé convenablement, surtout pour venir en aide aux ouvriers voyageurs qui étaient tous amis de l'ordre et de la paix. Aussi une grande satisfaction se produisit dans cette jeunesse ouvrière, jalouse de coopérer à une œuvre aussi louable. Car, en effet, ce Règlement proclamait la bienfaisance universelle, encourageait et donnait en outre un appui moral de solidarité mutuelle entre tous les ouvriers, en les conviant à venir se partager le pain d'une vie d'amitié fraternelle et d'égalité pour tous, en se donnant la main afin de se secourir les uns par les autres.

Ces jeunes sociétaires comprenaient aussi que le devoir de chaque citoyen était de se rendre utile envers ses semblables, autant qu'il le pouvait, en cherchant surtout à supprimer toutes les fausses doctrines et tous les préjugés qui existaient encore par le défaut d'instruction et de civilisation, ce qui était assurément la cause de tous les malentendus qui existaient aussi dans la classe ouvrière, et qui paralysait le bien-être des travailleurs.

Pour faire cesser ces calamités, faire naître la concorde promulguée par le nouveau Règlement et aussi pour lui donner une grande publicité, on en fit imprimer un grand nombre d'exemplaires qui furent expédiés dans beaucoup de localités pour être distribués aux ouvriers de toutes les professions, afin de bien leur faire connaître le but de la nouvelle Société, ainsi que les principes unitaires admis sur tout le Tour de-France, en vue d'une paix générale.

Pour terminer ce chapitre, il est bon d'y mentionner qu'en 1832, pendant que les sociétaires serruriers de Lyon rédigeaient leur Règlement, un autre Bureau, celui des Quatre-Corps, composé d'ouvriers ferblantiers, poêliers, fondeurs et couteliers, s'organisait aussi à Lyon ; un Règlement était adopté sous le nom de Société de Bienfaisance avec un préambule dont voici le passage le plus important :

« On a reconnu depuis longtemps les grands avantages des Sociétés de Bienfaisance mutuelle pour les classes ouvrières; en effet, au moyen d'une rétribution modique par mois, chaque membre de la Société est assuré de recevoir exactement des secours dans les circonstances les plus pénibles de la vie, le manque de travail et la maladie. »

Ce Règlement était composé de 55 articles dont deux additionnels et signé des membres de la Commission.

« Fait à Lyon, le 3 juin 1832.

« GALLE LOUIS, MERCIER, HOUSSET, GACON. »

Suivis à la minute des signatures de 56 sociétaires fondateurs présents.

« Autorisé le 5 juin 1832, à Lyon, par le Maire,

« Signé : PRUNELLE.

« Vu et approuvé par le Préfet du Rhône,

« Lyon, le 6 juin 1832

« Signé : GASPARIN. »

Ce Règlement a été communiqué à la commission de la Notice par le sociétaire Schmitt, petit-fils de celui qui la reçut le 21 juillet 1834, à Lyon. Cette manière d'agir est digne d'un bon et fidèle sociétaire de l'Union, on peut l'en féliciter. C'est ainsi que se termine ce chapitre, dans lequel sont reproduits des documents authentiques très importants pour l'histoire unioniste.

CHAPITRE QUATRIÈME

Nouveaux adhérents à l'Union et dévouement du sociétaire Moreau (1841-1843)

Ainsi, d'après tout ce qui avait été admis comme le mentionne le chapitre précédent, il était évident que l'union des ouvriers serait réalisée par les nouveaux principes démocratiques qui étaient enseignés par ceux qui s'intéressaient à la classe des travailleurs, et qui étaient écrits dans le Règlement adopté par les sociétaires des différentes villes de France. Aussi cet appel au bien fut entendu de partout. Car de toutes les contrées les ouvriers venaient se grouper sous l'étendard de l'amitié fraternelle, issue de la nouvelle Société unitaire pour toutes les villes de France. C'est ainsi que des ouvriers de plusieurs professions ont établi un Bureau à Toulouse le 1er février 1833, dont les principaux fondateurs furent les sociétaires : Marty, ouvrier fondeur en cuivre, Guiraud, ouvrier coutelier, et Mèche, ouvrier ferblantier (1).

Toutes les professions s'étant éprises d'amour pour cette Union des travailleurs, tous voulaient y participer avec zèle et dévouement, afin que les ouvriers de toutes les professions ne formassent plus qu'un peuple de frères et d'amis. C'est en raison de ces principes qu'il y eut une discorde entre les compagnons et Aspirants menuisiers du Devoir de la ville de Bordeaux, à l'occasion de la Noël en 1832, et cette dissidence se communiqua aux autres villes du Tour-de-France.

Ainsi donc, à cette date, les aspirants manifestèrent aux compagnons le désir de changer leur organisation sociale. Ils demandèrent à ne plus être embauchés par les compagnons, et que leurs assemblées ne fussent plus commandées ni présidées par ces derniers (2).

---

(1) Ces détails ont été fournis à la Commission historique par une lettre du Bureau de Toulouse en date du 17 septembre 1877.

(2) Le mot commandé veut dire convoqué pour tel jour,

Les compagnons, ne jugeant pas à propos de céder sur aucun point de leur demande, leur lurent le Règlement du Compagnonnage, par lequel les compagnons étaient les chefs absolus de la Société, ce n'était donc que sur leurs initiatives d'eux-mêmes ; qu'ils feraient des changements aux statuts existants, mais que pour le moment ils ne voyaient rien à modifier.

En conséquence, devant cette fin de non-recevoir, c'est-à-dire devant ce refus d'accéder à la demande des aspirants, tous ceux qui ne voulurent plus se conformer aux anciens usages suivis dans le Compagnonnage durent se retirer de cette Société. Quelques-uns, en quittant les compagnons du Devoir, se jetèrent dans la Société des Compagnons de Liberté. Les autres plus nombreux se mirent à former un Bureau pour la Société de l'Union, dans laquelle ils furent reçus avec reconnaissance par tous les Unionistes des autres professions établis à Bordeaux, qui désiraient voir les autres villes suivre cet élan de l'unité sociale et humanitaire (1).

C'est ainsi qu'après cette fondation constituée et connue des autres villes, les aspirants du Devoir, menuisiers-ébénistes de Marseille, eurent la pensée de suivre l'exemple des sociétaires de Toulon, Lyon, Bordeaux et Nantes. Ils rédigèrent un Règlement, et aussitôt que ce travail fut terminé ils l'expédièrent aux sociétaires des autres villes, qui l'adoptèrent avec un contentement unanime.

L'en-tête du titre des statuts était écrit ainsi qu'il

---

(1) Voir les pages 94 et 95 du *Conseiller des Compagnons*, par M. Chovin, compagnon menuisier du Devoir, publié à Paris chez Dutertre, libraire, passage Bourg-l'Abbé, 18 et 20, et chez l'auteur-éditeur, rue du Cherche-Midi, 147. En 1860.

suit : *Règlement de la Société des ouvriers menuisiers et ébénistes, fondée à Marseille en 1834, sous l'invocation de sainte Anne.*

A la suite de ce titre, un préambule, à peu près semblable à celui écrit sur le Règlement des serruriers, était aussi écrit pour faire comprendre l'utilité de cette Société de bienfaisance et d'encouragement.

En voici les passages les plus saillants :

« L'homme appelé par état à quitter de bonne heure sa famille et le lieu de sa naissance est exposé à lutter seul contre les privations et les souffrances. Son inexpérience a besoin d'aide et d'appui. »

« Tel est demeuré toute sa vie au rang des ouvriers médiocres, qui fût devenu un homme habile et considéré, si une sage administration l'eût détourné à temps des écueils où il a perdu ses forces, son courage, la confiance en lui-même et quelquefois sa réputation.

« Pour se prêter mutuellement aide, bon exemple, les ouvriers menuisiers et ébénistes ont pris la résolution de former entre eux, à Marseille, une Société de prévoyance et de secours.

« Pénétrés du désir de concourir au bien public, ils ne rivaliseront avec les autres Sociétés d'ouvriers que par l'émulation au travail ; ils veilleront entre eux sur leur propre conduite, ne seront sévères que pour eux-mêmes et indulgents envers les autres. »

Ce Règlement comprend soixante-dix articles, et, comme dans celui des serruriers, on avait adopté des récompenses pour les travailleurs et pour ceux qui seraient reconnus avoir une bonne conduite. On avait aussi institué une fête qui devait être célébrée chaque année, comme on va le voir par les articles qui suivent :

ART. 38

« Toutes les années, au jour de la fête de Sainte-Anne, les sociétaires se réuniront dans un banquet. Les sociétaires qui ce jour-là ne se rendront pas à la réunion, au domicile de la Mère, à l'heure indiquée, payeront une amende de 3 francs.

ART. 39

« Ce même jour, si le nombre des sociétaires est plus de trente, il sera délivré avant le banquet deux prix de *Talent* et deux prix de *Bonne conduite*. Si la Société se compose de plus de soixante membres, il y aura trois prix de *Talent* et trois prix de *Bonne conduite*.

ART. 42

« Le prix de *Talent* sera une médaille en cuivre de forme octogone, portant de face le mot *Union*, surmonté du symbole de l'union, et sur les côtés, en forme de légende, les mots détachés : *Humanité*, *Société*, le revers présentera les mots : *Prix de Talent*; et au-dessous une équerre et un compas. Cette médaille sera suspendue à un ruban rouge.

ART. 43

« Le prix de *Bonne conduite* sera de même une médaille en cuivre, mais de forme ovale, dont la face sera la même que celle du prix de *Talent*; au revers on lira : *Prix de bonne conduite*, et au-dessous, l'équerre et le compas. Le ruban sera bleu de roi.

ART. 48

« Tous les trois ans, au jour de la fête de Sainte-Anne, il sera délivré un ou deux grands prix de menuiserie ou ébénisterie, auxquels ne pourront concourir que les sociétaires ayant obtenu des prix de *Talent*.

ART. 49

« La médaille du grand prix sera en tout la même que celle de *Talent*; mais au lieu de cuivre elle sera en argent.

Art. 53

« Les sociétaires qui auront obtenu un ou plusieurs prix devront être décorés de leurs médailles aux réunions et banquets annuels, mais seulement dans l'intérieur de ces réunions : il est interdit de les porter publiquement.

Art. 63

« Les membres de la Société s'interdisent formellement, à peine d'exclusion, tout recours et pourvoi devant les tribunaux sur les contestations qui pourraient s'élever entre eux, relativement à l'exécution du présent Règlement. Ils s'engagent, s'ils n'ont pu être conciliés par les membres du Bureau, à les soumettre au grand conseil des Sociétés de prévoyance et de secours.

Art. 64

« La Société ne pourra jamais se dissoudre par son fait, même par délibération, attendu que personne n'a le droit de disposer d'un fonds destiné, jusqu'à extinction, au soulagement des sociétaires malades. En conséquence, celui qui proposerait la dissolution sera exclu de droit et sans indemnité.

Art. 68

« Le présent Règlement, après avoir été signé par les fondateurs de la Société, et avoir obtenu le suffrage de MM. les Administrateurs de la Société de bienfaisance de cette ville et l'approbation de M. le Maire et de M. le Préfet, sera transcrit en entier au registre des délibérations, et signé successivement par chacun des membres, soit par eux-mêmes, soit par fondé de pouvoir, à quelque époque qu'il soit admis.

Art. 70

« Le Bureau pourra, lorsqu'il le jugera convenable, adresser à M. le Ministre de l'Intérieur une demande tendant à autoriser la Société de Marseille à correspondre dans les principales villes de France, à l'effet d'y établir des Sociétés d'ouvriers menuisiers et ébénistes affiliés par les mêmes Règlements, et à réclamer pour la présente Société la qualité de Société-mère.

« Les fondateurs, n'ayant en vue que le bien d'une fraction intéressante de la Société, et le désir de la faire concourir au bien public par l'émulation du travail et l'accomplissement des devoirs de l'humanité, espèrent que cette démarche pourra obtenir un plein succès.

« *Les membres composant la Société d'union et bienfaisance.*

« Marseille, le 23 février 1834.

« *Le Président,* *Le Secrétaire,*
« (Isidore) Roussière. (A.) Meunier.

« *Le Trésorier,* *Les Syndics,*
« (Matthieu) Serve. (G.) Schwal[illegible]el, Coirot. »

La susdite demande ayant été adressée à M. le Maire de Marseille et à M. le Préfet du département des Bouches-du-Rhône, avec un exemplaire du Règlement, les sociétaires reçurent une approbation favorable des autorités de la ville, dans les termes suivants :

« Nous, Maire de la ville de Marseille : vu le Règlement qui précède; sur l'avis de MM. les Administrateurs de la Société de bienfaisance,

« Estimons, par les mêmes motifs exprimés dans ledit avis, qu'il y a lieu d'approuver ce Règlement.

« Marseille, le 13 mars 1834.

« C. Dunoyer, adjoint.

« Vu et approuvé par nous, Conseiller d'Etat,

« *Préfet du département des Bouches-du-Rhône,*

« Marseille, le 14 mars 1834. « Thomas. »

Les quelques articles rapportés dans ce qui précède prouvent que le Règlement de Lyon était admis en principe par tous les ouvriers, et les articles n'étaient modifiés que suivant la profession à laquelle ils étaient appliqués.

Mais il faut remarquer que l'autorisation accordée par les autorités de la ville de Marseille a fortifié les ouvriers menuisiers et ébénistes dans leur œuvre sociale, car, l'année suivante, les ouvriers des mêmes professions qui travaillaient à Bordeaux adoptèrent le même Règlement avec une modification à la première page : à la place du mot Marseille ils écrivirent celui de Bordeaux, les mots *Union* et *Encouragement* furent ajoutés à la suite du titre de la Société. Le Règlement ainsi modifié fut aussi approuvé et signé par les nouveaux sociétaires de ladite ville, ainsi qu'il en est fait mention ci-dessous :

« *Les membres composant la Société d'union et bienfaisance.*

« Bordeaux, le 8 novembre 1835.

« *Le Président,* *Le Secrétaire,*
« (Dominique) BERGERET. (H.) THOMAS.

« *Le Trésorier,* *Les Syndics,*
« (Jules) BERNIER. DUPLAH, BLANC, PRAUT. »

« *Les sociétaires :* (D.) Bernier, (Jules) François, Castagnos, Etienne, Benoît, (Ch.) Penneane, (Vr) Armelin, (B.) Ruart, (Martin) Manin, Denis, (Jean) Carrère, (Jean) Pigou, (Antoine) Couturier, (B.) Guiol, (B.) Bru, Grenier. »

Le Règlement, pourvu de toutes ces signatures, fut présenté aux autorités de la susdite ville par les sociétaires demandant qu'il leur soit accordé de pouvoir établir la Société à Bordeaux.

Une réponse favorable fut faite aussitôt, dont en voici la copie textuelle dans ce qui suit :

« Vu et approuvé le présent Règlement de la Société de bienfaisance des ouvriers menuisiers et ébénistes, contenant soixante-dix articles, à la charge par les sociétaires présents et futurs de l'exécuter dans son contenu ; de se conformer strictement aux ordonnances et Règlements de police, et de nous prévenir à l'avance des jours, lieux et heures où devront avoir lieu leurs assemblées, dans lesquelles il ne pourra être discuté ni délibéré sur aucun sujet étranger au présent Règlement, qui ne pourra subir aucune modification sans notre autorisation.

« Fait à Bordeaux, en l'Hôtel-de-Ville, ledit jour trente novembre mil huit cent trente-cinq.

« *L'Adjoint au maire,*

« GODINET. »

« Vu et approuvé :

« Bordeaux, le 30 décembre 1835.

Le Préfet de la Gironde,

« A. DE LA COSTE. »

Ces approbations sympathiques et réitérées faisaient naître une grande confiance pour que la Société devienne universelle, surtout que quelques années plus tard des ouvriers, tanneurs corroyeurs et maroquiniers, au nombre de trente, suivant l'exemple et l'élan donnés par les sociétaires : serruriers, ferblantiers, chaudronniers, fondeurs, couteliers, menuisiers et ébénistes, fondèrent un Bureau à Lyon, le 15 octobre 1840. Ils rédigèrent aussi un Règlement de Société de bienfaisance et de secours mutuels, dont une préface rédigée en termes excellents était écrite avant les articles. Il y était dit ce qui suit :

« On a reconnu depuis longtemps les grands avantages des Sociétés de bienfaisance mutuelle pour les classes ouvrières; en effet, au moyen d'une rétribution modique par mois, chaque membre de la Société est assuré de recevoir exactement des secours dans les circonstances les plus pénibles de la vie, le manque d'ouvrage et le cas de maladie.

« Mais, outre ces avantages communs à toutes les Sociétés, celle-ci en a d'autres qui lui sont propres. elle se compose de deux corps d'état différents : *tanneurs* et *corroyeurs*. Etrangère à toutes opinions politiques, elle ne reçoit que des ouvriers aussi recommandables par leur conduite que par leur talent et leur habileté, amis de la tranquillité et de l'ordre. Sous ce rapport elle est aussi avantageuse aux maîtres qu'aux ouvriers: à ceux-ci, en leur attirant la bienveillance et la considération des maîtres, et par là de l'ouvrage; à ceux-là, en leur procurant des ouvriers sur la probité et l'habileté desquels ils peuvent compter; et à tous en détruisant les abus qui ont souvent compromis leurs intérêts respectifs.»

Les délégués nommés pour la rédaction de ce Règlement ayant rédigé cinquante-cinq articles, les soumirent à la sanction des sociétaires assemblés exprès, qui les acceptèrent à l'unanimité. Il fut ensuite adopté que la demande d'une autorisation serait adressée à M. le Maire de la ville de Lyon. Par la conclusion suivante, insérée à la fin du Règlement, il était dit :

« Le présent Règlement sera soumis à l'approbation de M. le Maire de Lyon et à l'homologation de M. le Préfet du département du Rhône pour être ordonné, s'il y a lieu, qu'il aura sa pleine et entière exécution. »

« Fait, lu et adopté d'une voix unanime par les fondateurs,

« Lyon, le 15 octobre 1840.

« *Le Président*, « BOUVIER (Pierre).

Le Trésorier, CARLE (Antoine)

« *Le Secrétaire*, « SOLVANAU (François).

Le premier Syndic, DONNET (Narcisse).

Le second Syndic, « JAVELOT (Sébastien).

Le troisième Syndic, ACHILLE (François).

En conséquence, les susdits ayant adressé la demande comme il avait été convenu à l'Assemblée, une réponse favorable leur fut faite dans les termes suivants :

« Nous, Maire de Lyon, vu le Règlement ci-dessus pour l'organisation de la Société de bienfaisance et de secours mutuels des ouvriers *Tanneurs, Corroyeurs et Maroquiniers* de la ville de Lyon ;

« Autorisons l'établissement de ladite Société, qui portera le numéro quatre-vingt-quatorze, et approuvons son Règlement organique, composé de cinquante-trois articles principaux et de deux articles additionnels, pour être exécuté selon sa forme et teneur après qu'il aura été revêtu de l'approbation de M. le Préfet.

« Lyon, le 21 octobre 1840.

« *Le Maire de Lyon*,
« Signé : TERME.

« Vu et approuvé :

« Lyon, le 30 octobre 1840.

« *Le Préfet du Rhône*,
« Signé : JAYR. »

Cette autorisation, on le pense bien, a rempli de joie ces nouveaux adhérents aux principes de la mutualité ; aussi ces professions, unies dans un but commun pour le bien de tous, sont parvenues par leur bonne gestion à pouvoir établir des Bureaux dans plusieurs autres villes. Les sociétaires purent enfin, à force de persistance, fonder un Bureau à Paris, le 1er novembre 1842. Comme bien d'autres professions, ils n'avaient pas adopté d'inscrire le mot Union sur leur Règlement ; mais une parfaite cordialité régnait avec les unionistes, puisque dans les petites villes ils faisaient partie de la Société de l'Union, en attendant d'adopter définitivement ce titre sur leur Règlement, ce qui eut lieu, comme on le verra un peu plus loin.

L'institution de la Société, acceptée par les ouvriers menuisiers et ébénistes des principales villes, était propagée dans les autres villes ; aussi les ouvriers desdites professions, d'un commun accord, acceptèrent le Règlement adopté à Marseille et à Bordeaux ; ainsi firent ceux travaillant à Angers en 1841 : aucun changement ne fut fait que celui d'écrire le nom de la ville, Angers. Cependant la Société de l'Union était établie dans cette ville depuis 1838, puisqu'il existe des registres portant la date de cette époque. D'ailleurs, devant l'élan des grandes villes, les autres ne restaient pas en arrière. Car tous les sociétaires tenaient à honneur de faire prospérer la Société partout, et de l'instituer où ils pouvaient le faire, en vue d'être utile aux ouvriers voyageurs

Afin de faire bien connaître le but et l'utilité de la Société de l'Union sur le Tour-de-France, plusieurs sociétaires se dévouèrent et écrivirent dans cette intention ; de ce nombre, le sociétaire (Pierre) Moreau, ouvrier serrurier, natif de Châteaurenault, près de Tours, fit une brochure dont le titre était : *Un mot sur le Compagnonnage*, lorsqu'il travaillait à Auxerre, en 1841. Dans cet écrit il indiquait clairement ce qui engendrait la discorde entre tous les ouvriers du Tour-de-France, et il disait qu'une nouvelle ère de paix et de concorde devrait exister entre tous les corps d'états, et que si son appel était bien compris par les ouvriers, il était certain que l'entente cordiale invoquée depuis longtemps serait atteinte.

Aussi, pour bien se faire comprendre et pour que l'on sût la différence qu'il y avait entre le Compagnonnage et les unionistes, il disait dans ce livre, en parlant de la Société de l'Union, les paroles qui suivent :

« Là au moins il n'y a plus de castes, plus de distinctions, plus de maîtres inamovibles, plus d'oppresseurs ni d'exploiteurs, mais seulement des amis, des frères, qui se soutiennent, s'instruisent et se soulagent mutuellement, qui contribuent également aux frais de toute la Société, aux secours accordés aux malades ou à ceux qui sont sans ouvrage (1).

Cette brochure livrée à la publicité fit donc connaître en effet que le principe *Unitaire* et *Universel* prescrit par la nature était l'égalité, adopté et suivi par les fondateurs de l'Union sur le Tour-de-France. Ce zélé sociétaire avait étudié avec soin les bases sur lesquelles la Société avait été établie ; ce livre était donc le résultat des études faites par un homme qui connaissait parfaitement bien le sujet sur lequel il écrivait, puisque lui-même avait fait partie du Compagnonnage comme aspirant, avant d'être sociétaire.

Ainsi qu'il le dit dans son second livre intitulé :

---

(1) Voir à la page 23 de la brochure *Un mot sur le Compagnonnage*, par Moreau (Pierre), publiée à Auxerre, chez M. Guillaume-Maillefer, libraire, rue de la Croix-de-Pierre, en 1841.

de la Réforme des abus du Compagnonnage et de l'amélioration des travailleurs, publié en 1843, il était parti de son pays natal le 12 août 1833, et comme à cette époque la Société de l'Union n'était pas encore connue partout, il fut reçu dans le Compagnonnage du Devoir en qualité d'aspirant, en arrivant à Saumur, où il fut presque immédiatement embauché (1).

Il est resté dans cette position jusqu'au mois de juin 1837, époque à laquelle il arriva à Paris, son tour de France étant fini. C'est dans cette ville qu'il apprit a connaître la Société de l'Union, en retrouvant un de ses amis, natif de Vendôme, le sociétaire Lestibois, qui faisait partie de la Société, lequel lui remit son Règlement et un manuscrit au moment de partir de Paris pour se mettre à la tête de l'atelier de son père, qui venait de mourir à Vendôme (2).

Ces documents entre les mains de (Pierre) Moreau furent très bien appréciés et lui ont servi, avec ce qu'il avait vu de près, à devenir un écrivain aimé pour les réformes sociales qu'il enseignait de faire en vue d'améliorer la position de la classe ouvrière. Après être demeuré quelque temps à Paris, il se rendit de nouveau à Auxerre pour y travailler, et c'est dans cette ville qu'éclairé par l'expérience et guidé par la raison, il se fit recevoir sociétaire de l'Union en 1840. Il prit une part très active pour la fondation d'un Bureau à Auxerre, dont il fut nommé président dès sa réception; les autres membres du

---

(1) Voir page 12 de la *Réforme du Compagnonnage*, etc., par Moreau.

(2) Voir les pages 33, 34, 80 et 81, même livre du même auteur.

Bureau étaient le Secrétaire, Fourmoux, et les deux syndics, Guérin et Léger (1).

Le sociétaire Moreau se rendit digne de la confiance que ses amis de l'Union lui avaient accordée; il se mit donc à l'œuvre immédiatement. C'est surtout par une lettre bien écrite qu'il a commencé à acquérir une renommée populaire pour les idées de progrès dont il était animé.

C'est donc en 1840 qu'il écrivit une lettre à M. Perdiguier, ouvrier menuisier, compagnon du Devoir de Liberté, et qui avait écrit un livre intitulé : *Le livre du Compagnonnage*, publié à Paris en 1839. Cette lettre écrite à ce propos encourageait ou critiquait M. Perdiguier sur ce qui était bien ou sur ce qui paraissait être mal écrit.

Voici d'ailleurs quelques lignes de cette lettre, écrite d'Auxerre le 8 mars 1840, par (Pierre) Moreau :

« Monsieur,

« Un de vos collègues, ami du progrès, de vous et de moi, m'a procuré le plaisir de vous lire; je dis plaisir sans cependant être satisfait de votre ouvrage qui a pour titre : *Le livre du Compagnonnage*, mais parce que nous sommes toujours fiers d'avoir parmi nous autres ouvriers des hommes qui, malgré le monopole de l'éducation, parviennent à faire ressortir leurs talents comme vous venez de le faire.

« Vous donnez de bons conseils aux jeunes affiliés, et vous faites comprendre aux Compagnons qu'il est de leur devoir de s'instruire les uns les autres. Moi,

---

(1) Voir les pages 12 à 21 de la brochure : *Explications à tous les ouvriers*, etc., par Moreau (Pierre), ouvrier serrurier.

je tiens ce langage à tous les ouvriers sans distinction.

« Tout en vous reconnaissant beaucoup de talent, vous me permettrez cependant de passer rapidement votre livre en revue et d'y combattre le Compagnonnage. Mon but n'est pas de critiquer l'association, au contraire, c'est de réunir tous les hommes, tous les ouvriers principalement dans un seul faisceau, dans une seule société; mais pour cela il faut détruire toutes les distinctions.

« Unissons nos faibles voix aux voix fortes de la démocratie; marchons d'abord à la conquête de nos droits; que tous nos efforts tendent vers un même but : celui de réunir tous les hommes dans un seul intérêt; pour cela, commençons par les ouvriers, formons une Société universelle pour tous les corps. Que cette Société ait pour principe l'égalité, et pour but le bonheur de tous par un mutuel secours; que tout l'argent déposé en caisse par les sociétaires ne soit absolument que pour le soulagement des malheureux.

« S'il se fait quelque banquet, que ce soit cotisé séparément du tribut ordinaire et volontairement. Donnons des concours pour exciter l'émulation des arts, du dessin, de la littérature, de la morale, etc., et des prix analogues au travail. En faisant cela, nous serons dignes de notre siècle et de l'avenir (1) ».

Cette lettre était, comme on le voit, écrite avec un grand bon sens d'esprit et avec une logique sans exemple. Toutes les fausses doctrines et tous les préjugés y étaient relatés, afin que toutes les anciennes habitudes inégales pussent disparaître et qu'elles

---

(1) Voir les pages 35 à 46 du tome second du *Livre du Compagnonnage*, par Agricol Perdiguier, compagnon menuisier, rue Traversière-Saint-Antoine, 38.

fussent remplacées par de nouvelles institutions sociales, à la vue de tous, sans aucun mystère ni aucune prérogative que le droit.

Cet ouvrier laborieux était dévoué aux principes de l'Union, qu'il avait puisés dans le manuscrit de son ami Lestibois, ainsi que dans le Livret-Règlement de son autre ami, un sociétaire serrurier dit *Lyonnais*, qui lui avait en outre donné des explications sur la Société. De plus, il écrivait aussi ses pensées dans le journal *l'Intelligence*, d'Auxerre, par des articles bien dictés, dans l'espoir de pouvoir faire réformer certains abus qui existaient dans le compagnonnage. Enhardi par les encouragements que tous les hommes de progrès lui adressaient, il résolut de livrer à la publicité une seconde fois ses idées dans un livre ayant pour titre : *De la Réforme des abus du Compagnonnage* (1).

Ce livre commençait par une épigraphe tirée d'un écrit de F. Lamennais, ainsi conçue : *L'Union, qui fait la force, est fille de l'amour, de la douce charité d'où émanent tous les biens. Lorsqu'on marche sur un chemin difficile et rude, si l'on veut arriver au gîte, il ne faut pas se heurter, mais se donner la main.*

Ces belles paroles convenaient bien au titre de cet ouvrage, qui était écrit avec beaucoup de modération. Cependant son auteur fut critiqué avec une passion de colère mal déguisée par M. Perdiguier, qui vit des injures là où il n'y avait que des observations amicales.

Le sociétaire Moreau, voyant que son livre avait été mal compris de M. Perdiguier, qui avait publié une lettre dans laquelle il réfutait par des mots blessants tout ce qui était écrit dans cet ouvrage, écri-

---

(1) Ce livre fut publié à Auxerre, en 1843, chez M. Guillaume Maillefer, libraire, rue de la Croix-de-Pierre.

vit donc encore une fois et fit paraître une petite brochure ayant pour titre :

Explication à tous les ouvriers à propos de la lettre de M. Perdiguier, Compagnon menuisier, sur le livre de la Réforme des abus du Compagnonnage, *par Moreau, ouvrier serrurier.*

A la suite de ce titre il y avait une épigraphe de l'auteur Timon, ainsi conçue : *Mais envahir, c'est le fait d'un despote. Se défendre, c'est le fait d'un peuple libre* (1).

Dans cette brochure, tout en se défendant et en redressant toutes les erreurs dont on croyait qu'il s'était rendu coupable, il fit connaître en même temps à tous la mission que les sociétaires de l'Union devaient accomplir sur le tour de France.

En outre de ses écrits, ce zélé défenseur a puissamment participé à fonder plusieurs Bureaux, entre autres ceux de la ville d'Auxerre, en 1840, et celui des serruriers-mécaniciens de la ville de Paris, en 1843. Pour toutes ces raisons, ce bon et honnête sociétaire était donc bien estimé dans la Société de l'Union; d'ailleurs, comme il y a une chanson qui dit tout ce qu'il a fait de bien, son nom est passé à la postérité.

Il est né le 13 janvier 1811 à Châteaurenault (Indre-et-Loire), près de Tours, où il fut élu membre du conseil municipal; pendant l'invasion étrangère de 1870, il était maire par intérim de cette localité, où il est décédé le 23 novembre 1872, regretté de ses administrés, surtout des sociétaires qui l'ont bien connu, principalement ceux de la ville de Tours (1).

---

(1) Cette brochure a été aussi publiée à Auxerre, en 1843, chez le même libraire.

(1) Renseignements parvenus à la Commission par le Bureau de Tours, en date du 30 juin 1875.

CHAPITRE CINQUIÈME

Chansonniers de l'Union. — Rixes regrettables.

L'exemple du sociétaire Moreau, mentionné dans le précédent chapitre, a été bien suivi, mais d'une autre manière. C'est ainsi que, dans l'espoir de faire naître un peu d'enthousiasme, plusieurs autres sociétaires composèrent des chants et des poésies pour l'Union qui ont été faits dans un but louable, et qui, sans être parfaits, peuvent bien être cités comme ayant contribué puissamment à faire unir tous les ouvriers voyageurs dans une même pensée de paix et de concorde entre tous les états, en prenant pour devise ces mots : *Accord*, *humanité*, et ne plus former qu'un ensemble de frères, avec ces autres mots pour principe : *Fraternité, bienfaits, égalité et amitié pour tous*.

Voilà quelles étaient les pensées de ces dévoués sociétaires de l'Union du Tour de France dont les noms bien-aimés sont les suivants :

1° Achille François, sociétaire, corroyeur, fondateur et syndic de ce Bureau, à Lyon, et aussi fondateur et président, à Paris, du Bureau des corroyeurs, auteur de trois chansons : *L'Invocation à l'Union; le Bonheur est dans l'Union et la Fraternité ; le Départ* (1) ;

2° Thomas, sociétaire, ferblantier, président général à Lyon en 1839, décédé en 1840, auteur de deux chansons : *Conseils d'un sociétaire à ses frères d'Union ; Espoir dans l'avenir* (2) ;

---

(1) Voir pages 84, 85 et 89 du livre de Moreau : *De la Réforme*, etc.
(2) Voir pages 96 et 92, même livre.

3° Simonet, sociétaire menuisier, auteur de la joyeuse chanson : *Enthousiasme d'un Sociétaire* (1) ;

4° Guillermain, sociétaire cordonnier, auteur de plusieurs autres chansons, dont les principales sont : *L'Union aux ouvriers ; la Concorde* (2) ;

5° Mainvielle aîné, sociétaire menuisier, auteur de celle-ci : *L'Egalitaire* (3) ;

6° Carpentras aîné, sociétaire peintre ; il est auteur de plusieurs poésies dont les meilleures sont celles de : *Vivre en travaillant ; A la Justice* (4).

7° Francon, sociétaire typographe, auteur d'une romance populaire et sentimentale ayant pour titre : *La Voix du Peuple* (5) ;

8° Sébault, sociétaire mécanicien, président du Bureau des serruriers à Lyon en 1850, auteur de la charmante chanson dédiée par lui aux sociétaires de l'Union, dont le titre est : *Le Droit de naissance* (6).

Toutes ces chansons ont été faites non seulement dans le but d'être utile à la Société ou aux sociétaires, mais bien surtout pour réunir les hommes et faire naître la fraternité entre tous les corps d'état. De plus, elles avaient le don de chasser la mélancolie, de faire oublier les peines, les misères. S'agit-il d'une conduite, d'une fête, d'un banquet, on chante ; c'est un moment de récréation après une longue

(1) Donné à l'auteur de la Notice par Guéraud, sociétaire peintre, ami de Simonet.

(2, 3, 4, 5) Ces chansons se trouvent dans un petit livre intitulé : *La Voix de l'Humanité*. Il fut imprimé à Lyon. en 1846, chez M. Pommet, rue de l'Archevêché, 3. Le rédacteur de la *Notice* le possède.

(6) Donné à l'auteur de la *Notice historique*, qui pourra en donner la copie.

journée; c'est un moment de bonheur pour le travailleur; c'est une franche et naturelle gaieté. La chanson, qui touche et charme l'ouvrier, le transporte dans un autre monde.

La Société est donc en droit d'être satisfaite de ces jeunes gens qui surent, par leurs écrits, faire connaître les bienfaits que pouvait réaliser l'homme laborieux en s'unissant, quel que soit son pays natal et quel que soit son état. Aussi le nombre des adhérents à cette nouvelle doctrine qui agrandissait les rangs de la Société la faisait bien connaître de toutes les professions.

En outre, comme le bruit de la fondation de l'Union se répandait partout le tour de France, il s'ensuivit que plusieurs Sociétés s'unirent à ce nouveau drapeau. Dans cet espoir, une Société composée : des *Jeunes Hommes* (ce qui remplace les Aspirants dans le Devoir), qui s'étaient séparés des Compagnons tailleurs de pierre, dits Compagnons étrangers et enfants de Salomon, voulurent entrer dans l'Union. Mais avant ils s'étaient formés en Société sous le titre de: *Compagnons de l'Union*, et en se parant de cannes et de couleurs.

Avec ce titre, ils vinrent à Marseille et à Toulon trouver les sociétaires de l'Union, afin d'entrer dans la grande famille. Il leur fut donné connaissance de nos Règlements, et on leur dit que leur admission n'était possible qu'en laissant de côté les insignes et distinctions, source de toutes discordes.

Ils crurent, pour le moment, devoir conserver leurs attributs, espérant détruire l'abus par l'abus. Ils ne furent donc pas reçus dans les rangs de l'Union pour ces seules raisons. Cependant les sociétaires avaient l'espoir qu'ils reviendraient de leurs erreurs; que des sentiments d'humanité et de fraternité germeraient dans leurs cœurs, et qu'un jour viendrait où ils adopteraient les statuts de l'Union sans aucune arrière-pensées (1).

D'autres Sociétés s'étant ralliées à l'Union, les rangs s'augmentaient donc sensiblement malgré toutes les difficultés que les sociétaires eurent à subir pour faire réussir cette entreprise, surtout que différentes querelles et que plusieurs rixes regrettables eurent lieu avec les membres des anciennes Sociétés, qui voyaient que les sociétaires parvenaient à se constituer avantageusement, par la paix, la fraternité et l'assistance mutuelle que l'on trouvait chez eux, où l'amitié et la bonne harmonie existaient entre toutes les professions réunies.

Les fondateurs ont donc eu à soutenir de nombreux combats contre les Compagnons du Devoir coalisés, notamment à Toulon où, en 1834, un sociétaire fut tué en sortant de prendre son repas. En 1835, le domicile de la Mère fut envahi de vive force, et les sociétaires qui s'y trouvaient, la Mère et une autre femme très âgée furent terrassés, mutilés, et ne durent la vie qu'à la force armée, laquelle arriva bien à propos pour suspendre une lutte inégale (2).

A Lyon, en 1837, à la suite d'un enterrement de Dévorants serruriers, un sociétaire de la même profession fut poursuivi jusque dans l'atelier de son ancien patron, demeure qui ne fut point respectée (3).

---

(1) Voir pour plus de renseignements les pages 94, 95 et 96 du livre *De la Réforme*, etc., par Moreau.

(2) Voir page 52 du livre de M. C.-G. Simon, intitulé : *Etude historique et morale sur le Compagnonnage*, imprimé à Paris, chez Capelle, rue Soufflot, 16, près le Panthéon.

(3) Voir le livre de Moreau, page 118, *De la Réforme*, etc.

A Avignon, en 1839, après plusieurs combats, un guet-apens fut tendu aux sociétaires, mais heureusement l'autorité était avertie, et les provocateurs furent arrêtés assez à temps pour prévenir l'effusion du sang (1).

Toutes ces rixes étaient on ne peut plus regrettables, surtout pendant que des hommes sages travaillaient avec ardeur à faire comprendre aux ouvriers qu'une entente cordiale devait exister entre eux tous. On pensait donc que ces bons conseils seraient enfin suivis et que des combats absurdes n'auraient plus lieu.

D'ailleurs, toutes ces querelles n'empêchèrent pas la Société de l'Union de se consolider convenablement. Ce bon résultat obtenu engageait bien tous les ouvriers à se joindre aux sociétaires, afin de participer à l'œuvre de tous les bienfaits qui avaient été inaugurés par les fondateurs.

Les sociétaires voyaient donc avec satisfaction que leurs rangs s'augmentaient d'un grand nombre d'ouvriers qui avaient, eux aussi, commencé leur tour de France en fréquentant les anciennes Sociétés du Compagnonnage, mais qui en sortaient bientôt, comprenant qu'ils s'étaient trompés de route, parce qu'il leur semblait que les doctrines qu'on y suivait n'étaient pas en harmonie avec le progrès ni avec les besoins de l'époque actuelle.

C'est pour ces raisons que vers la fin de l'année 1842, les Aspirants menuisiers de la ville de Marseille résolurent aussi de faire réformer les anciennes habitudes qui continuaient d'exister dans le Compagnonnage. Ils firent donc part de leurs idées aux

---

(1) Voir page 53 de M. C.-G. Simon, et page 116 de Moreau, *De la Réforme*, etc.

Aspirants de toutes les villes du tour de France qui, après les avoir discutées avec sagesse, acceptèrent à une grande majorité toutes les propositions émises par ceux de Marseille.

Après ce résultat obtenu, il fut adopté que cette décision serait communiquée aux Compagnons dans toutes les villes. Mais ceux-ci refusèrent la nouvelle forme d'administration qui leur était présentée par les aspirants. Ils se renfermaient strictement dans ce qui était contenu dans leur Règlement. Aussi, après de longs commentaires qui restèrent sans résultat admissible de part et d'autre, une séparation eut encore lieu. Beaucoup d'Aspirants, après avoir laissé les Compagnons, constituèrent une nouvelle Société, dite: *Du Petit Mystère;* elle fut plus tard appelée : *Société des Indépendants* (1).

L'existence de ces deux Sociétés fut de courte durée, parce que les membres devinrent peu nombreux, pour cette raison qu'il n'y avait pas d'unité entre eux et les autres professions qui étaient établies dans les différentes villes. Les Aspirants serruriers suivirent aussi, à cette époque, l'exemple qui leur était donné par les menuisiers. Ils se constituèrent en Société sous les mêmes dénominations, et ils n'eurent pas plus de réussite, et cela pour les mêmes raisons.

Aussi, en 1845, ces Sociétés cessèrent de fonctionner faute de sociétaires. Puis, en outre, comme les principes d'égalité sur lesquels ces Sociétés s'étaient appuyées, étaient ceux adoptés et suivis par les sociétaires de l'Union, il s'ensuivit qu'un grand nombre de ces anciens Aspirants préférèrent s'unir à l'Union, ce qui était bien plus préférable sous tous les rap-

---

(1) Voir les pages 96 à 102 du livre : *Le Conseiller des Compagnons*, etc., par M. Chovin.

ports, car là, au moins, il y avait unité entre toutes les professions, ce qui était d'un grand secours pour ceux qui se trouvaient dans le besoin, par manque de travail ou par maladie, n'importe dans quelle ville où il y avait un Bureau d'établi pour l'Union et réunissant toutes les professions en une même Société.

Tous ces bons résultats se répandaient dans les principales villes, les jeunes voyageurs adhéraient avec enthousiasme à la réalisation unitaire de tous les états. C'est ainsi qu'à Lyon un grand nombre d'ouvriers tisseurs se firent recevoir membres de l'Union. Ce Bureau était un de ceux qui fonctionnaient avec *régularité*. Il est bien regrettable que la suppression en ait été ordonnée, et voici pourquoi :

En 1840, les registres et les caisses des Bureaux de la ville de Lyon furent saisis par la police, un jugement ayant été rendu ; il n'y eut que le Bureau des tisseurs qui fut supprimé. Comme bon souvenir, ces sociétaires, en quittant les rangs unionistes, firent cadeau à la Société d'un beau drapeau tricolore tout en soie avec un superbe dessin, dont deux lions tenant chacun a la mâchoire la maille d'une chaîne brisée, au milieu et en-dessous la ruche entourée d'abeilles, et puis les deux mains entrelacées comme emblème de l'amitié fraternelle.

Ce drapeau fut confié au Bureau des serruriers, parce qu'il était le plus ancien de la ville de Lyon ; il y est resté jusqu'en 1855. Mais à cette époque les archives ayant été une seconde fois saisies par la police, cet emblème mémorable n'a plus reparu, seule la hampe est restée au Bureau. On peut donc dire sans exagérer que ce glorieux drapeau a bien été le point de ralliement pour la belle Union, et que sous ses plis s'est formée la fédération des Bureaux du tour de France.

CHAPITRE SIXIÈME.

Fondation de l'Union à Paris et Œuvre de Flora Tristan

En 1843, le sociétaire Souladié, ouvrier menuisier, président général à Nantes, et le sociétaire Moreau, ouvrier serrurier et président du Bureau à Auxerre, s'émurent de ce qu'il n'y avait pas encore de Bureau pour la Société à Paris. Ils eurent donc une correspondance à ce sujet, et d'après une entente amicale ils se rendirent tous les deux dans la capitale, où, avec l'aide de douze sociétaires serruriers et de huit sociétaires menuisiers travaillant à Paris, ils résolurent d'établir la Société dans cette grande ville. Dans ce but, plusieurs réunions ayant eu lieu entre tous ces sociétaires, ils décidèrent d'un commun accord que ces deux professions formeraient chacune un Bureau.

En conséquence de cette décision, il fut adopté qu'un procès-verbal serait rédigé pour faire mentionner l'époque de cette fondation de l'Union dans la ville capitale de la France ; que ces Bureaux auraient chacun une caisse portant en écrit sur une peau en maroquin, dite basane, et qui serait adaptée en dedans de la porte, la date de cette fondation.

Les deux procès-verbaux étant identiques, sauf les mots du nom de chaque profession, la copie de celui du Bureau des menuisiers est transcrit ci-dessous :

« *Procès-verbal par lequel la Société de l'Union a été constituée à Paris le 1er Octobre* 1843. »

« Ayant depuis longtemps reconnu l'utilité de notre bienveillante Société et l'urgence de la constituer à Paris pour nous secourir mutuellement, nous procurer du travail ainsi qu'à ceux de nos frères qui viennent à leur tour visiter la capitale et participer à l'œuvre commune, nous apporter en cas de maladie les secours que doit la Société à tous ceux de ses membres qui remplissent avec honneur et zèle les devoirs qu'elle nous impose ;

« Nous, Menuisiers-Ebénistes et Serruriers-Mécaniciens, sociétaires de l'Union, avons, après une réunion préparatoire, définitivement constitué notre Société, le 1er octobre 1843.

« Les membres présents à ladite réunion, inscrits sur les registres et composant ladite Société, ont immédiatement procédé à l'élection des membres de Bureaux par le scrutin secret ; ils ont élu pour le Bureau des Menuisiers-Ebénistes :

Souladié, *président*; Meunier, *secrétaire*;
Letousse et Moncoq, *syndics*.

« Pour le Bureau des Serruriers-Mécaniciens :

Moreau, *président*; Gauthier, *secrétaire*;
Césanne, *syndic*.

« Les susdits membres de Bureaux, après avoir juré sur le Reglement, en présence des sociétaires, de remplir dignement leurs devoirs et de s'en acquitter avec zèle et probité, ayant toujours la justice pour règle de leur conduite, ont été chargés de commander un cachet et faire l'achat des registres nécessaires à la Société.

« La première cotisation a été fixée à deux francs ; elle a produit la somme de vingt-six francs.

« Il a été délibéré que tout sociétaire travaillant à Paris, ayant été invité et qui ne s'est pas présenté à cette réunion, devra verser une somme égale à cette cotisation pour être admis dans l'Union, soit à Paris ou en toute autre ville.

« Chacun s'est également engagé sur l'honneur à apporter tout son zèle pour faire prospérer notre belle institution, soit en avertissant les syndics ou autres membres du Bureau à chaque fois qu'ils connaîtront un atelier où il y aura besoin d'ouvriers, afin que s'il y avait quelques-uns de nos frères qui seraient sans ouvrage ils puissent en profiter ; en veillant réciproquement sur la conduite de chacun et en provoquant toutes les mesures qui peuvent contribuer à la prospérité et à l'avantage de la Société.

« Le présent procès-verbal a été fait et approuvé en assemblée, le 1er octobre 1843. Les membres de Bureaux ci-dessus nommés ont apposé leurs signatures et le cachet de la Société, afin que plus tard cette pièce justificative puisse servir dans le cas où l'on voudrait connaître exactement l'époque de la fondation de l'Union à Paris. »

Ce procès-verbal adopté, les sociétaires de ces deux Bureaux résolurent d'établir la Société chez M. Marchand, traiteur, rue de Bretagne, 52, au Marais, afin que les ouvriers arrivant à Paris pussent être occupés le plus tôt possible.

La formation de ces Bureaux étant terminée, les membres de Bureaux furent chargés de faire les démarches nécessaires afin que la Société fût reconnue et qu'elle fût autorisée par M. le Préfet de police de la ville de Paris, pour que les sociétaires pussent se réunir avec régularité. Après plusieurs lettres et des démarches faites par les délégués nommés à cet effet, dont en faisait partie le sociétaire Souladié, il ne fut pas possible d'avoir cette autorisation.

Malgré toutes les raisons invoquées par les sociétaires, M. Lebègue, secrétaire général pour la police des Sociétés de secours mutuels, leur dit que la Société n'était pas encore bien formée, qu'il n'y avait pas assez de membres et qu'il était urgent de la voir fonctionner avant de délivrer une autorisation favorable, surtout avec le nom de l'Union pour celui du titre social.

Cependant, devant cet ajournement, les sociétaires

firent de nouveaux efforts; ils réclamèrent énergiquement contre cette réponse imprévue, et ils firent entrevoir que la Société était déjà autorisée dans plusieurs autres localités, notamment dans les villes de :

Toulon, depuis le 8 août 1832.
Marseille, depuis le 13 mars 1834.
Bordeaux, depuis le 30 décembre 1835.
Et Angers, depuis l'année 1838.

Ils montrèrent les approbations écrites par les autorités de ces dites villes. Ils dirent aussi que dans toutes les autres villes la Société était bien considérée. Mais malgré tous ces renseignements les sociétaires de Paris ne purent rien obtenir de légal. Cependant ils furent tolérés, mais seulement verbalement.

Ainsi donc, en attendant une solution plus favorable, ces jeunes unionistes furent obligés d'organiser la Société le mieux qu'il leur fut possible. Et avec le dévouement des sociétaires qui arrivaient de province la Société devint nombreuse, et d'autres Bureaux se constituèrent encore à Paris : tels furent ceux des *Quatre-corps*, *des Forgerons* et celui des *Tanneurs-Corroyeurs*. Quant à ce dernier, les renseignements qu'il a été possible de se procurer sont les suivants :

La Société de bienfaisances des ouvriers *Tanneurs*, *Corroyeurs* et *Maroquiniers* etablie a Paris depuis le 1er novembre 1842, ayant appris la fondation de la Société de l'Union dans cette ville, les membres cherchèrent a s'unir avec ladite Société en adoptant le nom de l'Union. En conséquence, le sociétaire (Achille) François, leur président, fut chargé de cette mission. Après plusieurs entrevues avec les sociétaires, Souladié, président du Bureau des menuisiers, et Moreau, président du Bureau des serruriers, il fut convenu entre eux que la fusion serait soumise aux sociétaires menuisiers et serruriers. En effet cela ayant été proposé dans des réunions préparatoires tenues dans ce but, on adopta à l'unanimité de faire fusionner ces ouvriers dévoués aux bienfaits de l'humanité, et cette réunion d'hommes, tous laborieux, fut reconnue avec un enthousiasme amical par les sociétaires de l'Union en 1844.

Quant à la corporation dite : des *Quatre-Corps*, c'est-à-dire les : *Ferblantiers, Chaudronniers, Fondeurs et Couteliers*, ils constituèrent aussi un Bureau à Paris en 1844. Il en fut de même pour la profession des ouvriers forgerons, qui arrivaient à être en grand nombre dans la capitale; ils constituèrent donc eux aussi un Bureau à la fin de l'année 1844.

Le nombre des adhérents aux principes de l'Union allait donc toujours en augmentant, et comme il y avait beaucoup de corps d'état qui adoptaient ce nom pour le titre social, tout en ayant pour chaque profession un règlement différent, mais dont les articles étaient conçus en général à peu près dans les mêmes termes, cela occasionnait une confusion. Il devenait très utile dans l'intérêt de tous les sociétaires, et pour faire l'unité professionnelle dans la Société, de n'avoir qu'un seul et unique Règlement pour toutes les corporations d'ouvriers unionistes.

Afin que cela pût être fait convenablement et avec uniformité, il était nécessaire de faire une revision générale de tous les Règlements de l'Union. Pour atteindre ce but, une proposition amicale fut donc soumise dans ce sens aux sociétaires de tous les Bureaux établis en 1844.

Un résultat favorable ayant été adopté, il fut nommé une commission dans chaque ville où la Société avait un ou plusieurs Bureaux. Ces délégués eurent mission d'étudier les divers règlements qui étaient en usage, et d'en rédiger un seul pour toutes les professions d'ouvriers voyageurs réunis à l'Union.

A cette époque, il existait une femme d'un grand talent (Flora) Tristan, écrivain célèbre, connue pour défendre les intérêts de la classe laborieuse des travailleurs, parce qu'elle venait d'écrire un livre intéressant. Cet ouvrage sagement conçu était intitulé : *l'Union ouvrière*. Dans ce livre digne d'éloge elle indiquait quels étaient les moyens à suivre pour réussir à faire unir tous les ouvriers et toutes les ouvrières en une seule et grande Société, dont le but serait de pouvoir venir en aide à tous les travailleurs des deux sexes dans les moments les plus critiques de la vie ; et lorsque la vieillesse les aurait atteints, ils seraient assurés d'avoir un asile et des aliments jusqu'à la fin de leur existence.

Cela, disait-elle, pourrait se réaliser par une faible cotisation de deux francs versée chaque année et individuellement. Elle pensait que toute la population ouvrière de France ferait partie de cette utile association, dont le nombre, étant évalué à environ cinq millions d'ouvriers et deux millions d'ouvrières, produirait une somme de quatorze millions par an. Elle concluait qu'il serait possible avec cette somme de pouvoir bâtir des établissements dits palais de *l'Union ouvrière*, où les enfants des deux sexes seraient élevés ; on y recevrait les ouvriers infirmes, blessés et les vieillards (1).

D'ailleurs nous ne saurions mieux faire que de citer ici quelques pages de son livre : *L'Union ouvrière*, dans lequel nous lisons sous le titre : *De l'Insuffisance des Sociétés de secours :*

« C'est en lisant le *Livre du Compagnonnage* de

---

(1) Voir les pages 5 et 6 de l'*Union Ouvrière*, publié à Paris en 1843, chez N. Prévot, libraire, 61, rue Bourbon-Villeneuve (actuellement rue d'Aboukir).

M. Perdiguier (Agricol), ouvrier menuisier; la petite brochure de M. (Pierre) Moreau, ouvrier serrurier; le *Projet de régénération du Compagnonnage*, par M. Gosset, père des forgerons, que mon esprit fut frappé, illuminé par cette grande idée de l'*Union Universelle des ouvriers et des ouvrières*.

« Dans les trois petits ouvrages très remarquables que je viens de citer, on voit la question des ouvriers envisagée par des ouvriers, hommes intelligents et consciencieux, qui connaissent parfaitement le sujet qu'ils traitent. Ce sont trois ouvrages pensés et écrits avec bonne foi; à chaque page on y découvre un amour ardent et sincère de l'humanité, qualités précieuses qui ne se rencontrent pas toujours dans les savants ouvrages écrits par nos économistes.

« Après nous avoir montré le Compagnonnage tel qu'il est aujourd'hui, les trois *ouvriers écrivains*, chacun selon son caractère et sa manière de voir, ont proposé des réformes notables aux diverses associations du Compagnonnage (M. P. Moreau surtout). Sans nul doute, ces réformes pourraient améliorer les *mœurs des ouvriers*; mais, je dois le dire, ce qui m'a frappée, c'est de voir que parmi les améliorations proposées par MM. Perdiguier, Moreau et Gosset, aucune n'était de nature à apporter une amélioration véritable et positive dans la situation matérielle et morale de la classe ouvrière. En effet, supposons que toutes ces réformes puissent se réaliser; supposons que, selon le vœu de M. Perdiguier, les Compagnons ne se battent plus entre eux; que, selon le vœu de M. Moreau, toute distinction de métiers ait disparu, et que le Compagnonnage ne forme plus qu'une *Union générale*; que, selon le vœu de M. Gosset, les Compagnons ne soient plus exploités par les cabaretiers (mères); enfin, supposons que tous s'entr'aiment comme de bons frères; certes, ce serait là un beau résultat obtenu. Eh bien ! même en supposant un changement aussi complet, aussi heureux, je le demande, en quoi ces réformes changeraient-elles la position précaire et misérable où se trouve plongée la classe ouvrière? En rien, ou au moins en très peu de chose.

« Je ne sais comment m'expliquer pourquoi les trois ouvriers écrivains, qui ont fait preuve de tant d'intelligence lorsqu'il s'agit de signaler des petites réformes particulières, n'ont pas songé à proposer un plan d'Union générale, dont le but serait de placer la classe ouvrière dans une position sociale qui la mît à même de pouvoir réclamer son droit au travail, son droit à l'instruction et son droit à la représentation devant le pays; car il est bien clair que de là découleraient naturellement toutes les autres améliorations. Ce même oubli, si important dans les bons écrits désignés, fit sur moi une impression profonde, et c'est alors que mon esprit fut illuminé par cette grande et belle pensée de l'*Union universelle des ouvriers et ouvrières.*

« En réfléchissant aux causes qui produisent les abus et les maux de toutes sortes signalés par les ouvriers écrivains, je vis d'où partait le mal et compris à l'instant quel remède on y peut appliquer. — La cause véritable, la cause unique de tous les maux qui affligent la classe ouvrière, n'est-ce pas la *misère?*

« Oui, c'est la *misère* ; — car, par la misère, la classe ouvrière est condamné *à perpétuité* à croupir dans l'ignorance, — et, par l'ignorance, la classe ouvrière est condamnée à perpétuité à croupir dans l'abrutissement et l'esclavage ! — C'est donc contre la misère qu'elle doit lutter ; c'est là son ennemi le plus redoutable !...

« Proposer un moyen qui, par son exécution simple et facile, procure à la classe ouvrière la possibilité de sortir graduellement et sans secousses violentes de l'état précaire où elle est plongée, est, selon moi, l'unique but que doivent se proposer tous ceux qui désirent sincèrement l'amélioration véritable et efficace de la classe la plus nombreuse et la plus utile. C'est ce moyen, facile à réaliser, efficace par les importants résultats qu'il assure, que je viens proposer.

« Ouvriers, je dois vous en prévenir, je ne vous flatterai point, je hais la flatterie; -- mon langage sera franc, sévère; parfois vous le trouverez un peu rude. Je crois qu'il est utile, urgent, indispensable, qu'on vous dise franchement et nettement, sans craindre de froisser votre amour-propre, quels sont vos défauts. Quand on veut guérir une plaie, on la met à nu pour bien la sonder, puis on coupe dans le vif, et elle se guérit.

« Si je vous parle avec cette franchise, à laquelle vous n'êtes pas accoutumés, au lieu de me repousser, ne m'en écoutez qu'avec plus d'attention, car ayez toujours présent à la pensée que ceux qui vous flattent ont pour but de se servir de vous, et non de vous servir » (1).

A la suite de l'exposé de ces pages, (Flora) Tristan indique les moyens de constituer la classe ouvrière. Puis elle donne le plan de l'Union universelle des ouvriers et ouvrières: Comment les ouvriers doivent procéder pour constituer l'Union ouvrière. Pourquoi elles mentionne les femmes. A quoi doivent être employés les premiers fonds. Construction des palais de l'Union ouvrière. Enfin elle termine son livre en faisant un appel aux ouvriers (2).

---

(1) Voir les pages 11, 12, 13 et 14 de l'*Union ouvrière*, etc., par (Flora) Tristan.

(2) Voir les chapitres II, III et IV, et les pages 14, 43, 71, 73, 81, 92, 109 et 110 de l'*Union ouvrière*.

Ce n'était pas assez pour cette femme de progrès d'avoir écrit ce livre et de l'avoir expédié dans les principales villes. Elle voulait voir par elle-même ce que la lecture avait pu produire sur l'esprit des ouvriers. C'est pour cela et afin de faire pénétrer sa grande et sublime idée partout en France, qu'elle eut la pensée de se mettre en rapport avec toutes les Sociétés d'ouvriers qui existaient à cette époque, pour leur exposer toutes ses intentions humanitaires en vue d'améliorer la situation de tous les travailleurs. Dans cette espérance et pour atteindre ce but avec efficacité elle avait fait part de ses projets aux sociétaires de l'Union de la ville de Paris.

En conséquence, les sociétaires Souladié et Pierre Moreau furent délégués par les Bureaux; ils eurent plusieurs entrevues avec Mme (Flora) Tristan. A chaque fois, ils étaient charmés des bonnes paroles que cette femme de talent avait prononcées pour l'émancipation et la régénération ouvrière; surtout de la vive ardeur dont elle était animée pour faire l'union compacte de la classe laborieuse. Elle pensait, leur disait-elle, pouvoir par son dévouement journalier faire réussir sa bonne innovation de l'Union. Dans tous les entretiens amicaux qu'elle eut avec ces sociétaires, elle disait que pour bien développer son projet de l'*Union ouvrière*, comme le comportait son livre, il était de toute nécessité qu'elle pût aller visiter les principales villes, afin de bien faire comprendre par elle-même toutes ses idées bienfaisantes et de progrès.

C'est donc sous l'inspiration de ces idées qu'elle partit de Paris pour se rendre dans les villes de province, pensant se mettre en rapport direct avec les membres des diverses Sociétés ouvrières. Elle sut se faire estimer des ouvriers par son éloquence et son affabilité; elle eut donc la confiance et les sympathies de tous ceux qui l'ont entendue démontrer et affirmer que tous ces projets réformateurs devaient être bien acceptés par tous les ouvriers. Et elle pensait que l'ère des discordes devait faire place à un apaisement complet entre toutes les professions industrielles, dont tous les membres devaient s'unir ensemble sans distinction d'état pour s'aider mutuellement en cas de maladies, de chômages, d'infirmités de toutes sortes, ainsi que pour ceux qui, ayant un âge avancé, sont incapables de subvenir à leurs besoins journaliers.

La persistance qu'elle a mis à établir la paix entre les membres des Sociétés dissidentes, lui valut la reconnaissance de tous les hommes de bien. Etant à Bordeaux, elle eut des conférences avec plusieurs membres de Sociétés ouvrières qui étaient impatientes de la connaître et de l'entendre proclamer la fraternité. Là aussi elle sut se faire écouter avec bienveillance de tous ceux qui l'entendirent faire le résumé de tout ce qui était utile pour les prolétaires.

Sans aucun doute, cette femme, défenseur des droits du faible, aurait rendu de grands services à l'humanité, et il est certain que sa bonne idée d'unir la classe ouvrière aurait réussi si elle eût vécu plus longtemps. Mais une maladie grave l'ayant atteinte l'emporta trop tôt, car la mort l'atteignit au début de son œuvre. Et c'est à Bordeaux qu'elle quitta la vie, regrettée de tous ceux qui l'avaient connue. Par une fatalité regrettable, elle ne fut accompagnée au champ du repos, au cimetière de la Chartreuse, que par un très petit nombre de sociétaires et d'amis qui avaient connu son décès. Mais cependant sa mort fut un deuil général dès que l'on connut cette malheureuse nouvelle. Dans toutes les villes on eut l'intention de faire des souscriptions pour lui faire élever un tombeau; mais les collectes eurent beaucoup de peine à réussir, parce qu'il fallait correspondre avec toutes les villes, ce qui était bien difficile. Enfin, dans une assemblée tenue à Paris, le 23 janvier 1846, les sociétaires résolurent de nommer une commission de cinq délégués représentant chacun une grande ville du tour de France, et ainsi composée :

Pour *Lyon*, le sociétaire Bertolat,
— *Marseille*, — Gas,
— *Bordeaux*, — Julien,
— *Paris*, — Souladié,
— *Nantes*, — Blazy (1).

Ces cinq délégués avaient pour mission de communiquer avec les membres des susdites villes, afin d'activer les souscriptions. Ce moyen n'avait pas encore réussi, car, lorsque les événements de février 1848 se produisirent, il n'était encore qu'à l'état de projet. Aussi on s'empressa de suite de reprendre la souscription avec une grande énergie; elle put donc bientôt être terminée, et le tombeau si bien dû à (Flora) Tristan fut élevé à sa mémoire, afin d'immortaliser ce nom rendu célèbre par l'innovation projetée de l'*Union ouvrière*. Des renseignements qui émanent d'une source tout à fait certaine et venant d'un paragraphe du discours prononcé à Bordeaux, le 15 août 1877, ont été communiqués à la commission de la Notice; en voici la copie textuelle :

« Voilà les fruits que produisit la civilisation nouvelle dont (Flora). Tristan fut une lumière. Elle n'eut pas le bonheur de voir pousser les germes qu'elle avait semés, car elle s'éteignit le 14 novembre 1844, et fut inhumée à la Chartreuse de Bordeaux, le 16 novembre, sans aucune pompe, au champ commun.

(1) Voir page 13 du registre des procès-verbaux du Bureau général de Paris, séance du 23 janvier 1846.

Mais, en 1848, les ouvriers de l'Union se rappelèrent ce qu'ils devaient à celle qui par ses écrits avait éclairé leur intelligence d'une flamme nouvelle, et alors, sous la direction du citoyen Nau, tailleur (allées de Chartres, 1), et de Mme Ve Rigoullou, une collecte fut instituée et permit bientôt de pouvoir acquérir une concession à perpétuité et de faire élever un monument immortel à celle qui l'avait si bien mérité.

« Ce monument porte le n° 205 de la 8e série, et le corps de (Floral) Tristan, épouse Chazal, y repose depuis le 21 octobre 1848 » (1).

Tous les sociétaires qui passent à Bordeaux se font un devoir d'aller visiter avec recueillement le terrain où repose celle qui fut une amie bien dévouée à la classe ouvrière. C'est pour cela que dans les discours prononcés à la fête de l'Union on prononce de bonnes paroles en mémoire de ce qu'elle a écrit, et pour garder d'elle un bon souvenir de reconnaissance.

En attendant la réalisation de ce beau rêve d'union ouvrière, les sociétaires continuaient d'organiser la Société dans de bonnes conditions. Et les adhérents venaient agrandir les rangs des hommes dévoués à l'unité professionnelle. De nouveaux Bureaux étaient aussi institués afin de pouvoir procurer du travail à ceux qui arrivaient d'une autre ville. Assurément le chapitre qui suit sera intéressant, parce que l'on y verra toute la persistance des sociétaires à faire connaître la Société et à défendre ses intérêts.

---

(1) Ce document a été fourni à la commission historique par le sociétaire E. Rispal, dans une lettre datée de Bordeaux le 5 septembre 1882.

CHAPITRE SEPTIÈME

Fondation d'un Bureau général à Paris et Procès de la Société en 1847

On voit par les précédents chapitres que l'idée qui préoccupait le plus les sociétaires était toujours de faire réaliser le principe de l'unité entre toutes les corporations ouvrières. C'est donc pour atteindre ce but que ceux qui avaient organisé des Bureaux dans la capitale, ayant fait tous leurs efforts pour procurer du travail aux arrivants, ont réussi, vu le grand nombre de sociétaires, à pouvoir installer un Bureau général dans la grande cité.

Ce fut donc le 11 mai 1845 que les sociétaires des cinq Bureaux établis et fonctionnant très bien à Paris, eurent une réunion régulièrement convoquée dans laquelle ils résolurent de former un Bureau général. Cette bonne proposition ayant été adoptée à l'unanimité, il fut décidé de nommer les membres de ce Bureau séance tenante ; furent élus les sociétaires ont les noms suivent :

MIGNEAU, *président.*
MIGNARDOT, *vice-président.*
GOSSET, *secrétaire.*
ADANS, *secrétaire-adjoint.*
LAPESSONNI, *trésorier.*
LUCAS, *membre-adjoint* (1).

Après cette nomination terminée, on passa à la réception de dix-sept ouvriers bourreliers qui s'étaient présentés pour faire partie de l'Union, et qui avaient

(1) Voir le procès-verbal du Bureau général de Paris, daté du 11 mai 1845, à la première page de ce registre déposé aux archives.

été inscrits sur le tableau des affichés. Cette réception terminée, la majorité des sociétaires adopta que les nouveaux reçus pouvaient former tout de suite un Bureau pour les deux professions réunies de selliers et bourreliers. En conséquence, les membres de Bureaux furent nommés ; le président fut le sociétaire Pichenot. Cette séance solennelle a été terminée par un banquet fraternel où l'amitié et la cordialité n'ont cessé de régner (1).

Les membres du Bureau général expédièrent ensuite une correspondance par laquelle ils informaient tous les Bureaux des autres villes de la décision adoptée à Paris. Aussi le nombre des arrivants et des réceptions augmentait de beaucoup celui des sociétaires. Il en était de même partout en province, par la persistance et le dévouement de chacun à faire connaître les principes de l'immortelle *Union*.

Cet accroissement imposait de nouvelles décisions en vue d'assurer efficacement l'unité, qui était la pensée de tous les sociétaires. Il était d'usage que chaque profession devait célébrer la fête de sa corporation, mais cette habitude ancienne devenait une gêne continuelle pour les sociétaires de l'Union. Il était donc d'une grande utilité de supprimer toutes ces fêtes, afin de n'en avoir qu'une seule pour tous les corps d'état réunis.

Cette idée fut donc soumise à la sanction des sociétaires de toutes les villes, afin que si elle était admise on fît un titre spécial dans le règlement qu'on était en train d'élaborer. Mais on avait pensé aussi qu'il serait sage d'essayer de faire cette fête unique avant

---

(1) Voir l'extrait du livre des procès-verbaux du Bureau général de la ville de Paris, première page, réunion du 11 mai 1845.

la mise en vigueur du Règlement unitaire, afin de voir si cette nouvelle institution était préférable à celle suivie jusqu'à ce jour.

Le résultat des votes ayant été affirmatif pour une fête unique, il fut adopté qu'elle aurait lieu le 15 août de chaque année. On verra plus loin que le Règlement a été mis en vigueur à cette date.

Dans les archives du Bureau général de Paris on a trouvé que les sociétaires de cette ville ayant été convoqués en assemblée générale le 19 juillet 1845, il a été décidé que la fête anniversaire aurait lieu le 15 et le 16 août suivant. Que le 15 août, il y aurait une assemblée générale, et qu'ensuite il y aurait un banquet facultatif au prix de 3 fr. 50. Cette réunion et le banquet eurent lieu en effet à la date convenue, et le lendemain 16 il y eut un bal donné par les sociétaires, dans l'établissement de M. Ragache, rue de Sèvre, à Vaugirard.

Pour couvrir les frais indispensables du bal et des diverses invitations, il avait été adopté à l'assemblée du 19 juillet que tous les sociétaires qui feraient partie des Bureaux de la ville de Paris le jour de la fête auraient à payer chacun un franc cinquante centimes, et que ceux qui seraient présents au bal auraient à payer en plus un franc, ce qui fut exécuté d'un bon accord (1).

Cette première fête unitaire en commémoration de la fondation de la Société de l'Union a été ainsi célébrée en même temps, dans toutes les autres villes, par tous les sociétaires et avec un grand enthousiasme.

Quant à l'assemblée générale anniversaire tenue le

---

(1) Extrait du registre des procès-verbaux du Bureau général, réunion du 19 juillet 1845, page 4.

15 août 1854 à Paris, il y avait cent-quatre-vingt-cinq sociétaires répartis dans les six Bureaux particuliers suivants :

Serruriers-Mécaniciens..........	43.
Menuisiers-Ebénistes...........	45
Quatre-Corps réunis............	14.
Forgerons-Charrons............	20.
Tanneurs-Corroyeurs...........	26.
Bourreliers-Selliers............	37. (1).

Malgré les soins que tous les sociétaires prenaient à faire connaître la Société comme étant d'une grande utilité publique, l'autorisation demandée à l'administration préfectorale du département de la Seine depuis plusieurs années n'était pas encore accordée. Aussi, afin de faire cesser cette incertitude et pour que la Société fût constituée avec plus de régularité, une résolution fut soumise à l'assemblée du 16 février 1846. Dans cette séance et à l'unanimité il fut adopté que les membres du Bureau général se réuniraient conjointement avec les présidents de chaque Bureau particulier, afin de faire un Règlement à peu près conforme à celui des Tanneurs-Corroyeurs, en y donnant le plus de perfectibilité possible, et de le soumettre à M. le Ministre de l'Intérieur pour qu'il l'approuvât.

Cette solution ne put réussir immédiatement, car il fallait avoir le temps d'étudier pour rédiger des articles convenables à toutes les professions. Aussi, en attendant que ce résultat fût atteint, les Assemblées générales avaient lieu régulièrement tous les trois mois sans y être cependant autorisé légalement par écrit.

---

(1) Même registre, réunion du 15 août 1845, page 7.

Cet état anormal ne pouvait donc durer bien longtemps, parce que l'autorité désirait que le Règlement de la Société fût déposé à la Préfecture, pour connaître le but de la Société. Enfin, le travail des commissions de revision étant terminé, les membres du Bureau général de Paris remirent à M. le Préfet de police cinq exemplaires du premier Règlement unitaire qui venait d'être promulgué par les sociétaires, qui avaient adopté que les articles seraient mis en vigueur à partir du 15 août 1846. Les membres dudit Bureau général adressèrent donc une autre demande en vue d'avoir une autorisation par écrit. Mais elle ne fut pas plus accordée que celles qui avaient été faites précédemment, et l'on était toujours dans l'attente. Les sociétaires n'en continuaient pas moins à se réunir et à organiser la Société le mieux qu'il était possible (1).

Quoi qu'il en soit, et malgré que cette demande d'autorisation était déposée à la Préfecture depuis plusieurs années, les sociétaires furent inquiétés. Ainsi, dans le courant de l'année 1847, sur des rapports de police constatant que les sociétaires présents aux réunions dépassaient le nombre de vingt, et comme ils étaient sans autorisation, une enquête fut faite sur l'organisation et les agissements de la Société.

En conséquence, les caisses, les registres, la correspondance et tous les Livrets-Règlements trouvés dans les établissements de chaque profession, furent saisis et transportés à la Préfecture de police pour y être examinés minutieusement. Les membres de Bureaux furent appelés afin d'être interrogés sur

---

(1) Procès-verbal de l'Assemblée générale du 15 août 1846, à Paris. Voir la page 25.

toutes les questions ayant rapport à l'organisation de la Société.

Un procès ayant été intenté aux sociétaires, tous les membres de Bureaux furent assignés pour comparaître à la dixième chambre de police correctionnelle, le 24 décembre 1847, pour répondre et donner des éclaircissements à la justice sur le fonctionnement social, intellectuel et moral de la Société et des sociétaires.

Afin de faire défendre cette cause juste de l'Union, on dut prendre un avocat, lequel fut M. Charles Dain, qui était bien connu pour avoir un grand talent oratoire et ayant beaucoup de capacités pour ces sortes d'affaires.

Enfin les inculpés, au nombre de vingt-cinq, tous membres de Bureaux, furent donc interrogés publiquement; et les témoins à charges, au nombre de trois agents de police, constatèrent que les sociétaires se conduisaient très bien dans les établissements où ils prenaient leurs repas journaliers; il en était de même où ils demeuraient, car les voisins leur avaient donné de bons renseignements sur la tranquillité et la moralité de tous ces jeunes ouvriers voyageurs.

Le témoin à décharge, le sociétaire Souladié, un ouvrier menuisier, dit que depuis le 1er octobre 1843, date de la fondation de la Société de l'Union, à Paris, il avait été plusieurs fois à la Préfecture de police pour avoir l'autorisation par écrit, mais qu'on lui avait toujours répondu qu'il fallait encore attendre un peu, et que d'ailleurs le nom à donner à la Société n'était pas encore trouvé, car on ne pouvait accorder celui de l'*Union*, proposé par les sociétaires. Puis le sociétaire Souladié fit part à M. le Président du tribunal qu'il était très surpris ainsi que tous les sociétaires de voir qu'ils étaient poursuivis parce qu'ils se réunissaient sans être munis d'une autorisation écrite ; que la faute n'en était nullement aux sociétaires.

Après toutes ces réponses des témoins, M. le Procureur du roi prit la parole et dans son réquisitoire il dit que d'après tous les témoignages il lui paraissait démontré que la Société était bonne à tous égards, pour la tranquillité publique ; qu'elle n'avait que des vues sages et fécondes ; qu'elle pourrait rendre de grands services aux ouvriers qui en feraient partie. Mais que malgré cela il fallait une condamnation, non pas pour les agissements nuisibles des sociétaires, car, bien au contraire, il les trouvait utiles dans tout leur ensemble, mais qu'il fallait un respect absolu de la loi. Selon lui, elle n'avait pas été observée dans son entier, puisque dans les réunions les membres présents avaient dépassé de beaucoup le nombre toléré par la loi. Et il ne demandait au tribunal qu'une faible condamnation d'une simple amende, vu que les antécédents des inculpés étaient irréprochables, puisqu'il était avéré que tous ces jeunes ouvriers étaient d'une bonne conduite, que leur moralité et leur probité étaient intactes de tout reproche.

Ce discours terminé, la parole ayant été donnée à l'avocat chargé de la défense, M. (Charles) Dain fit l'apologie de la Société de l'Union depuis la fondation, ainsi que de la conduite morale de tous les membres qui en faisaient partie. Par ses paroles éloquentes, il sut émouvoir toutes les personnes présentes à l'audience ; aussi tout ce monde était on ne peut plus ému de ces arguments de vérité si bien dits.

Malgré cette défense laborieuse faite d'après une conviction sincère, et malgré toutes les bonnes causes invoquées pour un acquittement, la Société fut seulement condamnée à six francs d'amende et aux frais. Cette condamnation équivalait à un acquittement, aussi les sociétaires, pour récompenser M. Charles Dain des paroles affectueuses et sympathiques qu'il avait prononcées dans son éloquent plaidoyer, et comme il n'avait pas voulu faire payer cette défense, lui offrirent deux lampes qui avaient été faites par plusieurs sociétaires ferblantiers (1).

Ces lampes terminées furent portées à son domicile le premier jour de l'année 1848. Elles lui furent remises par le sociétaire Cottin, ouvrier corroyeur, qui fut nommé délégué pour cela par les sociétaires du Bureau général de la ville de Paris.

Ce procès terminé et pour éviter que d'autres difficultés ne se produisissent avec l'administration préfectorale du département de la Seine, il fut adopté par l'assemblée générale du 18 janvier 1848 qu'une autre demande serait adressée à la préfecture, afin que la Société fût bien définitivement autorisée.

En attendant que cette adhésion soit remise aux membres du Bureau général, les sociétaires ont continué à gérer la Société le plus convenablement possible, pour que les sociétaires arrivants à Paris puissent avoir du travail et être secourus en cas de maladies. Ce but a été atteint à force de zèle et de dévouement, car la Société est devenue prospère dans la mère patrie.

CHAPITRE HUITIÈME

Premier Règlement unitaire, mis en vigueur en 1846.

Pendant que les sociétaires de la ville de Paris organisaient des Bureaux dans la capitale et qu'ils avaient

---

(1) Procès-verbal du Bureau général de Paris, réunion du 25 décembre 1847, page 41.

à répondre du fonctionnement de la Société; les sociétaires des autres villes travaillaient eux aussi à l'organisation sociale, et de toutes parts on s'efforçait de faire le Règlement unique pour toutes les villes et pour toutes les professions réunies.

Les commissions nommées pour rédiger ce Règlement ayant eu en mains le livre de (Flora) Tristan, l'étudièrent attentivement et avec recueillement. Aussi les délégués, s'inspirant des salutaires et bonnes idées émises par cette femme de talent, surent en profiter avantageusement. Et pour que la bonne pensée de secourir les ouvriers invalides fût un peu résolue, ils pensèrent que dans le nouveau Règlement on devait adopter sa bonne idée de venir en aide aux infortunés du travail. Il était donc équitable de chercher un moyen qui pût remplacer provisoirement les *palais de l'Union ouvrière*. C'est de cette recherche qu'il fut adopté que des pensions seraient allouées aux sociétaires de l'Union ayant atteint l'âge de soixante ans, et à ceux à qui il surviendrait des maladies incurables. Un titre spécial fut rédigé pour que cette pensée humanitaire fût mise en pratique réglementairement.

Les commissions prirent aussi connaissance des livres, brochures et lettres écrites par le sociétaire Moreau. Un projet de Règlement rédigé par ledit sociétaire servit bien aussi pour celui que l'on rédigeait en vue de l'unité professionnelle.

On peut dire que les écrits de ces deux écrivain ont été très utiles pour faire la rédaction du Règlement unitaire tant désiré par les Unionistes. Ce travail, terminé selon les vœux exprimés par les sociétaires, fut soumis à leur approbation dans les villes où l'Union était établie; tous acceptèrent les articles rédigés par les commissions. Et le principe de l'unité était adopté pour toutes les professions.

Ce Règlement avait été aussi rédigé avec une grande partialité de justice pour tous les besoins individuels, et tout ce qui était utile pour le développement de la Société avait été adopté. On peut s'en rendre bien compte en lisant ce qui suit.

La devise de l'Union était proclamée par les mots: « *Humanité, Dévouement* », qui étaient inscrits en tête du Règlement.

Le nom du titre de la Société était adopté de la manière suivante : « *Règlement destiné à la Société de bienfaisance et secours mutuels de l'Union.* »

Un préambule était écrit en deux parties : dans l'une on indiquait quel était le but du projet que la Société devait atteindre, dans l'autre, on disait quels étaient les devoirs que chaque sociétaire avait à remplir envers tous ses semblables.

La mise en vigueur des articles du nouveau Règlement avait été fixée à partir du 15 août 1846.

Une constitution servant de base organique était écrite sur le livret avant les articles du Règlement. Il y était dit : « *Tous les dix ans la Constitution sera soumise à une revision générale, et le Règlement sera nécessairement modifié s'il y a lieu, pour être en harmonie avec la Constitution.* »

Un Bureau directeur ayant été établi à Lyon, l'article 4 de la Constitution disait : *Le Bureau directeur est l'Administration centrale de l'Union, les Bureaux généraux sont autant de succursales, et les Bureaux particuliers sont auxiliaires des Bureaux généraux.* »

Après la Constitution, on avait écrit avant les articles régissant la Société la formule suivante :

Règlement unitaire.

Puis il était dit : « Pour être admis dans la Société, il faut être ouvrier célibataire, âgé de seize ans au moins et de trente-cinq au plus, sain de corps et d'esprit, de bonnes vie et mœurs, porteur d'un livret prescrit par la loi, et de papiers en règle. »

D'après l'article 4 il était dit : « *Le candidat devra consigner trois francs à la Société, ce qui est le prix de sa cote de réception*. Puis on lui remettait un livret contenant les articles du Règlement, ainsi que ses nom, prénoms, âge et lieu de naissance, contre la somme de vingt-cinq centimes.

Les cotisations mensuelles étaient fixées à un franc. En outre, chaque trimestre il était dû soixante-quinze centimes pour subvenir aux frais généraux.

Selon les vœux exprimés par beaucoup de sociétaires, afin qu'il n'y eût plus à l'avenir autant de jours de fêtes dans la Société, on prit la résolution de supprimer les fêtes de chaque profession, parce que cela était trop onéreux pour les sociétaires. On adopta donc qu'il était plus préférable de n'avoir qu'une seule fête par année pour tous les corps réunis à l'Union (1).

En conséquence, les commissions décidèrent que la fête de l'Union serait célébrée le 15 août de chaque année, que cette date serait celle de l'anniversaire du jour où toutes les professions ouvrières de l'Union se seraient unies, pour ne plus former qu'une grande famille d'amis sous l'étendard de la fraternité, puisque le Règlement *Unitaire* avait été mis en vigueur à partir du 15 août 1840

Les prix de *Talent et de bonne conduite* qui avaient été adoptés par les sociétaires serruriers et menuisiers n'ayant pas été adoptés par les autres profes-

(1) Voir le livre du sociétaire Moreau : *De la Réforme* etc., pages 169 et 170, et le vote fait à Paris, à l'assemblée générale du 19 juillet 1845.

sions, les Commissions furent donc d'avis de les supprimer.

Les secours accordés ne paraissant pas assez suffisants, ils furent augmentés, et on adopta qu'il y aurait un médecin dans chaque ville de réunion, payé par la Société pour les soins qu'il aurait donnés aux sociétaires.

Quant à l'idée émise par (Flora) Tristan pour élever des *Palais de l'Union Ouvrière* dans toute la France, et que l'on peut à bon droit nommer des *Invalides civils*, les membres des commissions s'émurent de l'idée humanitaire de cette femme de progrès. Mais comme on ne pouvait pas prétendre faire bâtir des maisons de refuge pour les sociétaires, ils pensèrent cependant que l'on pouvait avec un peu de bonne volonté venir au secour de ceux qui seraient dans des positions difficiles qu'ils fussent blessés ou atteints de maladies incurables, et surtout pour aider les vieux sociétaires faisant partie de la Société depuis de longues années.

Aussi, après avoir fait une étude sérieuse et très approfondie en vue de pouvoir améliorer la position des ouvriers, un titre fut adopté allouant des pensions, et dans lequel il était dit : « Tout sociétaire ayant atteint l'âge de soixante-cinq ans, et ayant au moins vingt ans d'activité dans la Société, aura droit à la pension. Celui qui viendrait à perdre un membre, ou à qui il surviendrait une maladie incurable de nature à le priver de toute espèce de travail, aura droit à la même pension s'il est actif ou réintégré depuis au moins cinq ans. » Dans ces cas la pension avait été fixée à deux cent-quarante francs par an (1).

(1) Voir le premier Règlement Unitaire, page 40, articles 147, 148 et 149.

Il est bon de faire remarquer qu'il n'y avait pas encore de fonds en réserve pour assurer cette pension, mais on avait la confiance que cette bonne œuvre d'humanité bienfaisante étant prévue et imposée par le Règlement : que, si un sociétaire venait à se trouver dans cette malheureuse position, il aurait été soldé par une cotisation supplémentaire, et tous les sociétaires se seraient fait un devoir d'accepter cette augmentation pour un si louable usage. En attendant, il était certain que c'était un bon moyen pour faire comprendre que la Société de l'Union pourrait rendre de grands services à tous les ouvriers, par le principe d'avoir admis l'unité professionnelle sur le tour de France.

Puis aussi afin de donner une grande confiance et une solidité réelle aux bons principes de la Société de la part des chefs d'ateliers et d'avoir celle des chefs d'établissements, on institua un titre dit: *Sociétaires honoraires;* il y était dit : « Tout sociétaire établi, susceptible d'occuper des ouvriers, pourra continuer à faire partie de la Société sous le titre de sociétaire honoraire.

« Le sociétaire honoraire sera tenu de payer régulièrement ses cotisations mensuelles et trimestrielles.

« Sera considéré sociétaire honoraire celui qui occupera plus de trois ouvriers à la journée pendant quatre mois (1).

Ce titre produisit un excellent résultat, car on a vu des sociétaires rester à la Société, qui sans cela auraient remercié aussitôt établis. Il était évident que par ce procédé une entente amicale existerait assurément entre les patrons et les ouvriers.

---

(1) Voir le premier Règlement unitaire et les articles 152, 153 et 157, page 31.

Pour que l'administration de la Société s'exécute avec ensemble, la ville de Lyon fut reconnue pour être le centre de l'Union sous la dénomination de Bureau directeur, tout en étant aussi Bureau général d'arrondissement, comme les quatre autres villes : Bordeaux, Marseille, Paris et Nantes. Toutes les autres villes étaient désignées Bureaux particuliers (1).

Ce Règlement seul et unique pour tous les corps d'état réunis produisit un grand contentement dans la classe laborieuse par la bonne rédaction des 252 articles ; et surtout parce que tous les besoins reconnus utiles aux travailleurs y étaient prévus.

Aussi, dans toutes les villes, les ouvriers de toutes professions venaient se rallier sous l'étendard de l'Union ouvrière, qui devenait toujours plus florissante, malgré toutes les difficultés que les sociétaires avaient à vaincre. Puis, en outre, comme le nombre des adhérents augmentait considérablement, il était évident que tous les bienfaits accordés par le Règlement feraient bien apprécier et aimer la Société par tous les hommes sages et éclairés qui, pour mieux la connaître, se feraient recevoir sans arrière-pensée. D'ailleurs il était facile d'en sortir si l'on ne s'y convenait pas, sans aucune crainte, car l'Union avait admis pour base principale la liberté de chacun.

Ainsi qu'il en est fait mention précédemment, les membres du Bureau général de la ville de Paris avaient remis des exemplaires du Règlement à M. le Préfet de police, lui demandant en même temps qu'il voulût bien autoriser la Société à fonctionner

---

(1) Le sociétaire Moreau avait déjà dit dans son livre : *De la Réforme*, etc., page 171, que l'on devrait appeler ainsi chaque ville où un Bureau général était institué.

avec régularité, et à pouvoir tenir des réunions comme le comporte le Règlement de la Société. Cette réponse ne venant pas, on fut forcé avec regrets de passer outre. Et en attendant que ce résultat fût favorable, le Règlement unitaire était mis en vigueur, puisque les sociétaires réunis en assemblée, le 15 août 1846, avaient prêté le serment d'être fidèles aux nouveaux statuts adoptés par un vote unanime dans toutes les villes de réunions. D'après un procès-verbal, qui existe encore à Paris, on voit que les sociétaires se rendirent au banquet pour fêter par une vive sympathie la promulgation du nouveau Règlement (1).

CHAPITRE NEUVIÈME

Incident d'Angoulême et sociétaires bienfaisants

C'est avec regret que ce chapitre relate un fait de discorde entre les membres des Sociétés différentes, mais il faut le noter parce que c'est de l'histoire véridique.

Ainsi, malgré toutes les bonnes résolutions prises pour une pacification commune entre tous les ouvriers voyageurs, les sociétaires étaient toujours en désaccord avec une partie des membres du Compagnonnage. Et malgré les livres sagement écrits par MM. Perdiguier, Moreau, Simon et Gosset, ainsi que ceux de Mmes (Flora) Tristan et (George) Sand, ces écrivains très illustres avaient aussi beaucoup de peine à faire comprendre les bons conseils qu'ils donnaient aux ouvriers pour que la paix et la concorde

---

(1) Voir le procès verbal de la réunion tenue à Paris, le 15 août 1846, à la page 25.

existassent bien entre toutes les Sociétés sur le tour de France.

Il était bien évident cependant que depuis plusieurs années il y avait moins de rixes que précédemment, parce que les hommes sages et éclairés faisaient tous leurs efforts pour empêcher ces luttes scandaleuses et fratricides entre les ouvriers, afin d'arriver par une bonne harmonie à faire disparaître les malentendus qui compromettaient le bon accord de ces jeunes gens, qui se destinaient à voyager pour s'instruire des choses utiles au développement de leur industrie professionnelle.

Cependant la sincérité de ces vœux et la multiplicité de ces efforts restèrent encore quelque temps infructueux, car une rixe bien regrettable surgit inopinément à Angoulême le 4 novembre 1844. Voici dans quelle circonstance : Les sociétaires, ce jour-là, ayant conduit un des leurs sur la route de Paris, arrivés au faubourg de L'houmeau, rencontrèrent une nombreuse troupe de Compagnons du Devoir qui revenaient aussi de faire une conduite ; comme ils avaient leurs cannes, ils topèrent les sociétaires; une lutte s'engagea entre tous ces jeunes ouvriers, et le sang coula avec effusion des deux côtés. Un sociétaire reçut un malheureux coup de canne donné par un Compagnon charron et il fut tué. Ses camarades le transportèrent à son domicile inanimé, il avait cessé de vivre.

L'inhumation de ce malheureux jeune homme, natif du département de la Charente, et qui n'était sociétaire que depuis peu de temps, eut lieu au cimetière d'Angoulême, accompagné par tous les sociétaires de la ville et des environs, et suivi aussi d'un grand nombre d'habitants, qui tous déploraient cette fâcheuse désunion de l'ouvrier.

Le terrain fut acheté à perpétuité et un tombeau

fut élevé à la mémoire du défunt aux frais de la Société. Les sociétaires adoptèrent que tous les ans, pour cet anniversaire, ils se rendraient en corps jusqu'au cimetière, où un discours d'adieu et de regrets serait prononcé sur la tombe. L'épitaphe suivante fut inscrite sur la pierre funéraire :

Ernest Eymarche, né le 8 octobre 1825.
Mort le 4 novembre 1844.

Celui qu'un sort fatal a réduit au néant,
Priez pour lui, il était bienfaisant ;
Dors en paix, tendre ami, digne de nos élus,
La Bienfaisance était une de tes vertus ;
Tes parents, tes amis, nous tous qui te pleurons,
Dans un monde meilleur nous nous reverrons ;
Ombre chère à nos cœurs, nous gardons l'espérance,
Que tes prières au ciel seront pour la Bienfaisance (1).

Après cette cérémonie funèbre terminée, il restait aux sociétaires un devoir à accomplir pour faire cesser ces haines et ces discordes. Tous les hommes sages et dévoués aux principes d'ordre et de paix le comprirent ainsi. Ils cherchèrent donc quels pourraient être les moyens à employer pour atteindre ce but de pacification universelle entre tous les corps de métiers et les différentes Sociétés établies pour protéger ceux qui faisaient leur tour de France.

Afin d'arriver à ce résultat pacifique, les sociétaires de toutes les professions prirent le sage parti de supprimer les conduites au dehors du lieu de réunion, c'est-à-dire de chez le chef de l'établissement où était le Bureau de la Société. Ce moyen paraissait devoir faire disparaître une cause de provocation. Cette

---

(1) Ce récit a été envoyé à la commission de l'historique par le sociétaire Martin ; il est déposé aux Archives du Bureau central.

suppression admise dans toutes les villes, on pensait qu'une entente amicale serait faite sous peu entre tous les ouvriers.

En attendant cette réalisation, la Société de l'Union s'organisait très bien. Elle voyait ses rangs augmenter chaque jour par ceux qui désiraient pouvoir jouir des bienfaits de l'égalité. Aussi beaucoup de jeunes gens qui n'étaient pas encore reçus Compagnons, aimèrent mieux s'unir au principe unitaire admis par les sociétaires, que d'être divisés par professions, comme cela existait toujours dans le Compagnonnage.

C'est pour cela aussi que vers la fin de 1849, une grande désunion se produisit entre les Compagnons et les Aspirants menuisiers du Devoir de la ville de Marseille, à propos de la revision du Règlement demandée par les Aspirants. Ils donnèrent en même temps connaissance de leurs nouvelles idées aux Aspirants établis dans les autres villes, qui ne tardèrent pas à leur faire une réponse favorable, pour tous les articles qu'ils leur avaient communiqués et qui furent adoptés d'un commun accord partout. Ce résultat fut soumis aux Compagnons, mais ceux-ci n'ayant pas voulu adopter ce que demandaient les Aspirants, un grand nombre de ces derniers se retirèrent du Compagnonnage. Ils fondèrent ensuite la Société dite : *des Bienfaisants* menuisiers et ébénistes, dont les sièges principaux furent établis dans les villes de Bordeaux, Lyon, Marseille, Nantes et Paris.

Cette nouvelle Société fit un Règlement à peu près semblable à celui de l'Union et qui avait pour base les mêmes principes d'égalité; aussi une grande entente amicale existait entre tous les membres de ces deux Sociétés.

A la même époque, les Aspirants serruriers du devoir se séparèrent aussi des Compagnons à propos du prix de l'embauchage de la somme de trois francs qui existait encore. Ce furent des Aspirants de la ville de Nîmes qui en firent la demande aux Compagnons serruriers établis dans cette ville. Mais ceux-ci ne voulurent pas abolir cet ancien usage. En conséquence de ce refus, ces Aspirants écrivirent dans les principales villes et demandèrent s'il n'était pas juste de réformer ce prix de l'embauchage. Une réponse ayant été faite favorablement par les Aspirants des autres villes, il fut alors convenu que dans toutes les villes cette proposition serait soumise aux Compagnons. Mais, comme ceux de Nîmes, ils refusèrent d'abolir l'embauchage.

C'est après ce refus formel que les Aspirants des villes de *Lyon*, *Marseille*, *Nîmes*, *Bordeaux*, etc. résolurent de former une nouvelle Société dite : *les Aspirants du Tour-de-France*. Un Règlement fut élaboré par ces nouveaux apôtres du progrès. Et comme les statuts s'appuyaient aussi sur les principes de la Société de l'Union, une entente très amicale existait donc entre eux et les sociétaires.

Afin de bien cimenter cette alliance, et pour que l'amitié pût exister entre toutes les Sociétés d'ouvriers voyageurs, c'est-à-dire entre les Compagnons de tous Devoirs, les Aspirants, les affiliés, les sociétaires bienfaisants, un de ces aspirants fit une chanson par laquelle il engageait ses collègues à bannir la discorde, à n'aspirer qu'aux arts, à l'industrie, à grandir leurs talents et à travailler pour le bonheur de tous.

Aussi, pour faire connaître les sentiments dont ces jeunes ouvriers étaient animés pour l'unité et le progrès, il est bon de donner ici un de ces couplets :

Bonheur pour tous c'est le plus beau langage :
Ne crions pas : A bas les Compagnons,
Pour notre honneur ce sera bien plus sage,
Appuyons-nous sur la belle Union;

Mais pour toujours armons-nous de courage,
Ah ! du progrès soyons aux premiers rangs,
Par l'unité repoussons les orages,
Et l'on dira : Ce sont les Aspirants (1).

Ces couplets, chantés par leur auteur au banquet de la fête anniversaire de la Société de l'Union, le 15 août 1850, à Lyon, furent salués par des bravos unanimes empreints de reconnaissance pour ces paroles si sagement exprimées pour la paix et la concorde entre tous les travailleurs. Et cet enthousiasme eut pour conséquence de faire des adhérents de plus, car, quelques années plus tard, une grande partie des membres de cette Société se firent recevoir sociétaires de l'Union (2).

D'ailleurs, les sociétaires faisaient tous leurs efforts pour faire propager l'idée unioniste partout et pour que le Règlement fût aussi adopté par les autorités de toutes les villes. En attendant, on a vu à la fin du chapitre précédent que les membres du Bureau général de la ville de Paris qui avaient adressé une demande en autorisation pensaient l'avoir bientôt. Mais les événements de février 1848 étant survenus, ce projet fut encore ajourné. Cependant, quelques jours plus tard, le commissaire du gouvernement du département de la Seine, ayant invité les membres du Bureau général à se rendre au greffe de la police correctionnelle, ils s'y rendirent, et on leur remit sans frais toutes les archives de la Société qui avaient été saisies en 1847 (3).

---

(1) Cette romance était composée par l'aspirant Bogey. Le sociétaire Marquet, qui est à Paris, en possède un exemplaire.

(2) De ce nombre, l'aspirant Bogey fut reçu sociétaire de l'Union à Bordeaux en 1853.

(3) Voir le procès-verbal du Bureau général de Paris, en date du 1er avril 1848, à la page 52.

Les sociétaires furent très satisfaits que la remise de toutes ces pièces leur eût été faite par l'autorité administrative. En même temps une lettre du secrétariat de la préfecture fut envoyée au Bureau général par laquelle on demandait aux sociétaires s'ils voulaient mettre la Société sous le patronnage de la République. Cette lettre fut lue à l'assemblée, qui accueillit la proposition par un vote unanime, sous les conditions suivantes : 1° *Conserver son titre de Société de l'Union*; 2° *Faire reconnaître la Société partout en France* ; 3° *Ne faire aucune modification au Réglement en vigueur*. Ces conditions furent envoyées au Bureau du secrétariat par le Bureau général, et on pensait avoir une réponse sous peu de jours (1).

En attendant, les sociétaires continuaient leur œuvre d'émancipation, pensant qu'ils devaient tous travailler à l'intérêt social, et surtout faire connaître les causes qui avaient empêché jusqu'à ce jour les ouvriers de bien se comprendre. C'est donc dans cette intention que le sociétaire *Balboc*, ouvrier mécanicien et président du Bureau des serruriers à Marseille, écrivit une lettre à tous les Bureaux de la Société au commencement de l'année 1848.

Cette lettre contenait un prospectus sur l'histoire de toutes les classes ouvrières, où les plus grandes entraves à l'organisation du travail étaient énumérées par cet ouvrier laborieux. Son ouvrage était divisé en trois parties. Dans la première, l'auteur faisait la biographie des diverses Sociétés ouvrières existantes, telles que celle du *Compagnonnage*, celle dite : *de bienfaisance*, et celle aussi dite : *Philanthropique ou Amour de l'humanité*. Il faisait bien ressor-

(1) Voir le procès-verbal du Bureau général de Paris, en date du premier avril 1848, page 52.

tir les principales causes qui donnaient lieu à des contestations, dont le résultat avait amené des provocations belliqueuses entre les travailleurs.

Dans la deuxième partie, il faisait des réflexions sur les plus grandes difficultés à la réalisation du socialisme, dont la doctrine a pour but d'assurer l'indépendance et le développement intégral de la personne humaine dans la plénitude de ses forces intellectuelles, morales, effectives et physiques.

Il passait aussi en revue les idées émises par les trois grandes écoles suivantes : 1° celle du Communisme, qui avait eu pour propagateur Cabet, qui, à force de persuasion, avait trouvé, dès l'année 1847, des émigrants pour aller vivre en communauté en Amérique, dans une contrée appelée Icarie ; 2° celle de l'Association égalitaire et celle dite : *Phalanstérienne*. Cette dernière école ou doctrine avait été imaginée par *Charles Fourrier*, comme devant être une Société modèle. De 1840 à 1847 elle semblait pouvoir devenir prospère, car les *Phalanstériens* étaient des hommes très dévoués aux idées de Fourier, et tous travaillaient avec persistance à l'œuvre commune inaugurée pour le bien de l'humanité. Mais malgré tout le dévouement qu'ils mirent à cette œuvre, il fut impossible de faire réussir ce projet de phalanstère : (*Lieux habités exclusivement par des membres ayant la même doctrine*). Cependant il existe encore des adhérents à cette école.

Enfin, le sociétaire *Balboc* présentait, dans la troisième partie de son livre, un essai sur l'organisation du travail et de l'association ouvrière, en vue d'une conciliation générale entre tous les travailleurs. Il pensait donc que le livre qu'il publierait ramènerait assurément la paix et la concorde parmi les classes laborieuses. Toutes ces idées, conçues et écrites par un ouvrier qui n'avait reçu qu'une faible instruction, et qui avait puisé cette science sociale dans les ateliers, méritait un encouragement ; aussi, pour engager ce bon citoyen à continuer ses recherches en vue d'améliorer la position du prolétariat, les sociétaires, par reconnaissance et à l'unanimité, avaient adopté qu'une liste de souscription serait ouverte. En effet, cela eut lieu, et un grand nombre d'ouvriers eurent la brochure complète pour la somme d'un franc (1).

Ce petit ouvrage, lu par beaucoup de sociétaires, les fortifia à persister pour faire reconnaître la Société par les autorités de la ville de Paris. C'est pourquoi à l'assemblée du 12 janvier 1851 il fut nommé un délégué chargé de bien se faire renseigner pour les formalités qu'il y avait à remplir vis-à-vis la Préfecture de police, afin d'éviter les désagréments de 1847. Et cette fois, on avait bien l'espoir qu'une adhésion favorable serait accordée aux sociétaires de l'Union. Cette attente ne fut pas de longue durée, car à l'assemblée du 14 mai 1851, on fit lecture de la déclaration d'autorisation de M. le Préfet de police. Et tous les membres présents à la réunion manifestèrent leur contentement pour cette approbation qui était attendue depuis plus de sept années (2).

Aussi les sociétaires prirent la résolution d'être encore plus dévoués aux intérêts de la Société et de rivaliser de zèle pour que l'Union pût être développée avec la plus grande extension possible sur le tour de France. Et surtout ils s'engagèrent à faire pénétrer la concorde et l'amitié entre les membres de toutes les Sociétés ouvrières.

---

(1) Voir l'extrait du procès-verbal du Bureau général de Paris, en date du 13 septembre 1848, à la page 61.

(2) Voir les procès-verbaux du Bureau général de Paris datés du 12 janvier 1851 et du 14 mai 1851, aux pages 97 et 100.

CHAPITRE DIXIÈME

Affaire de Bordeaux, réunion de la Société des Mégissiers avec l'Union. Institution des Diplômes.

Malgré le dévouement et les bonnes intentions des hommes voulant la paix entre les membres des diverses Sociétés, l'union définitive n'était pas encore consentie entre toutes les Sociétés, car le récit qui suit, en démontre malheureusement le contraire : M. C.-G. Simon, membre de la Société académique de Nantes, qui a publié un livre intitulé : *Etude historique et morale sur le Compagnonnage*, tout en écrivant de bonnes raisons pour faire cesser les rivalités déraisonnables entre les ouvriers voyageurs, raconte les faits les plus saillants pouvant ramener la paix et la concorde. On ne peut faire mieux que de rapporter ici ce qu'il a si bien écrit dans son livre concernant la regrettable affaire de Bordeaux, dont voici les faits dans ce qui suit :

« Le dimanche 3 août 1851, une rixe sanglante vint jeter l'épouvante dans la commune de la Bastide, auprès de Bordeaux. Vers quatre heures et demie environ, cette rixe éclata inopinément entre une nombreuse troupe de Compagnons du Devoir, qui faisaient la conduite à plusieurs de leurs camarades, et plus de deux cents membres de la Société de l'Union, réunis, avec l'agrément de l'autorité, dans l'établissement de Lormont, pour y délibérer sur un bal qu'ils avaient l'intention de donner le jour de l'Assomption.

« Au moment où une cinquantaine de sociétaires sortaient de l'établissement, à l'issue de leur délibération, ils rencontrèrent la troupe des compagnons qui faisaient la conduite à leurs camarades. Aussitôt quelques-uns d'entre eux, malgré les prescriptions formelles du Règlement que chaque sociétaire de l'Union peut avoir dans sa poche, se mirent à crier : « A bas les compagnons ! » et à chanter les couplets d'une très mauvaise chanson terminée par ce refrain :

Dans un an, dans un an,
Il n'y aura plus de dévorants.

« Alors un des compagnons dit à son camarade : « Si nous leur donnions une volée ? » Et, sans attendre la réponse, il se rua sur l'un des sociétaires et le renversa d'un coup de canne.

« Ce fut le signal de la mêlée. Les sociétaires attaqués, frappés, n'ayant pas de cannes pour se défendre, s'arment de tout ce qui tombe sous la main et appellent à leur secours ceux de leurs amis qui étaient restés tranquilles à l'établissement de Lormont.

« Mais ceux-ci, ne connaissant pas la cause de ce désordre, hésitèrent à prendre part à cette affaire. Ils craignaient de compromettre la paix publique, et ils ne voulaient pas donner un prétexte aux compagnons pour dire que les sociétaires cherchaient les disputes. Et le président général, ainsi que les autres membres du Bureau et tous ceux qui comprenaient que pour l'honneur de la Société il valait mieux rester tranquilles dans l'établissement, tous ils employèrent leurs efforts à empêcher les sociétaires de sortir. Mais tout à coup on vit apparaître un des sociétaires, dont une blessure à la tête avait été faite par un coup de canne et faisait couler le sang ; aussitôt les sociétaires sortirent porter secours à leurs amis (1).

(1) Le récit de cet alinéa a été communiqué à l'auteur de l'historique par le sociétaire Gachy, qui s'était opposé à cette sortie.

« Ces derniers se hâtent d'accourir, et une lutte sanglante, horrible, s'engage sur toute la ligne. Les compagnons frappent à coups redoublés de leurs longues cannes ferrées; les sociétaires arrachent des échalas aux vignes et aux palissades, ramassent les pierres du chemin se font armes de tout, pour résister à leurs adversaires. Le sang coule des deux côtés : c'est un spectacle affreux, épouvantable.

« Cependant, au plus fort de la lutte, le hasard ayant amené sur les lieux un commissaire de police qui se rendait en voiture à la maison de campagne d'un de ses amis, il tourna bride sur-le-champ pour aller requérir la force armée, qui se hâta d'accourir. Un très grand nombre d'arrestations furent alors effectuées par la gendarmerie, et les blessés furent ramenés en ville. Ils étaient vingt en tout, neuf compagnons du Devoir et onze sociétaires.

« Quelques mois plus tard, cette triste affaire se dénouait et devant le Tribunal de police correctionnelle par un acquittement, et en Cour d'appel par une condamnation peu importante (1). »

En effet, un procès fut informé et eut lieu contre trente sociétaires. La Société ayant pris fait et cause pour eux tous, elle eut pour avocat M. Lagarde, député; il défendit avec succès la cause de ces jeunes sociétaires, car ils furent, le 8 octobre 1851, tous acquittés sans aucune exception par le Tribunal de police correctionnelle, après avoir fait trois mois de prévention.

Cette nouvelle a été ce même jour écrite dans une lettre expédiée à tous les Bureaux du tour de France,

---

(1) Ce récit est fait par M. C.-G. Simon, dans son livre : « Étude sur le Compagnonnage, » d'après les débats judiciaires, pages 66, 67 et 68.

afin que tous les sociétaires connussent la position de la Société par le résultat de ces débats judiciaires. Voici d'ailleurs la copie textuelle de la lettre envoyée à tous les Bureaux dans ce qui suit :

« Bordeaux, le 8 octobre 1851.

« Amis et Frères,

« C'est avec une joie sans égale que nous nous empressons de vous faire savoir la décision du procès au sujet des discussions entre nous et les compagnons.

« Nous vous annonçons que le Tribunal a reconnu qu'il était complètement inexact que nous eussions été les agresseurs et qu'il y ait eu préméditation de notre part. Après la magnifique plaidoirie de l'estimable M. Lagarde, qui a fait entrevoir les faits tels qu'ils se sont passés, le verdict du Tribunal déclare que l'accusation portée contre les sociétaires par les agresseurs était mal fondée : puisque les compagnons avaient porté les premiers coups, ils étaient les seuls coupables.

« Amis et Frères, c'est afin de vous donner quelques consolations que nous vous écrivons ces détails à l'avance et pour vous tranquilliser en attendant que nous puissions vous donner un compte rendu du jugement.

« Nous vous saluons fraternellement, vos amis et frères de l'Union,

Le Président général,	*Le Secrétaire général,*
V. Husinot.	Ch. Pino.
Le Secrétaire-adjoint général,	*Le Trésorier général,*
B. Sacriste,	P. G. Grandy.

Cette circulaire produisit un contentement unanime parmi toute cette jeunesse d'ouvriers voyageurs. Cependant elle ne fut pas de longue durée, car quelques jours après une autre lettre était expédiée, par laquelle il était donné connaissance que M. le Procureur de la République avait fait un appel, ne trouvant pas sans doute que les trois mois passés en prison en attendant le jour du jugement, fussent une captivité assez longue. Quoi qu'il en soit, voici la copie de la lettre qui indiquait la position des détenus.

« Bordeaux, le 19 octobre 1851.

« Amis et Frères,

« Nous vous écrivons la présente pour vous donner connaissance de la condition actuelle de la Société depuis notre dernière lettre, par laquelle nous vous apprenions l'acquittement de nos frères.

« Nous espérions qu'ils seraient mis en liberté le lendemain ; mais l'idée de quelques hommes en décida autrement. Ce jugement ne leur paraît donc pas suffisant, le Procureur de la République a fait appel, et nos frères sont toujours sous les verroux. Nous avons fait toutes les démarches possibles pour les retirer, mais il nous a été impossible d'obtenir leur liberté.

« Nous continuons toujours à les assister comme par le passé, à seule fin de leur faire oublier leur captivité. Nous vous prions donc de maintenir jusqu'à nouvel ordre l'augmentation des cotisations.

« Si nous ne vous avons pas écrit plus tôt, c'est qu'ayant fait de nouvelles élections pour nommer le Bureau général, cela nous a demandé un peu de temps, car il a fallu vérifier les comptes afin que le nouveau Bureau se trouvât en règle.

« Les comptes ont été vérifiés le 12 du mois dernier, il nous reste en caisse, après les frais payés jusqu'à ce jour, la somme de quatre cent cinquante et un francs cinquante centimes. Voici les noms des candidats qui ont obtenu la majorité pour le Bureau général ;

BURON, *Président général*,
BONNET, *Vice-Président*,
SACRISTE, *Secrétaire*,
THOMAS, *Secrétaire-adjoint*,
VERMOREL, *Trésorier*.

« Ainsi nous devons tous nous dévouer à notre sainte cause pour montrer que la position de la Société n'est pas aussi malheureuse qu'on le croyait. Nous comptons toujours sur votre zèle pour nous aider à remplir la tâche commencée par nous.

« Nous vous saluons fraternellement,
« Vos amis et frères de l'Union,

« *Le Président général*, BURON,
Le Vice-Président, BONNET,
Le Secrétaire, B. SACRISTE,
Le Secrétaire-adjoint, THOMAS,
Le Trésorier, VERMOREL. »

Le contenu de ladite circulaire produisit un peu de désappointement, mais cela n'empêcha pas les sociétaires d'unir leurs efforts à ceux de la ville de Bordeaux, ainsi qu'on le verra dans le compte rendu des sommes versées par les sociétaires de plusieurs villes, et dont fait mention la lettre suivante :

Bordeaux, le 12 décembre 1851,

« Amis et Frères,

« Vous nous excuserez, si nous avons mis tant de retard à vous répondre, c'est que le jour que nous vous écrivons nous venons d'apprendre la décision du jugement; et c'est pourquoi nous avons attendu pour vous faire réponse.

« Amis et frères, le Tribunal vient de condamner onze de nos frères à six jours d'emprisonnement et aux frais de la procédure. Croyez que nous ne sommes pas condamnés pour l'affaire qui s'est passée entre les Compagnons et nous, vu que les faits constatent que ce sont les Compagnons eux-mêmes qui ont été les agresseurs et qui ont porté les premiers coups.

« Quant aux frais, nous espérons ne pas les payer, vu que l'honorable M. Lagarde et M. Delprat nous ont dit que, quand une chose était reconnue innocente et regardée comme matière politique sans preuves, on ne pouvait faire payer les frais que si les deux parties subissaient la même peine. Mais au contraire les Compagnons étaient des témoins à charge.

« Vous voyez donc, amis et frères, que malgré tout notre zèle nous n'avons pu échapper des mains de nos oppresseurs. Mais un jour viendra où la vérité sera reconnue, où le voile disparaîtra pour toujours. Ayons du courage, rallions-nous sous l'étendard de la belle Union; resserrons les nœuds de la fraternité, et de là proviendra notre force.

« Nous vous envoyons aussi le montant des dépenses payées avec l'argent de notre Bureau et celui des collectes, qui est de *mil huit cent soixante-dix-huit francs*, soit pour nourriture, tabac et pour tout ce qu'ils demandaient afin de les distraire dans leur captivité.

« Voici ce que nous avons reçu des villes de :

Lyon, 250 fr.; Tours, 33 fr. 60; Paris, 100 fr.; Agen, 4 fr. 40; Nantes, deux versements, 200 fr.; Marseille, 478 fr. 45; La Rochelle, 14 fr. 70; Angers, 6 fr. 50.

« Dont le total est de 1080 fr. 05.

« Recevez, amis et frères, les salutations toutes fraternelles de vos amis et frères de l'Union,

« *Le Président Général*, BURON. *Le Vice-Président*, BONNET.

Le Secrétaire, B. SACHISTE. *Le Secrétaire Adjoint*, BALLON.

Le Trésorier, VERMOREL.

Ainsi que le mentionnent lesdites lettres, les sociétaires avaient donc été reconnus ne pas avoir porté les premiers coups. Cependant, sur un appel à minimâ de M. le Procureur de la République, onze des prévenus durent subir six jours d'emprisonnement par arrêt de la cour d'appel. Cette décision inattendue fit que les cotisations extraordinaires furent maintenues pendant encore quelque temps pour soutenir les prisonniers.

Tous les sociétaires détenus ont été nourris pendant leur captivité aux frais de la Société par MM. Pradel et Landier ; le premier, chef d'établissement du Bureau des serruriers, et le second, chef d'établissement de celui des menuisiers à Bordeaux ; ils furent chargés de faire parvenir aux prisonniers ce qu'ils avaient besoin. Tous ces frais et ceux payés pour les honoraires du défenseur, ainsi que les pertes de temps occasionnées pour toutes les démarches de ce procès, furent soldés par des cotisations extraordinaires et mensuellement dans toutes les villes ou la Société avait des Bureaux. Comme le Bureau directeur était établi a Lyon depuis 1840, il envoya dès les premiers moments une somme de deux cents francs pour subvenir aux premiers frais de cette calamité regrettable. Et les autres Bureaux, surtout ceux de l'arrondissement de Marseille, s'imposèrent immédiatement une cotisation supplémentaire de un franc à l'assemblée mensuelle de septembre 1851.

Mais, malgré ces dévouements, toutes ces rixes étaient au détriment des sociétaires, et elles demeuraient inquiétantes pour la prospérité de la Société. Aussi tous les hommes dévoués à l'Union prirent toutes les précautions possibles, afin de ne plus voir se renouveler de semblables collisions, dont les résultats étaient toujours funestes à tous ceux qui y prenaient part. A cette époque, et dans plusieurs villes, on avait encore conservé l'habitude de faire avertir verbalement les sociétaires du jour et de l'heure où devaient avoir lieu les réunions, soit pour les assemblées ou pour les funérailles de sociétaires. Les convocations étaient faites par deux délégués ayant chacun une canne, ils se rendaient ainsi à l'atelier de chaque sociétaire pour leur faire part de cette invitation. On reconnut que cette manière avait occasionné des rixes dans les ateliers en rencontrant des membres de Sociétés avec lesquels on était en désaccord. Il était donc urgent d'abolir cet usage, qui n'avait rien de très bon pour la paix et la concorde.

En conséquence, cette coutume fut supprimée par un vote qui eut lieu dans tous les Bureaux du Tour-de-France en 1853. Il fut donc reconnu qu'il serait bien plus sage de faire avertir les sociétaires par une lettre de convocation qui leur serait adressée à leur domicile, comme cela se pratiquait à Paris et dans plusieurs autres villes. Par ce moyen il était évident qu'il y aurait moins de rixes avec les adversaires de l'Union.

Ces bonnes résolutions, adoptées dans un but pacifique, portèrent leurs fruits, car en effet il y eut beaucoup plus d'entente entre les Compagnons et les Unionistes, surtout avec les Compagnons du Devoir de Liberté, lesquels se fréquentaient avec les socié taires dans plusieurs villes, et réciproquement une amitié avait lieu de part et d'autre. Il était à présumer que sous peu l'union se ferait entre tous les Devoirs et entre toutes les professions. C'étaient les vœux de tous ceux qui se dévouaient à faire pénétrer l'ordre et la concorde parmi les ouvriers voyageurs.

En attendant la réalisation de cette paix ouvrière, les professions qui désiraient l'unité se réunissaient donc à l'Union avec dévouement. De ce nombre en fut la Société des ouvriers mégissiers, établie à Paris, et dont les membres dans une réunion adoptèrent, en 1852, de faire une fusion complète. Plusieurs réunions eurent lieu pour cela. Mais comme ils étaient presque tous mariés, le Bureau général de la ville de Paris avait pensé qu'il était urgent de prévenir tous les Bureaux du Tour-de-France, afin de savoir s'il était possible de les accepter malgré le premier article du Règlement de cette époque, qui disait : « Pour être admis dans la Société, il faut être ouvrier célibataire, âgé de seize ans au moins et de trente-cinq au plus, sain de corps et d'esprit, de bonnes vie et mœurs, porteur d'un livret prescrit par la loi, et de papiers en règle. »

Dès lors, la demande ayant été soumise à tous les Bureaux, un vote eut lieu dans toutes les villes où il y avait des Bureaux. Le résultat obtenu fut que la majorité adopta l'admission de tous les membres de la Société des ouvriers mégissiers, pourvu que leur caisse et toutes leurs archives fussent confondues avec celles de l'*Union*, ce qui fut accepté de part et d'autre. La fusion eut donc lieu à Paris, le 26 décembre 1852. Le sociétaire Pédaliesse fut élu président de ce nouveau Bureau.

Cette admission eut pour conséquence d'en amener une autre définitivement, car les ouvriers tanneurs, corroyeurs et maroquiniers réunis en Société depuis

1840, et qui faisaient partie de l'Union depuis 1843, sans en suivre le Règlement, profitèrent de la fusion des mégissiers pour se conformer aux articles du Règlement unitaire, et cela aussi à partir du 26 décembre 1852. Le sociétaire Cottin fut élu président; il a rempli cette fonction jusqu'au 2 septembre 1855, jour auquel ce Bureau a été réuni avec celui des mégissiers, sous la présidence du sociétaire Pédaliesse.

Tous ces adhérents aux principes de l'unité ouvrière fortifiaient le zèle des sociétaires pour toutes les bonnes résolutions qu'il était utile d'inaugurer, pour le bien et le bonheur de tous les ouvriers. Aussi la paix semblait être acquise entre les jeunes gens de tous les Devoirs, c'est-à-dire de toutes les Sociétés, dont les membres voyageaient pour s'instruire dans l'état qu'ils avaient adopté au moment de l'entrée en apprentissage, sans connaître tous les inconvénients qu'ils auraient à subir sur le tour de France. C'est donc après avoir quitté le toit paternel que beaucoup d'entre eux ont contribué par leurs efforts à faire la paix entre tous les travailleurs.

On a dû remarquer que les lettres de la Société écrites de Bureau à Bureau portaient à l'en-tête : Amis et Frères. Cette formule amicale et fraternelle était en usage depuis la fondation de l'Union, et on était bien loin de penser que le rétablissement de l'Empire ferait changer cette habitude amicale, parce que le gouvernement y voyait un ombrage par ces mots d'amitié employés entre les ouvriers. Aussi dans tous les Bureaux on fut très surpris de recevoir du Bureau général de Paris une lettre priant les sociétaires de bien vouloir à l'avenir changer l'en-tête des correspondances. D'ailleurs voici le contenu de cette circulaire.

« Paris, le 5 mai 1853.

« Messieurs et chers collègues,

« La présente est pour vous prévenir d'une ordonnance de M. le Préfet de police qui nous a été donnée pour l'en-tête de nos correspondances, de mettre comme ci-dessus : *Messieurs et chers collègues.*

« Nous vous prions de prévenir tous vos Bureaux particuliers qui ne se trouvent pas sur la ligne du tour de France. Nous vous engageons même pour le bien de la Société à suivre exactement l'ordonnance pour vos lettres de convocation de Bureaux particuliers.

« Rien de plus pour le moment ; faites circuler la présente jusqu'à Agen.

« Recevez les salutations de vos collègues de l'Union.

« *Le Président général,*	*Le Vice-Président général,*
Perrigot.	Rico.
Le Secrétaire général,	*Le Trésorier général,*
Clochard.	Bretagne. »

Malgré la surprise inexplicable de la susdite lettre, les sociétaires, dans l'intérêt de la Société, ont obtempéré à la demande du Bureau général de Paris, parce que tous les Unionistes pensaient qu'il ne fallait pas donner aucun prétexte de mécontentement ; que l'on devait continuer à persévérer à faire une paix générale entre tous les travailleurs.

Pour encourager les membres de la Société à suivre cette voie pacifique, et engager aussi les sociétaires à tenir une bonne conduite pendant qu'ils voyageaient, on a pensé avec raison qu'il était urgent de faire des diplômes en forme de congé, et qui seraient délivrés aux sociétaires remerciant la Société ou retournant dans leurs foyers. On pensait que cela erait une bonne récompense pour le dévouement et e zèle que chacun d'eux aurait apporté pour avoir ait prospérer la Société de l'Union.

Aussi, en conformité de l'article 207 du premier èglement unitaire, plusieurs modèles avaient été roposés, mais aucun n'ayant pu être adopté, vu que es frais en étaient trop élevés, on avait été obligé l'ajourner cette question à un moment plus propice. C'est ce qui eut lieu en 1854; car tous les sociétaires qui remerciaient la Société soit pour s'établir ou se marier, ou qui retournaient dans leur pays natal ayant erminé leur tour de France, demandaient avec nstance à avoir un emblème de la Société, certifiant a bonne conduite qu'ils avaient tenue pendant ce ong voyage. En conséquence, et vu ces demandes éitérées, les sociétaires de la ville de Nantes adoptèrent de remettre le projet des diplômes à l'étude. ls envoyèrent donc une lettre aux Bureaux généraux; n voici la copie textuelle.

« Nantes, le 1er juillet 1854.

« Chers collègues,

« Vu qu'il n'existe pas de diplômes dans aucun de nos Bureaux, et que plusieurs demandes nous ont été faites à ce sujet, il a été décidé à notre dernière ssemblée de Bureau que nous écririons à tous les Bureaux généraux à ce sujet. Nous osons espérer que, comme nous, votre désir est, de posséder un titre, près avoir appartenu à notre belle Union.

« En conséquence, veuillez à votre prochaine Assemblée soumettre le titre 20 de notre Règlement, et en aviser vos Bureaux particuliers, afin u'une décision soit prise à ce sujet, et dont vous urez la bonté de nous faire part le plus promptement possible. On pourrait procéder de cette manière: n des Bureaux généraux les ferait imprimer et les enverrait aux autres Bureaux généraux, au fur et à mesure que ceux-ci lui en feront des demandes, afin d'éviter les frais qu'il faudrait faire, si chaque Bureau en faisait imprimer. Rien autre chose pour le moment, que la Société marche avec ordre et progrès.

« Recevez les salutations de vos collègues de l'Union,

« Le *Président général*, DONY.   Le *Secrétaire*, JOCOLLIOS.

Le *Secrétaire adjoint*, DOLÉANT.   Le *Trésorier*, DESBOUILLONNY.

La susdite lettre produisit un bon effet, et ce projet fut étudié sérieusement par les sociétaires Les Bureaux généraux de Nantes et de Paris eurent la mission d'en faire chacun un, afin que l'on choisit celui des deux qui paraîtrait le mieux réussi. Celui exécuté à Paris fut accepté ; cependant, avant de l'imprimer définitivement sur la pierre, on dut le retoucher, selon les observations faites par les Bureaux des autres villes. La lettre de Bordeaux est une de celles qui expliquaient le mieux ce qu'il y avait à corriger. En voici donc aussi la copie textuelle :

« Bordeaux, le 19 décembre 1854.

« Chers collègues,

« Nous nous empressons de faire réponse à votre lettre au sujet des diplômes. Nous les avons soumis à notre dernière assemblée de Bureau, et nous vous envoyons les divers changements que l'on a trouvé convenables. Toutefois nous les soumettrons à notre prochaine assemblée générale, et s'il y avait de nouveaux changements nous vous en donnerions connaissance.

« D'abord on a été étonné d'y trouver un emblème politique : c'est la fleur de lis qui est à côté de la

France; en outre de cela on a demandé la suppression de la France, parce que notre Société n'est pas, comme vous dites, une Société française, mais une Société universelle; à la place on y a substitué un œil entouré de rayons de gloire. C'est l'œil de la vérité qui plane rayonnant sur nous. L'œil a la hauteur de la figure de la France. En dessous, entre les deux trépieds un niveau rayonnant représentant l'égalité; ensuite l'emblème de droite, que vous désignez sous le nom de charité, le laisser tel, mais le désigner sous le nom d'amour maternel, qui représente la tendresse que l'Union a pour ses enfants. Puis au-dessous dans les girandoles, au lieu d'écrire « secours aux affligés », écrivez « secours mutuels ». Au lieu d'écrire « charité », écrivez « fraternité », parce que nous ne faisons pas la charité quand nous secourons, c'est un droit que nous recevons. Ensuite le mot probité tâchez de le mettre entier afin qu'on n'ait pas à chercher votre pensée. Après cela, à l'extrémité de la hampe des bannières, remplacez la croix par une étoile, qui sera l'étoile lumineuse qui dirige leur marche, et sur la bannière de droite, au lieu d'écrire l'article 1er du Règlement, écrivez « Règlement de l'*Union, Constitution*, art. 1er »; puis vous mettrez l'article 1er de la Constitution, qui convient cent fois mieux que l'autre.

« Sur votre lettre, vous ne nous désignez pas si ce sera tout noir ou colorié; les sociétaires ont manifesté l'intention que ce soit colorié et doré, quand bien même cela coûterait un peu plus cher. C'est une dépense éternelle, par conséquent à la faire, il faut la faire convenable. Nous vous envoyons les armoiries de Bordeaux; quant au point de vue, celui que vous avez est suffisant, dont les quinconces et le quai vertical. Pour le certificat, vous apprécierez, voici notre idée:

« Monsieur (nom et prénoms), natif de (lieu de naissance), département de (écrire lequel), profession de (écrire laquelle), âgé de (en chiffres) ans, reçu sociétaire à (écrire la ville), remercié (écrire quelle ville).

« La Société de l'Union, reconnaissante de sa bonne conduite, lui a délivré le présent diplôme le (écrire la date du mois et l'année).

« Suivent les signatures du Bureau particulier, à gauche ; à droite : Approuvé par nous membres du Bureau général de la ville de (écrire quelle ville).

« *Suivent les signatures.*

« Nous vous ferons observer que cette enclume qui se trouve seule en haut à droite, ainsi que la presse seule qui est à gauche, seraient mieux réunies avec les arts et l'industrie que non pas perdues comme elles le sont.

« Agréez, chers collègues, les salutations fraternelles de vos collègues de l'Union,

« *Le Président général,* Pierre Boissier. *Le Secrétaire général,* Rouillard.

« *Le Vice-Président général,* « Manceau.

« *Le Secrétaire-adjoint général,* « L. Chapeau. »

Une partie des changements contenus dans la susdite lettre fut faite et après que le vote fut terminé dans les cinq Bureaux généraux ; ceux de Lyon, Marseille, Bordeaux et Paris ayant adopté le modèle de celui fait à Paris, une pierre fut achetée par la Société afin que le beau dessin très bien réussi restât intact et toujours en permanence au Bureau central. Les diplômes furent donc imprimés et expédiés dans tous les Bureaux.

Comme le vote avait été très long avant d'être terminé, les membres du Bureau de la ville de Nantes, devant les demandes réitérées qui leur étaient faites à chaque instant par les sociétaires qui remerciaient la Société, et qui voulaient absolument avoir des diplômes pour les montrer à leur famille, devant ces réclamations légitimes, le Bureau général de cette ville qui avait aussi exécuté un modèle, et ayant reçu un assentiment des villes de Bordeaux et Marseille, il fut décidé qu'on en ferait imprimer de suite, en attendant que ceux de Paris fussent terminés.

En outre, comme le Bureau général avait été renouvelé, les nouveaux membres, voyant que le nouveau modèle était définitivement adopté par les autres villes, pensèrent qu'il fallait chercher un moyen pour faire rentrer la somme sortie de leur caisse pour les diplômes, qui étaient inférieurs à ceux de Paris, et que les sociétaires ne voulaient pas recevoir. Voici la proposition faite par les membres du Bureau général de Nantes dans la lettre suivante :

« Nantes, le 23 mars 1855.

« Chers collègues,

« Nous vous donnons connaissance par la présente des décisions prises en assemblée de Bureau, le 21 courant, relativement à votre dernière lettre, qui nous apprend l'autorisation que vous ont donnée les Bureaux généraux de Lyon, Marseille et Bordeaux, pour procéder à l'impression des diplômes dont vous nous avez fait parvenir le croquis. Vous n'ignorez pas sans doute que les membres du Bureau général de Nantes en activité au mois de septembre dernier s'étaient chargés du même travail.

« Tout en regrettant sincèrement pour notre part l'initiative prise par les membres du Bureau de notre ville, qui n'ont pas cherché à concilier l'élégance et le bon goût dans le style et le dessin d'une œuvre semblable, et qui, nous le reconnaissons pleinement, est bien inférieur au vôtre, sous tous les rapports, nous ne pouvons nous empêcher de déplorer les dépenses que cela va occasionner aux caisses de la Société, et de blâmer les Bureaux de Marseille et Bordeaux qui, après avoir adhéré à la proposition de Nantes préalablement et antérieurement à celle de Paris, ont encore cru pouvoir répondre affirmativement à cette dernière ville.

« C'est donc à eux seuls qu'on doit s'en prendre de la fausse position où la Société se trouve en ce moment, et de l'alternative où elle est placée, soit d'affecter les diplômes de Nantes à l'emploi primitif qui leur était destiné, ou de trouver un mode financier qui comble cette lacune et fasse disparaître le déficit créé par la position fâcheuse dans laquelle nous nous trouvons. Les membres du Bureau général de Nantes n'ont agi qu'avec la conviction qu'ils avaient obtenu la majorité des Bureaux généraux.

« Le Bureau général de Bordeaux a émis l'opinion de les écouler en les vendant comme feuilles à dessiner aux sociétaires qui s'occupent de cet art, et pouvant servir à cet usage, du côté qui n'a pas reçu d'impression. Mais le nombre des membres de la Société qui s'occupent du dessin est tellement divisé et peu considérable, que nous croyons que le placement en deviendrait fort difficile à opérer. Ils proposent également de faire une souscription de dix centimes qui comblerait le capital déboursé.

« Nous émettons également une autre opinion qui serait praticable si toutefois elle était admise par la majorité des sociétaires. Considérant en outre que les diplômes que prescrit l'article 207 de notre Règlement n'ont pas dû être dans la pensée primitive des sociétaires qui les ont votés une œuvre représentant un aussi considérable déboursé de capitaux; au contraire, le diplôme devait être simplement un certificat de bonnes vie et mœurs pour le temps passé dans la Société, et qui, par son exiguïté devait pouvoir être facilement expédié pour recevoir la ratification du Bureau directeur, ce qui ne peut guère se faire, avec le grand format de ceux qui ont été adoptés, sans les endommager;

« Après en avoir délibéré, nous désirons qu'il plaise à la Société d'adopter les conclusions suivantes:

« Attendu que l'article 207 prescrit la consignation de la somme nécessaire pour les frais d'expédition et de retour des diplômes; vu que l'article dit bien que tout sociétaire peut en réclamer un, après avoir rempli les conditions voulues, mais qu'il ne spécifie pas s'il doit être délivré gratuitement, ou contre remboursement, ainsi que le livret;

« Considérant qu'admettre le premier cas ce serait grever considérablement le budget de la Société, ce que ne nous permet pas la situation financière actuelle: déclarons que les diplômes imprimés à Paris ne seront délivrés que contre remboursement augmenté du prix qu'auront coûté ceux de Nantes, augmentation qui s'élèverait à trente-sept centimes.

Nous vous prions d'examiner ces différentes propositions à votre prochaine assemblée, et de nous faire connaître le résultat.

« Nous vous saluons fraternellement, vos collègues de l'Union,

Le Président général, Aimé FAVIER.	*Le Vice-Président général,* CHOLET.
Le Secrétaire général, GARREAU.	*Le Secrétaire-Adjoint général,* RICHEBOURG.

Ainsi que le dit la correspondance ci-dessus, le modèle accepté pour les diplômes était celui présenté par le Bureau général de la ville de Paris, sauf quelques modifications. Le sociétaire Dussiau, président général, a beaucoup contribué à son exécution par le croquis qu'il avait dessiné avec bon goût, et c'est ce qui lui a donné l'approbation de la grande majorité.

Quant aux propositions indiquées dans la lettre qui précède, elles n'eurent plus de suite, parce que les feuilles des diplômes de Nantes furent cédées aux sociétaires qui en firent la demande. L'incident fut donc promptement terminé, et cette question des diplômes si longtemps en suspens ayant été très bien résolue, tous les sociétaires en furent satisfaits.

Il n'y avait donc plus qu'à continuer l'œuvre de la grande unité ouvrière, et c'est ce que tous les sociétaires s'empressaient de faire chacun selon sa capacité intellectuelle et avec dévouement, afin de voir réaliser bientôt le rêve de l'idée unioniste tendant à la paix, à la concorde et à faire l'amitié entre tous les travailleurs du Tour-de-France.

CHAPITRE ONZIÈME

Chef-d'œuvre de Dijon. — Incident de Cognac et vœux en vue d'une paix générale.

Suivant le courant usité depuis la fondation de la Société, tous les sociétaires qui avaient des idées nouvelles pour faire connaître et prospérer l'Union s'empressaient de les mettre à jour afin que l'on pût les étudier et les accepter s'il y avait lieu. C'est ainsi que des ouvriers charpentiers de la ville de Dijon, ayant été reçus sociétaires, pensèrent qu'ils devaient apporter leur part à l'émulation des principes unionistes, et contribuer au développement social. Ils pensèrent qu'ils s'acquitteraient ainsi de la reconnaissance d'avoir été admis à faire partie de l'Unité professionnelle.

Dans ce but, ils projetèrent d'exécuter un travail de charpente qui serait exposé publiquement, le jour de la fête de leur profession, dont la date est le 19 mars de chaque année. Et ils désiraient faire apprécier leur chef-d'œuvre par des personnes dont la compétence fût bien connue, pour prouver que dans la Société de l'Union il y avait des ouvriers aussi capables d'exécuter un travail sérieux, et tout aussi bien fait, que dans les autres Sociétés.

Cette proposition fut donc soumise au Bureau général de la ville de Lyon, qui, vu l'urgence, fit part aussitôt de ladite proposition à tous les Bureaux du Tour-de-France, et demandant en outre que, si elle était acceptée, il fût décidé qu'une cotisation dite supplémentaire aurait lieu pour payer tout ce qui était nécessaire à l'exécution de ce travail, et pour solder le temps passé par les sociétaires charpentiers de Dijon.

Une adhésion favorable ayant été adoptée par une grande majorité, le travail fut exécuté, et bien convenablement. Plusieurs lettres ayant été expédiées dans tous les Bureaux et concernant ce chef-d'œuvre, on ne peut mieux faire que d'en donner le contenu. Elles feront connaître le résultat de cette entreprise reconnue utile, et les explications complètes qui s'y trouvent pourront assurément intéresser les lecteurs. On trouvera donc toutes ces indications dans les lettres suivantes :

« Lyon, le 11 Novembre 1854.

« Amis et chers Collègues,

« Nous vous écrivons la présente pour vous donner connaissance que tous les Bureaux généraux du Tour-de-France se sont prononcés pour l'acceptation de la demande faite par les sociétaires charpentiers de la ville de Dijon.

« Par conséquent, chers collègues, nous vous prions de nous envoyer le montant des cotisations supplémentaires des sociétaires qui sont dans votre circonscription, pour les faire parvenir à qui de droit et dont vous percevrez les vingt-cinq centimes aux assemblées de décembre et de janvier.

« En outre, nous vous disons que nous avons écrit immédiatement à Dijon, pour faire commencer le travail, en leur envoyant les bons résultats des Bureaux généraux du Tour-de-France.

« Rien autre chose pour le moment, si ce n'est que la Société marche avec ordre et progrès.

« Agréez, chers collègues, les amicales salutations de vos amis et collègues de l'Union,

« *Le Président général*, DARQUÉ. *Le Vice-Président général*, THUÉ.

Le Secrétaire-Adjoint général, GODIS. *Le Trésorier général*, DURAND. »

« Lyon, le 22 février 1855.

« Chers Collègues,

« Nous venons auprès de vous, comme interprètes du Bureau de Dijon, vous faire part d'une décision prise au sujet des Charpentiers, qui font appel aux sociétaires pour cotiser encore cinquante centimes. Sur leur première lettre, qu'ils ont fait circuler sur le Tour-de-France, ces sociétaires vous ont fait part dans quel but ils entreprenaient ce chef-d'œuvre.

« Voyant l'inégalité qui régnait chez les compagnons, ces hommes prirent le parti de se faire recevoir sociétaires. Les Compagnons, par jalousie et fanatisme, voulurent les empêcher de travailler; ils firent venir à Dijon leurs meilleurs ouvriers de Paris, à seule fin de faire un chef-d'œuvre pour chasser les sociétaires de la ville.

« Les sociétaires, voyant cela, se mirent à l'œuvre pour en finir un, qu'ils avaient déjà commencé depuis longtemps entre eux, afin de prouver que, quoique amis de l'indépendance, ils pourraient en faire un aussi bien que les compagnons. Et les sociétaires ont promis à leurs patrons de le sortir triomphalement le jour de leur fête, dite de Saint-Joseph, et c'est ce jour-là qu'il doit être confronté avec celui des compagnons; et être ensuite inspecté par les architectes de la ville de Dijon, à seule fin de savoir quel est celui des deux qui remportera les lauriers. D'après les renseignements qui nous sont parvenus, c'est tout ce que l'on peut voir de bien.

« Le but de cette demande est que, ne pouvant pas savoir au juste les matériaux qu'il leur fallait lorsqu'ils ont commencé, ils pensaient que leur première demande suffirait. Mais, se voyant sur la fin de leur travail, ils voient maintenant que cela ne peut pas suffire. Car leur chef-d'œuvre a un mètre trente-cinq centimètres de diamètre, sur trois mètres trente centimètres de haut, et pour cela il faut beaucoup de bois et autres matériaux nécessaires.

« Ainsi donc, chers collègues, si on reculait devant un si léger sacrifice, cela serait une grande honte pour les Charpentiers ainsi que pour la Société, qui aujourd'hui est si florissante, et jugez de leur position et avec quelle impatience ils attendent votre réponse, car ils travaillent jour et nuit pour être prêts au jour fixé.

« Cela serait un grand pas que la Société ferait dans le progrès s'ils peuvent réussir, et nous osons espérer que cela ne tardera pas à se réaliser. En conséquence, veuillez prendre une délibération à ce sujet le plus tôt qu'il vous sera possible afin de leu rendre une réponse définitive. Quant à l'argent, nou avons jugé convenable que les caisses pourraient e faire l'avance pour qu'il y ait moins de retard. Veuillez nous envoyer l'argent qu'a produit la première demande, pour que nous puissions leur envoyer le montant. Et veuillez aussi accélérer cette affaire de tout votre pouvoir, et nous faire une réponse immédiate.

« Recevez les sincères amitiés de vos amis et collègues de l'Union.

Le Président général, DARQUÉ.

Le Secrétaire général, THUÉ.

Le Secrétaire adjoint gén. CHEYSSUIR.

Le Trésorier général, DURAND.

« Dijon, le 30 mars 1855.

« Chers collègues,

« Le jour est enfin arrivé où notre chef-d'œuvre a paru pour la première fois aux yeux étonnés de nos intrépides concurrents, eux qui se flattaient d'être seuls capables de faire un chef-d'œuvre; que la science n'appartenait qu'aux enfants du père Soubise. Ils ont eu la stupidité de dire qu'il nous aurait fallu trois ans de leur école avant d'oser entreprendre de faire un chef-d'œuvre. Mais aujourd'hui ce n'est plus cela ; les sociétaires leur ont prouvé par le fait qu'il n'y avait pas qu'eux qui possédaient la science.

« Voici à peu près comment la fête s'est passée :

« Le jour de la Saint-Joseph, les compagnons et les sociétaires devaient partir ensemble de la porte Saint-Nicolas, pour se rendre à l'église, comme c'est l'habitude. Les compagnons partirent les premiers : une grande foule de monde encombrait la rue Saint-Nicolas, jusqu'à la porte, et les regardait passer avec leurs grands rubans aux chapeaux. Ils attendaient avec impatience les sociétaires qui, aussitôt qu'ils parurent avec leur chef-d'œuvre, et ayant quinze musiciens en tête, furent accueillis, à la grande admiration du public, par des cris d'exclamations bien souvent répétés de toutes parts : Vivent les sociétaires ! vivent les Renards ! vivent les compagnons de l'Union ! Enfin ils ne savaient quel nom nous donner. Nous étions tous surpris, nous étions loin de nous attendre à de tels applaudissements, car jusqu'à ce moment nous ignorions comment était le chef-d'œuvre des compagnons, de même qu'ils ignoraient ce qu'était le nôtre.

« Nous arrivâmes les premiers à l'église, qui se remplit tellement de monde que, quand les compagnons arrivèrent, ils eurent bien de la peine à entrer. Enfin ils s'approchent et placent leur chef-d'œuvre à côté du nôtre, qu'ils virent pour la première fois. A sa vue ils pâlirent, ils étaient tout décomposés, ils ne savaient plus où tourner les yeux, ils avaient honte ; leur orgueil était enfin dompté. Cela nous faisait peine pour eux ; c'était être battu un peu trop fort.

« Après la cérémonie, nous sortîmes les premiers, ils nous regardaient partir et ne disaient pas un mot, ils ne savaient s'ils devaient rester, ou s'ils allaient partir. Tout le monde se disait : Les compagnons n'osent plus sortir.

« Nous nous rendîmes à la mairie, toujours suivis d'une foule de monde. Toutes les autorités se présentèrent aux fenêtres. Lorsque M. le Maire parut, il fut salué trois fois par le chef-d'œuvre, dont la grande flèche qui le couronne s'est baissée et relevée trois fois. De là nous fûmes à la Préfecture, où M. le Préfet vint lui-même jusqu'à la porte pour nous recevoir ; et après avoir examiné avec soin le chef-d'œuvre, il n'y a pas de félicitations qu'il ne nous ait faites, disant qu'un tel travail méritait d'être envoyé à l'Exposition universelle de Paris.

« Ensuite nous sommes allés rendre visite à tous nos maîtres-charpentiers qui, se sentant émus d'un grand plaisir, nous ont décoré le chef-d'œuvre d'une belle branche de laurier. Enfin, après avoir rendu toutes nos visites, nous avons porté le chef-d'œuvre à la mairie, le 25 mars, et M. le maire nous a dit : Mes enfants, un tel ouvrage mérite d'être encouragé : aussi j'ai demandé l'autorisation au conseil municipal, qui a, par un vote, adopté de faire frapper une médaille en votre faveur, et qui sera attachée au chef-d'œuvre.

« Chers collègues, ne croyez pas que nous exagérons, c'est exactement ce qui s'est passé et ce qui s'est dit. D'ailleurs les journaux de la localité l'ont répété à différentes fois. Voici en détail la composition du chef-d'œuvre:

« Un tréteau à tout dévers avec lunettes et rachet dans le cintre d'un dôme impérial avec plan par terre, raccordant un carré avec quatre tourelles qui viennent prendre naissance au cintre du dôme, qui est composé de quarante-huit fermes portant berceau rond en dessous avec tous leurs accessoires et percées par des lunettes partant d'un angle à l'autre, et d'autres pénétrations coniques tendant au centre; le dôme porte croix de saint André et pannes avec leurs assemblages ; deux culs-de-lampe, partant de la corniche des tourelles, sont supportés par deux colonnes chacun ; en dessous du dôme est un parquet à fougère mêlé de cinq nuances différentes de bois; des voûtes d'arêtes de pentes et rampantes raccordant l'ogive et le plein cintre sont supportées par trente-deux colonnes qui reposent sur le parquet; ensuite les quatre tourelles, dont deux sont surmontées d'une forme de bouteille, autour desquels monte un escalier, sont couronnées par une marquise ; les deux autres tourelles raccordent le carré sur le rond avec des arêtiers à dévers, au milieu desquelles monte un escalier surmonté par une flèche torse ; et le comble se trouve percé par quatre petites flèches raccordant un octogone en haut, sur lequel se trouve un beffroi surmonté d'une flèche torse avec assemblages.

« Entre les tourelles est le raccordement des quatre combles avec leurs croix et assemblages ; au-dessus de ce raccordement se trouvent quatre colonnes sur lesquelles sont des voûtes d'arêtes formant cul-de-lampe ; par côté se trouvent deux capucines, l'une de pente, et l'autre de niveau ; sur les deux autres faces sont deux guitardes, l'une formant avant-corps et l'autre simple ; en haut de ces capucines il y a deux dômes, l'un torse et l'autre avec assemblages, percés par deux lunettes coniques et raccordant l'octogone ; au dessus de cet octogone se trouve un cul-de-lampe et des avants-toits, lequel est surmonté d'un dôme tors avec flèche torse portant assemblages. La flèche est surmontée d'une jolie Renommée qui semble s'élever dans les airs, portant d'une main une couronne de laurier.

« Enfin, dans tout son entier, le chef-d'œuvre a trois mètres quatre-vingt-dix centimètres de hauteur sur un mètre trente-cinq centimètres de diamètre.

« Chers collègues, pour éviter le retard que cette lettre aurait en la faisant circuler par tous les Bureaux du Tour de France, nous en avons écrit une pareille à tous les Bureaux généraux, en les priant de la faire circuler dans leurs Bureaux d'arrondissement.

« Vu et approuvé par nous, membres du Bureau de la ville de Dijon, le 2 avril 1855.

Le Président.	*Le Secrétaire.*	*Le Trésorier.*
RAULT.	R. MAVOIR	J. LAMBLOT.

Cette dernière lettre produisit un contentement général, d'autant plus que tous les sociétaires de tous les Bureaux avaient contribué, par des cotisations extraordinaires, à solder le temps employé et les matériaux indispensables pour exécuter ce travail. Aussi il fut décidé que ce chef-d'œuvre resterait au Bureau de Dijon, dans la salle de réunion. Mais en 1861, beaucoup de ceux qui étaient présents lorsqu'il avait été exécuté étaient partis de la ville pour continuer leur tour de France, d'autres ne faisaient plus partie de la Société, soit qu'ils avaient remercié, soit qu'ils avaient été rayés. Il s'ensuivit que ce meuble était négligé par les arrivants et qu'il devenait même embarrassant dans l'établissement.

Les charpentiers auteurs de ce travail réclamèrent alors l'honneur de l'avoir entre leurs mains; mais, comme ils n'étaient plus sociétaires, on ne put accueillir leur désir. Ils ne s'en tinrent pas là, et firent des démarches pour le posséder. Dans ce but, ils appelèrent la Société devant le tribunal civil. Afin de faire défendre les intérêts de la Société, le sociétaire Chabaud, alors président au Bureau central, fut envoyé à Dijon; il fit comprendre que le chef-d'œuvre appartenait bien à la Société de l'Union. Les membres du tribunal déclarèrent que la demande des charpentiers était inadmissible, puisqu'ils avaient été payés avec les sommes provenant des cotisations extraordinaires. Ils furent donc déboutés, et les frais du jugement restèrent à leur charge.

A l'assemblée générale du 20 octobre 1861 tenue à Paris, le sociétaire Chabaud rendit compte du mandat qui lui avait été conféré par ses collègues d'aller à Dijon pour mener toute cette affaire à bien. Vu le bon résultat obtenu pour la dignité de la Société, les sociétaires manifestèrent leur contentement par des bravos unanimes. En conséquence de ce jugement, le chef-d'œuvre fut envoyé au Bureau général de Lyon, les membres de ce Bureau étant chargés de faire toutes les démarches possibles afin de le faire placer au musée de ladite ville; mais on ne put y parvenir. Il est donc resté en permanence dans l'établissement de la Société, en attendant une autre décision.

Pendant que les sociétaires des principales villes faisaient tous leurs efforts pour propager les principes unitaires, et que d'autres s'occupaient à l'amélioration de la position des travailleurs, un incident fâcheux surgissait dans une ville de réunion, et malgré les principes de concorde invoqués de toute part, et que ne cessaient de faire les hommes qui étaient dévoués à ce que la paix générale puisse être bientôt résolue entre tous les ouvriers voyageurs. C'est donc malgré tous ces efforts qu'une rixe très regrettable et paralysant toutes les communions d'idées pacifiques eut encore lieu. Cette malheureuse calamité se produisit inopinément à Cognac, à l'occasion d'un bal donné le 15 août 1855 par les sociétaires de l'Union qui étaient dans cette ville, afin de fêter l'anniversaire de la réunion de toutes les professions au règlement unitaire (1).

Ce bal avait eu lieu au théâtre de cette ville avec l'autorisation favorable des autorités, qui y furent invitées et y assistèrent. Il en fut ainsi des compagnons et affiliés, charpentiers, tailleurs de pierre et cordonniers du Devoir de Liberté, qui y avaient été invités. Seuls, les Compagnons du Devoir, ne furent pas bien inspirés, car ils ne se rendirent pas à l'invitation qui leur avait été faite dans un but d'union et de concorde amicale. Quelques-uns d'eux ayant encore conservé une haine contre les sociétaires les attaquaient lorsque l'occasion se présentait.

---

(1) Comme on l'a vu, ce Règlement avait été mis en vigueur à partir du 15 août 1846.

On a vu que par un vote de tous les Bureaux les conduites en corps avaient été supprimées ; on pensait avec raison que cet usage ne serait plus suivi dans aucune ville, parce que la majorité des sociétaires voulait faire disparaître toutes les causes de collision. Cependant, malgré cette suppression sagement adoptée, et quoi qu'il en soit, à l'assemblée mensuelle du mois de septembre 1855, les sociétaires du Bureau de Cognac firent la conduite à l'un d'eux, qui était malade, et que l'on faisait partir pour Bordeaux, afin de le faire soigner à l'hôpital de cette ville.

Les compagnons du Devoir, ayant appris que les sociétaires allaient faire cette conduite, attaquèrent ceux qui en faisaient partie; une lutte s'engagea, et il y eut du sang versé des deux côtés. Mais comme les Compagnons charpentiers, tailleurs de pierre et cordonniers du Devoir de Liberté se mirent du côté des sociétaires, ils les aidèrent avec succès dans ce combat opiniâtre, et leurs forces réunies ils eurent le dessus. Enfin les autorités s'en mêlèrent aussi, et avec avantage, ce qui fit que la paix put être rétablie.

En outre, la Société de l'Union ayant été respectée, les sociétaires ne furent plus inquiétés, et le bon accord finit par se produire entre les membres de toutes les professions ouvrières, de tous les Devoirs. Tout faisait donc espérer que cette lutte serait la dernière, c'est ce que tous les hommes d'ordre désiraient le plus sincèrement. Cependant, quelque temps après, d'autres dissentiments eurent encore lieu à Angoulême avec les Compagnons du Devoir. Mais ils furent peu importants, grâce au dévouement des sociétaires (1).

---

(1) Le récit de l'affaire de Cognac et les dissentiments d'Angoulême ont été envoyés à la commission de la *Notice historique* par le sociétaire Martin, en activité à Angoulême, en date du 3 décembre 1873.

Depuis cette époque, les ouvriers qui font partie des Sociétés du Tour-de-France, comprenant enfin tout le ridicule de ces malentendus, n'ont plus eu aucune dispute. Il est donc certain que le retour de semblables faits n'aura plus lieu, car la paix tant désirée est faite pour toujours entre les membres de toutes les professions et de tous les Devoirs. Assurément ce résultat est dû à l'instruction répandue de plus en plus, mais il est dû aussi à la lecture des écrits de (Pierre) Moreau, de (Flora) Tristan, de (Agricol) Perdiguier, de Balboc, de C.-G. Simon et de Chovin. Tous ces écrivains ont demandé la paix et la concorde. Elle est bien acquise et aucun dissentiment ne troublera plus l'union de tous les travailleurs, à la louange de tous les hommes sages. Dans les chapitres qui vont suivre aucun fait de discorde ne sera relaté, parce qu'il ne s'en est plus produit.

CHAPITRE DOUZIÈME

Difficultés imprévues. — Caisses et Archives saisies dans toutes les villes. — Revision du Règlement.

En commençant ce chapitre nous sommes obligés de dire que toutes ces disputes, ces violences inhumaines et ces fratricides combats dont il est question dans les chapitres précédents, ont fait naître une certaine méfiance à l'autorité supérieure qui s'en émut, car des ordres furent donnés pour faire une enquête sérieuse afin de rechercher si la Société de l'Union était bien fondée dans un but pacifique et sage.

En conséquence, dans le courant du mois de juillet 1855, et dans toutes les villes où il existait un ou plusieurs Bureaux, l'autorité fit saisir toutes les archives et les caisses de la Société. Elles furent donc emportées de chez les chefs d'établissements par les agents pour être vérifiées. Les membres de Bureaux furent interrogés sur les agissements de la Société.

A Paris, après plus de trois mois de recherches minutieuses faites dans la correspondance, qui était déposée dans les caisses des différents Bureaux, et d'après la tenue des registres qui ont été trouvés en règle, une ordonnance de non-lieu fut rendue. Toutes les caisses, les correspondances et les registres furent remis aux membres de chaque Bureau, avec l'autorisation de continuer à gérer la Société comme elle l'avait été précédemment. Cette décision fut reçue avec un grand contentement par tous les sociétaires de la ville de Paris. Mais, dans beaucoup d'autres localités les sociétaires n'eurent pas cette satisfaction, car les autorités ne rendirent ni les caisses ni les fonds de secours qui y étaient déposés, ni aucune pièce de la correspondance. A Marseille, la Société fut dissoute. Cependant, à force de démarches réitérées les sociétaires ont fini par faire lever cette interdiction, et une autorisation datée du 1er mai 1863 leur fut délivrée par la Préfecture des Bouches-du-Rhône.

Comme cette pièce est conservée dans les archives du Bureau général de Marseille, en voici la copie textuelle.

« Préfecture des Bouches-du-Rhône.

« *Extrait des Arrêtés.*

« Nous Sénateur chargé de l'administration du département des Bouches-du-Rhône,

« Vu la demande tendant à ce que l'ancienne Société dite de l'Union, établie à Marseille et dissoute en 1856, soit autorisée à se restituer en Société et à se réunir lorsque l'exigeront les besoins de l'association :

« Vu le décret du 26 mars 1862 sur les Sociétés de secours mutuels ;

« Vu les instructions ministérielles en date du 21 mars 1863 :

« Arrêtons : ARTICLE PREMIER.

« La Société de secours mutuels formée à Marseille sous le titre de l'Union est autorisée à se réunir aux conditions suivantes :

« 1° La Société sera constituée en association locale de bienfaisance avec interdiction de toute affiliation ou rapport avec d'autres Sociétés;

« 2° Elle devra se maintenir strictement dans les limites de son action philanthropique locale et se borner à procurer aux ouvriers voyageurs du travail, et des secours aux malades, le cas de chômage excepté ;

« 3° Elle pourra tenir des assemblées générales et délibérantes.

ART. 2.

« Le Règlement de l'administration intérieure de cette Société sera soumis à notre approbation.

ART. 3.

« M. le maire de Marseille est chargé de l'exécution du présent arrêté.

« Marseille, le 1er mai 1863.

« Le sénateur chargé de l'administration du département des Bouches-du-Rhône,

Signé : DE MAUPAS.

« Certifié conforme :

« *Le Secrétaire général,*

« Signé : FAGOUSE.

« Pour copie conforme :

« *Le maire de Marseille,*

« Signé : ROUVIÈRE.

« Notifié au sieur Talmon (Désiré), président de la Société de l'Union, l'arrêté en date du 1er mai 1863, qui autorise ladite Société à se reconstituer par la remise de la présente ampliation dudit arrêté en son domicile rue Poids? de la farine, n° 7.

« Marseille, le 19 mai 1863.

« *Le commissaire de police,*
« Signé : DELAMARCHE.

Cette autorisation délivrée dans des termes aussi explicites produisit, on le pense bien, un grand contentement à tous ces travailleurs de l'unité professionnelle. Cependant en plusieurs autres villes où la Société avait eu le même sort malheureux de se voir enlever les caisses et les archives, les sociétaires n'eurent pas la joie de pouvoir se reconstituer, ce qui était bien fâcheux. Dans les villes où la Société ne fut pas dissoute, on admit qu'elle pouvait continuer a être administrée et être gérée comme par le passé. Il fallut donc se contenter de cette tolérance accordée à quelques-unes, en attendant qu'une décision plus favorable fût accordée pour toutes les villes où il y avait des Bureaux établis. Enfin la Société et les sociétaires n'ont plus été inquiétés; ces derniers purent voyager en toute sécurité, les secours étant rétablis partout.

Ainsi, malgré toutes les querelles, toutes les attaques faites aux sociétaires, et malgré toutes les tracasseries que la Société eut à subir, elle devenait plus nombreuse, et sa prospérité s'accroissait avec avantage par de bons résultats financiers. En outre les Aspirants serruriers, qui avaient fondé la Société dite « Les Aspirants du Devoir » en 1850, à Lyon et à Marseille, n'ayant pas réussi à maintenir cette Société, résolurent presque tous de se faire recevoir dans l'Union. Ils apportèrent donc aussi leur tribut d'idées pacifiques, et contribuèrent à faire prospérer l'Union des travailleurs sur le Tour de France.

Pendant que ces idées d'union se propageaient en vue de l'unité ouvrière, une autre question sérieuse surgissait, c'était celle de la question du Règlement, parce que la date de sa durée, qui avait été fixée en 1846 à dix années, était sur le point d'être atteinte. La revision devait donc être proposée sous peu, et elle était désirée avec impatience, parce qu'il y avait plusieurs modifications urgentes à faire aux articles en vigueur, pour le bon fonctionnement de la Société et le bien être des sociétaires.

Aussi, à la fin de l'année 1854, un vote eut lieu dans toutes les villes où la Société avait un ou plusieurs Bureaux, afin de connaître l'avis des sociétaires. Après plusieurs mois d'attente, le résultat obtenu était que la grande majorité désirait une revision générale. En conséquence, des commissions ayant été nommées dans les cinq villes des Bureaux généraux, tous les sociétaires furent avertis qu'ils pouvaient adresser aux dites commissions toutes les observations ou les propositions sur les articles pouvant servir au développement de la Société, et à satisfaire surtout l'intérêt de tous les adhérents.

Cet avertissement fut donc bien reçu et produisit un bon résultat. On avait aussi pensé avec juste raison que les sociétaires dévoués au drapeau unitaire travailleraient avec persistance, afin de trouver des moyens pratiques pour faciliter les voyages, l'instruction des ouvriers, et de pouvoir bien les secourir dans toutes les phases difficiles où l'homme laborieux peut se trouver atteint pendant la vie.

Déjà en 1844, lorsqu'il fut question de faire le premier Règlement unitaire, le sociétaire (Pierre) Moreau avait rédigé un Règlement qu'il soumit aux commissions des cinq Bureaux généraux, qui étudièrent sérieusement tous les articles écrits par ce zélé défenseur de l'Union. Les principales propositions qu'il fit sont résumées dans son livre : « De la Réforme du compagnonnage », et dont à la page 164 il dit :

« Trop occupés par la rivalité et la concurrence de nos antagonistes, nous avons négligé notre instruction, le dessin, et les encouragements qui doivent être accordés à ceux qui se distinguent par leur bonne conduite, leur dévouement, leurs talents. Occupons-nous sérieusement d'établir et d'organiser des écoles dans toutes les villes de réunions où le nombre des sociétaires le permettra, et des concours dans toutes les villes.

« Je crois, amis et frères de l'Union, que pour réussir dans l'organisation des écoles il serait urgent d'apporter quelques modifications dans notre Règlement. »

Un peu plus loin, il proposait aussi de faire des réformes pour les fêtes de chaque profession; ainsi, à la page 169, il disait :

« Il me paraît urgent aussi d'apporter quelques réformes aux fêtes patronales de chaque profession, coutumes que nous ont léguées le régime des corporations et la féodalité, et qui, loin d'être fraternelles, nous fractionnent, font naître l'émulation pour le plaisir seulement; et, pour satisfaire notre vanité, nous obligent à contracter des dettes qui absorbent plus que le produit de notre travail.

A la page 170, il résumait sa pensée par les lignes suivantes :

« Je propose donc, dans l'intérêt de l'union et de la fraternité, que tous les sociétaires se réunissent pour ne célébrer qu'un seul anniversaire, celui de l'Union. Une médaille en or et une en argent seraient décernées, à titre d'encouragement, par chaque Bureau général, à ceux des sociétaires qui, par la régularité de leur conduite, l'exactitude pour leurs devoirs et engagements, et par leur dévouement, l'auraient le mieux mérité. »

Les propositions de cet estimable sociétaire avaient été étudiées par les commissions, qui en acceptèrent plusieurs. Mais d'autres durent être ajournées, vu qu'elles ne paraissaient pas encore praticables. Cependant on pensait bien pouvoir en accepter d'autres, lorsque la revision aurait lieu, suivant donc l'exemple du sociétaire Moreau, et ainsi qu'il est dit plus haut. Comme les sociétaires avaient été invités à faire connaître par écrit leurs bonnes idées, cet appel ayant été compris, plusieurs sociétaires envoyèrent donc aux cinq commissions diverses propositions qui selon eux devaient contribuer à organiser la Société sur des bases plus solides. De ce nombre le sociétaire (Jean) Marquet, ouvrier serrurier, qui avait rédigé un Règlement composé de 274 articles, en fit parvenir un exemplaire aux susdites commissions, qui en firent une étude sérieuse et discutèrent les articles proposés avec ceux du Règlement en vigueur. Plusieurs de ses articles, ayant été reconnus utiles pour le bien de la Société, furent adoptés, ainsi qu'on le verra plus loin. En outre, comme les sociétaires Bienfaisants, menuisiers-ébénistes, avaient manifesté depuis plusieurs années le désir de s'unir aux sociétaires de l'Union, on profita de l'occasion de cette revision ; ils furent donc invités à y prendre une part active. Ils nommèrent des délégués qui se joignirent aux sociétaires de l'Union et tous ensemble, ils firent la revision d'un commun accord, et cela partout où il se trouvait des membres de ces deux Sociétés.

Les commissions des cinq Bureaux généraux d'arrondissement ayant terminé la revision, en firent chacune une copie contenant les nouveaux articles qu'ils avaient adoptés. La lecture de ce travail fut faite aux sociétaires en assemblée ; ils adoptèrent ensuite que ceux qui avaient des observations à présenter les feraient parvenir à leur commission respective. Pour cela, un délai d'un mois avait été accordé. On adopta aussi qu'une commission, dite définitive, rédigerait un Règlement avec les copies des cinq Bureaux généraux; un vote ayant donc été fait dans tous les Bureaux, la majorité des sociétaires décida que la commission définitive aurait lieu à Paris.

En conséquence, la commission fut nommée en assemblée générale,et, après plus de trois mois passés pour ce travail ardu et assidu, le Règlement définitif put être terminé à la fin de l'année 1857. Avant de le faire imprimer, on en fit la lecture à l'assemblée générale du mois de janvier 1858.Après cette lecture, un vote unanime adoptait tous les articles, et il fut convenu qu'il serait mis en vigueur à partir de l'assemblée mensuelle du mois de mars suivant. Les sociétaires Bienfaisants, qui étaient présents à cette réunion, adoptèrent aussi à l'unanimité tous les articles qui venaient d'être lus.

En suite, on adopta par un autre vote que les membres de la susdite Société se réuniraient aux sociétaires de l'Union à partir du premier juillet de ladite année 1858; qu'ils apporteraient leur caisse contenant le fonds social, ainsi que toutes les archives de leur Société, et cela dans tous les Bureaux du Tour-de-France, afin d'être jointes avec celles de l'Union. C'est ainsi que la fusion de tous ces jeunes gens unitaires eut lieu. Les deux Sociétés n'en formèrent donc plus qu'une seule, sous la dénomination de *Société de Bienfaisance de l'Union*.

Ce Règlement terminé, le Bureau général de Paris, dans le but de donner une sécurité parfaite, proposait à tous les Bureaux de faire autoriser l'Union par le Ministre de l'Intérieur. Cette proposition ayant eu un accueil favorable de tous les Bureaux, la pétition suivante fut donc adressée au Ministère :

« *A son Excellence Monseigneur le Ministre-Secrétaire au département de l'Interieur.*

« Monseigneur,

« La Société de l'Union, fondée à Lyon en 1832, a fait sa déclaration d'existence à la préfecture de police de Paris, le 23 janvier 1848. Depuis, par acte du 6 mai 1851, elle a été autorisée comme Société privée, et enregistrée sous le n° 2 de la deuxième série.

« Aujourd'hui, les membres de cette Société, inscrite sous le n° 141, viennent de faire la revision de son Règlement et le soumettent à votre approbation, suppliant votre Excellence de vouloir bien autoriser ladite Société comme société d'utilité publique, afin qu'elle puisse étendre le but philanthropique qui en est la base.

« Etablie depuis longtemps dans les principales villes de France, cette Société s'est vu frappée tout à coup par des arrêtés en vertu desquels on a saisi ses archives et ses caisses. Nous ne pensons pas que les Bureaux de province se soient livrés à des actes qui aient nécessité cette rigoureuse mesure, et nous croyons, au contraire, que MM. les Préfets ont confondu notre Société avec toutes autres, qui peuvent renfermer des éléments de discorde, et qu'en conséquence, ils ont cru devoir en ordonner la dissolution.

« Nous venons donc supplier votre Excellence de vouloir bien prendre en considération la supplique que nous lui adressons, et nous osons espérer qu'après un examen de notre projet de Règlement, elle sera convaincue des principes d'humanité et de bienfaisance qu'il renferme, et qu'elle déclarera la Société de l'Union Société d'utilité publique approuvée, ce qui lui permettrait d'étendre ses bienfaits sur toutes les classes laborieuses, et de fonder des Bureaux dans toutes les villes où le besoin s'en ferait sentir.

« Confiants dans votre sollicitude et votre bienveillance,

« Nous avons l'honneur d'être avec le plus profond respect,

« Monseigneur, de votre Excellence,

« Les très humbles serviteurs,

Le Président général, L. Ausset. *Le Président de la commission*, H. Prost.

« Paris le 1er octobre, 1880. »

Malgré toutes les démarches faites et toutes les bonnes raisons invoquées par les sociétaires, la Société ne put être autorisée, vu la loi du 28 mars 1852, qui spécifie que les Sociétés de secours mutuels sont locales et qu'elles doivent être autorisées par les autorités de chaque département.

Les Unionistes durent donc encore remettre à une autre époque leur projet de faire reconnaître la Société par l'autorité supérieure. Ils prirent de nouveau la résolution de continuer à faire prospérer la grande œuvre humanitaire entreprise depuis plus de vingt-cinq années pour venir en aide aux jeunes ouvriers voyageurs.

CHAPITRE TREIZIÈME

Deuxième Règlement unitaire mis en vigueur en 1858. — Premier placement de fonds en 1860.

Ainsi qu'il est dit dans le précédent chapitre, le Règlement rédigé en 1846 avait été revisé; divers changements de texte et d'articles furent faits ; de grandes modifications ont été adoptées dans l'intérêt de la Société et des sociétaires. Les principaux changements sont indiqués dans ce qui suit :

Les mots *Secours mutuels* furent supprimés d'être inscrits sur le Règlement. Le nom du titre de la Société était donc ainsi : *Société de Bienfaisance de l'Union*.

La devise avait été conservée la même et elle devait être écrite en tête du Règlement comme ci-dessous : *Humanité. — Dévouement.*

Le titre des articles de la base fondamentale, qui avait été désigné sous le nom de *Constitution*, fut changé pour celui de *Base organique*.

L'article 4 de ce titre subit une modification pour le lieu où devait être le centre de l'administration de la Société. Comme l'autorité supérieure s'était adressée plusieurs fois au Bureau général de la ville de Paris, pour avoir des renseignements sur la Société, les commissions pensèrent que le centre administratif serait bien placé dans la capitale. Aussi, après un entendement amical, ils résolurent de supprimer le Bureau directeur, établi à Lyon depuis 1832, et de le remplacer par un Bureau dit « central » dont le siège demeurerait fixé à Paris.

Dans un but d'intérêt général, on adopta que le droit d'entrée, qui était de trois francs, serait à l'avenir fixé à la somme de cinq francs par candidat. Et la cotisation mensuelle, qui était de un franc, fut augmentée de cinquante centimes. Elle était donc fixée pour toujours à un franc cinquante centimes par mois.

Les cotisations trimestrielles ont été suprimées d'être payées en assemblée générale parce que ces assemblées devenaient trop longues. Elles furent donc confondues avec les cotisations mensuelles, ce qui était préférable pour la régularité des comptes.

Tous les secours furent augmentés en raison de l'augmentation du droit d'entrée et de la cotisation mensuelle. En outre, on adopta que dans chaque ville où la Société serait établie, il y aurait un pharmacien attaché au Bureau pour fournir les médicaments indiqués sur l'ordonnance du médecin aux sociétaires malades, et qui seraient payés par la Société.

La pension accordée aux sociétaires fut aussi bien augmentée, et cela sur la proposition du sociétaire Marquet, faite dans le Règlement qu'il avait rédigé, et qu'il avait fait parvenir aux commissions des cinq Bureaux généraux. Voici d'ailleurs l'exposé de sa proposition, il disait :

« Je crois que la Société de l'Union a le devoir plus que toute autre d'allouer une pension d'un chiffre très élevé, car notre Société, par son unité des professions réunies, doit pouvoir faire plus de bien que celles qui restent isolées les unes des autres, ainsi que le pratique le *Compagnonnage*.

« Je viens de lire le livre de (Flora) Tristan ; cette lecture m'a charmé et m'a inspiré que l'œuvre des Invalides ouvrières que voulait innover cette femme de progrès devait être tentée par notre Société, afin d'introduire avec efficacité un moyen de faire, sinon des Invalides civils, mais tout au moins quelque chose qui y ressemble un peu. Puisque, malgré l'exemple de cette femme de génie, nous ne pouvons pas bâtir des maisons de secours, donnons à nos infirmes du travail et à nos vieux sociétaires un secours élevé en argent, dont j'estime, que la somme de six cents francs, devrait être adoptée par tous les sociétaires de l'*Union*.

« Si nous faisions cela et que nous parvenions à faire réaliser ce bienfait, il est évident que d'autres Sociétés voudront suivre notre exemple ; la gloire de

— —

cette idée serait due à la belle *Union*, et nous aurions contribué à l'amélioration de la position critique des travailleurs, et cela dans une large mesure. Assurément aussi notre Société deviendrait plus nombreuse qu'elle ne l'est maintenant, parce que les sociétaires qui actuellement remercient la Société lorsqu'ils s'établissent ou se marient, resteraient toujours sous le drapeau unitaire jusqu'à la fin de leur vie.

« Je pense donc, amis et frères que vous prendrez ma proposition en considération, et que vous adopterez un moyen pour solder une pension à un chiffre très élevé aux invalides du travail et aux vieux sociétaires de l'*Union*. C'est donc en persistant à vouloir bien faire que nous trouverons ce moyen, afin que le taux de cette pension soit toujours payé aux sociétaires qui auront été admis à être pensionnés. »

Les commissions, mues aussi par le désir de faire beaucoup de bien, après avoir parcouru le livre de (Flora) Tristan, n'hésitèrent pas à accepter cette proposition humanitaire. En outre, on pensait aussi que ce bon moyen serait efficace pour engager les sociétaires qui s'établiraient ou qui se marieraient à ne plus remercier la Société. Vu ces bonnes raisons, il fut donc adopté que la pension serait fixée à la somme de cinq cents francs, pour tout sociétaire qui aurait atteint l'âge de soixante ans, et aurait vingt-cinq ans d'activité dans la Société. Quant à ceux auxquels il surviendrait une maladie incurable de nature à les priver de toute sorte de travail, il fut adopté que la même somme leur serait accordée, pourvu qu'ils soient actifs depuis au moins huit années (1).

---

(1) Voir le deuxième Règlement unitaire mis en vigueur le 1er mars 1858, articles 141 et 142.

Il était spécifié que : lorsqu'un sociétaire jouira de quelques rentes, la Société ne payera qu'un complément de pension jusqu'à concurrence de ladite somme cumulée avec toute espèce de revenu. Le produit du travail n'est pas considéré comme revenu (1).

On avait modifié le titre des sociétaires honoraires, afin de pouvoir empêcher les sociétaires de remercier la Société dès qu'ils avaient une meilleure position, ou lorsqu'ils croyaient avoir du travail assuré pour longtemps. Il fallait donc aussi éviter ces remerciements fréquents en vue d'avoir des sociétaires d'un âge mûr. Et on pensait que, par leur ancienneté ils contribueraient évidemment au développement et à la bonne organisation de la Société sur de bons principes. Il fut donc admis que tout sociétaire ayant huit ans d'activité serait considéré *honoraire* et aurait les mêmes facilités accordées à celui qui était établi de ne se rendre aux réunions que lorsqu'il le pourrait.

Il est bon de dire qu'à cette époque les Sociétés de secours mutuels de mairie s'organisaient, et que pour avoir beaucoup d'adhérents parmi les ouvriers, les statuts ne leur prescrivaient que peu de dérangements. Ainsi il n'y avait que deux réunions par an; les sociétaires n'étaient pas contraints d'accepter des fonctions de membres de Bureau, et pour les funérailles des sociétaires la présence était limitée à un très petit nombre, les membres ne devaient donc être appelés à ces cérémonies qu'à de longs intervalles. Il était donc à craindre que beaucoup de sociétaires mariés se retireraient de l'*Union*, pour s'inscrire dans les Sociétés d'arrondissements.

---

(1) Article 142 du Règlement mis en vigueur le 1er mars 1858.

Aussi, les commissions chargées de la revision du Règlement, s'étant émues de cet état de choses et s'inspirant de ce bon exemple consistant à laisser un peu plus de temps aux anciens sociétaires pour les besoins de leur famille, résolurent d'adopter ce moyen d'admettre que les sociétaires, après huit ans d'activité, auraient la faculté d'être *honoraires*. On espérait qu'en accordant cette faveur les remerciements n'auraient plus lieu pour cette raison qu'une grande latitude étant accordée aux ouvriers sédentaires, ils resteraient toujours sociétaires parce qu'il n'y aurait plus autant de dérangements que par le passé. Le Règlement admettait que les Honoraires ne seraient pas amendables pour les assemblées mensuelles ou pour absence aux funérailles des sociétaires décédés, et qu'ils pouvaient s'excuser de ne pas accepter des fonctions D'ailleurs ils n'avaient pas le droit d'élire ni d'être élus à aucune fonction de la Société. L'article 150 de ce nouveau Règlement le spécifiait.

D'après les demandes de plusieurs sociétaires, vu le désir exprimé dans le livre : *De la Réforme du Compagnonnage*, par le sociétaire (Pierre Moreau), aux pages 107, 108 et 109, et vu le Règlement du sociétaire Marquet, persistant à créer un titre pour l'instruction des jeunes ouvriers voyageurs ; aussi suivant ce qui avait lieu dans les anciennes Sociétés du Compagnonnage, les membres des commissions de la revision instituèrent donc un nouveau titre sous le nom Institution, et il y était dit : Dans toutes les villes où le nombre des sociétaires le permettra, il sera établi une salle destinée à l'instruction. Ces dites salles devront êtres installées et entretenues par la Société (1).

(1) Voir le Règlement de 1858, articles 215 et 216.

Ce titre étant en harmonie avec ce qui était dit dans le Préambule écrit au commencement du Livret-Règlement de chaque sociétaire, il n'était donc pas inopportun d'être institué. On pouvait avoir l'espoir que les ouvriers laborieux accepteraient ce bienfait instructif avec reconnaissance, car beaucoup d'ouvriers, en devenant patrons, ne peuvent, faute de savoir communiquer leurs pensées, tenir leurs écritures et leurs comptes en bon état. Il était évident que si chacun savait profiter de l'instruction qu'il pourrait recevoir dans la salle installée à cet usage dans chaque ville de réunion, les sociétaires qui suivraient ces cours ne seraient pas aussi embarrassés qu'ils l'étaient avant l'adoption de ce titre. Cela fut donc admis dans un grand but d'utilité.

L'on prévoyait assurément que des articles bien rédigés rendraient, s'ils étaient suivis, un excellent service à ceux qui auraient profité des leçons de lecture, d'écriture, de français, d'arithmétique, de géométrie et surtout de dessin, qui seraient démontrées et auxquelles chacun se ferait un devoir d'assister, afin de cultiver ses facultés intellectuelles et morales pour devenir des ouvriers instruits.

Le Bureau central institué pour que l'administration de la Société de l'Union soit uniforme avait été fixé à Paris; il fut organisé de manière à ce que l'on puisse tenir la comptabilité avec une grande régularité; on avait donc adopté que ce Bureau aurait un registre sur lequel seraient inscrits les noms de tous les sociétaires, ainsi que leur état dans la Société. En outre, il devait y avoir cinq registres représentant chacun un arrondissement pour la copie des lettres reçues ou envoyées à chaque Bureau. De plus, il était adopté que ce bureau devrait faire une correspondance générale qui serait expédiée à tous les Bureaux généraux et particuliers, à la fin de chaque trimestre, afin d'établir une correspondance unique, qui ferait connaître la situation exacte de la Société dans tous les Bureaux du Tour-de-France.

Il y avait plusieurs années que cela était demandé; on pensait pouvoir éviter les frais qui étaient trop onéreux par l'habitude que l'on avait prise d'écrire journellement des lettres partant d'un Bureau, et passant dans chaque ville de réunion pour y être copiées et expédiées ensuite au Bureau le plus près, jusqu'à ce que lesdites lettres arrivent au dernier Bureau. On avait donc l'espoir que cette manière de procéder cesserait bientôt afin de pouvoir réaliser des économies, surtout pour former une caisse de retraite, car jusqu'à ce moment il n'y avait pas encore de fonds en réserve; il était très urgent qu'il y en eût, afin de pouvoir solder les pensionnés avec régularité quand il y en aurait, ce qui pouvait arriver d'un jour à l'autre, puisque le Règlement assurait ce secours humanitaire aux sociétaires qui seraient atteints de maladie incurable.

Aussitôt que le Règlement fut rédigé, on en fit imprimer cinq mille exemplaires, et chaque sociétaire eut le sien. En outre, plusieurs exemplaires furent déposés à M. le Préfet de police. On le prévenait que la Société de l'*Union* et celle des *Bienfaisants* étaient réunies en une seule. Il était prié de bien vouloir donner son approbation aux nouveaux articles adoptés par la majorité. Les membres du Bureau général de la ville de Paris reçurent en effet l'autorisation demandée, par laquelle il était accordé aux sociétaires de pouvoir se réunir et suivre les articles de leur nouveau Règlement.

Les sociétaires tailleurs d'habits, comprenant l'importance qu'il y aurait de fonder un Bureau pour les ouvriers de cette profession à Paris, résolurent en 1857 de faire cette demande à l'assemblée générale d'avril; tous les sociétaires présents à la réunion acceptèrent ladite proposition. Ce Bureau fut donc formé le 27 avril 1857, sous la présidence du sociétaire Guillier. Il était évident que d'autres Bureaux se formeraient, parce que la Société devenait très nombreuse, et que dans les Bureaux existants il y avait des ouvriers de plusieurs professions.

En attendant, la Société continuait aussi sa marche progressive; les sociétaires de tous les Bureaux, unissant leurs efforts en vue d'accroître l'état financier, envoyaient au Bureau central le surplus qu'il y avait dans les caisses. Aussi, dans le courant de l'année 1860, on a commencé à placer quelques fonds en réserve pour la caisse de retraite. Des obligations du chemin de fer de l'Ouest furent achetées le 7 juillet 1860. Ainsi le premier achat de rentes se composait de trente-quatre obligations portées en titre nominatif au nom de la *Société de Bienfaisance de l'Union*. La somme versée a été de dix mille trois cent soixante-deux francs dix centimes. C'était, on le comprendra, bien débuter, car il y avait à peine deux ans que l'administration centrale de la Société était instituée et qu'elle fonctionnait. Il est juste aussi de dire que c'est par la persistance et le dévouement des membres du Bureau central, qui ne cessaient d'écrire à tous les Bureaux qu'il était très urgent que chaque ville se presse d'envoyer l'excédent de leur caisse, afin de placer des fonds pour que le fonctionnement de la caisse de retraite soit assuré. Leurs vœux furent bien entendus, et dans les chapitres suivants on verra que ce but de la pension aura fait des prodiges incontestables pour l'humanité des ouvriers les uns pour les autres.

CHAPITRE QUATORZIÈME

Résultat satisfaisant. — Revision et promulgation du troisième Règlement unitaire, 1865.

On a vu par tout ce qui précède que la Société était bien parvenue à être organisée sur des bases solides. Le premier placement de fonds qui avait eu lieu permettait de croire qu'il en serait de même de temps en temps, c'est-à-dire au fur et à mesure que le Bureau central recevrait des fonds de tous les Bureaux. On y comptait d'autant plus que le nombre des sociétaires augmentait considérablement dans toutes les villes. Les sociétaires aussi remerciaient moins la Société; et ceux qui se mariaient continuaient de rester dans les rangs de l'Union, pour soutenir l'intérêt social.

En outre, de nouveaux Bureaux étaient formés, surtout dans les principales villes, telles que celles de Bordeaux, Nantes, Marseille, Lyon et Paris, où dans cette dernière les sociétaires charrons, forgerons et menuisiers en voiture qui étaient avec les serruriers depuis longtemps, mais voyant qu'ils étaient quarante-cinq, ils résolurent de fonder un Bureau pour les ouvriers de ces trois professions réunies en un seul Bureau, ce qui eut lieu le premier janvier 1862. Ces formations de nouveaux Bureaux étaient le résultat de la persistance et du dévouement de tous les sociétaires pour l'intérêt social.

Aussi, vu la prospérité de la Société, et vu le grand nombre de sociétaires, il était sage et prudent d'aviser à ce que les intérêts de chacun puissent être bien sauvegardés, et à ce que tout soit administré avec uniformité. Pour cela il fallait donc que les articles soient toujours en harmonie avec les besoins sociaux du moment, et selon la marche progressive que la Société aurait atteint.

Dans ce but, et vu que l'époque déterminée par le Règlement était arrivée, les membres du Bureau central envoyèrent une circulaire à tous les Bureaux, les prévenant qu'il était temps de savoir si les sociétaires voulaient que l'on fît une revision. Les discussions ayant été mises à l'ordre du jour, le vote eut lieu au mois de juillet 1862, et la majorité fut d'avis que la revision générale était nécessaire et qu'elle devait avoir lieu le plus tôt possible, parce qu'il y avait des articles qui n'étaient plus conformes aux besoins de l'époque, ce qui entravait beaucoup la marche régulière de la Société.

En conséquence, dans chaque ville où il existait un Bureau général, une commission fut nommée, et les sociétaires de tous les Bureaux furent informés que ceux qui auraient des observations ou des propositions à faire, les adresseraient aux commissions chargées de la revision. Cette invitation fut bien reçue, et plusieurs sociétaires, mus par l'intérêt qu'ils portaient au développement de la prospérité et de l'accroissement de la Société, rédigèrent différents articles qui furent adoptés par les commissions, parce que le but principal était pour venir en aide à ceux qui seraient atteints de maladies. Et comme les commentaires étaient rédigés avec beaucoup de justesse, une adoption favorable eut lieu. C'est donc pour cela que la plupart des propositions furent admises pour être sur le nouveau Règlement.

Le travail de la revision eut lieu dans l'ordre suivant : dès que les commissions eurent reçu les renseignements qui avaient été demandés, elles commencèrent la revision. Ce travail laborieux, après avoir été rédigé avec impartialité par les sociétaires qui avaient été choisis à cet effet, fut expédié au

Bureau général. Ces cinq résumés furent ensuite remis à la commission définitive nommée à Paris, comme cela avait été convenu par un vote fait en Assemblée générale dans les villes des Bureaux d'arrondissement. Cette commission, après avoir rédigé un Règlement en conformité des cinq documents, en fit cinq copies pareilles, qui furent remises au Bureau central ; celui-ci les fit parvenir aux Bureaux généraux, pour que la lecture en fût faite aux sociétaires, dans une réunion extraordinaire, afin que ceux qui auraient des observations à y faire pussent les communiquer avant que l'on fît imprimer les livrets. Il avait été convenu que les réclamations seraient adressées aux membres du Bureau général de chaque arrondissement, qui les feraient parvenir au Bureau central.

Après cette lecture terminée, beaucoup de réclamations se produisirent ; elles furent donc adressées comme il est dit ci-dessus. Et vu que l'on ne trouvait pas le Règlement en harmonie avec les idées nouvelles, on dut faire un autre vote pour savoir s'il y avait lieu de renommer une autre commission définitive. La majorité ayant été de cet avis, une commission de vingt sociétaires fut donc nommée à Paris. Les noms de ces membres furent envoyés aux cinq Bureaux généraux afin qu'il en fût choisi quatre sur cette liste par chaque Bureau général. De cette manière les cinq Bureaux généraux étaient représentés.

Cette dernière commission, après avoir examiné très attentivement toutes les idées formulées par les réclamations qui lui avaient été communiquées, réussit enfin à pouvoir rédiger un Règlement selon les vœux de la majorité, et pouvant accroître le bien-être des sociétaires et la prospérité de la Société. Ce travail très ardu par sa complication nombreuse en documents de toutes sortes, fut terminé au mois d'octobre de l'année 1864, et remis au Bureau central par les deux secrétaires de la commission. Comme ce Bureau avait informé le Bureau général de la ville de Paris que la rédaction du nouveau Règlement était terminée, en conséquence, à l'assemblée générale du 16 octobre 1864, il fut adopté par un vote que les nouveaux articles seraient mis en vigueur à partir du 1er janvier 1865. Le Bureau central fit imprimer dix mille exemplaires du Règlement, qui furent expédiés dans toutes les villes de réunions pour qu'ils fussent distribués aux sociétaires, et pour qu'il en fût remis un à chaque entrant dans la Société.

Ainsi qu'il est dit ci-dessus, les articles et les changements divers étaient rédigés en vue d'être utiles à la prospérité de la Société, et surtout dans le but d'améliorer la position des sociétaires. D'ailleurs les principaux sont indiqués dans ce qui suit :

On adopta qu'à l'avenir, à la suite du Préambule, il serait écrit à partir de quelle date le présent Règlement avait été mis en vigueur. Cela avait donc été admis afin que tous les sociétaires, connaissant cette époque, puissent prévoir celle à laquelle une revision aurait lieu, afin que ceux qui auraient des modifications ou des propositions à soumettre, fussent plus à même de les préparer à l'avance. De cette manière chacun aurait bien plus le temps d'écrire les réformes qu'il serait utile d'apporter dans le fonctionnement social.

Le droit d'entrée fut augmenté de deux francs. Et il avait été admis que cette somme serait versée à la caisse de retraite ; tout candidat devait donc à l'avenir consigner sept francs à la Société avant son admission définitive. Par ce moyen, la caisse de retraite serait augmentée d'une manière sensible et plus certaine, pour que la pension allouée soit soldée aux ayant-droit.

Tous les secours furent encore augmentés. De plus, il était accordé par un article, « que la femme et les enfants légitimes des sociétaires auraient droit aux visites du médecin de la Société ». Cela avait été admis afin d'engager les sociétaires mariés à rester dans la Société.

Quant aux secours de route, afin d'empêcher qu'ils soient distribués aussi abusivement que par le passé, un article fut ainsi adopté : « Pour avoir droit aux secours de route, il faut avoir au moins six mois d'activité. » On s'était aperçu que beaucoup de ceux qui avaient reçu ce secours n'étaient dans la Société que depuis un ou deux mois, et qu'ils se laissaient rayer après avoir profité dudit secours, et avant même d'avoir six mois d'activité dans la Société. Il a donc fallu mettre un empêchement à cet abus du fonds social.

Le titre de la pension reçut une modification équitable demandée par plusieurs sociétaires, afin que la somme de cinq cents francs fût accordée à tous ceux qui avaient atteint l'âge et le temps exigés par le Règlement, sans que la Société eût à s'occuper de savoir s'ils avaient des revenus ou non, pour ne leur donner que le complément de la pension jusqu'à concurrence de ladite somme cumulée avec toute espèce de revenu. En effet il était plus équitable de payer à tous la même somme, sans voir si le sociétaire avait fait ou non des économies. Cela ne devait donc pas regarder la Société.

Il était aussi adopté que le sociétaire pensionné avait le droit d'assister aux assemblées sans avoir à payer de cotisation; en outre, en cas de maladie, il était adopté qu'il avait droit aux visites du médecin de la Société.

Cela avait pour but d'améliorer la position précaire des sociétaires pensionnés.

Des changements importants et très utiles furent adoptés pour la tenue des registres, afin surtout que la comptabilité fût faite avec uniformité dans tous les Bureaux. Dans ce but de nouveaux registres ayant été adoptés par la commission définitive, avec le concours des membres du Bureau central, on en fit imprimer un nombre suffisant, qui furent expédiés à tous les Bureaux pour que l'on remplaçât immédiatement ceux qui existaient, afin que la comptabilité fût uniforme dans toutes les villes où la Société avait des Bureaux.

Afin que les sociétaires connaissent exactement l'état de toute la Société, des bulletins furent aussi rédigés et adoptés selon différents modèles et avec des colonnes conformes à ceux des registres. On fit cela, pour que les membres de Bureau puissent les remplir facilement. Il était dit dans l'article 68 que le Bureau central ferait une correspondance générale, qui serait expédiée à tous les Bureaux généraux et particuliers. En outre, pour que les membres de tous les Bureaux prennent l'habitude de ne plus faire des registres et des imprimés selon la localité, on avait rédigé un article par lequel il était dit : « Le Bureau central aura à la disposition des Bureaux généraux tous les registres prévus par le Règlement, et tous les imprimés selon les besoins de la Société. Ces derniers les auront à la disposition des Bureaux particuliers, qui ne pourront en prendre autre part ; toutes les demandes devront être faites contre remboursement (1).

Le titre des sociétaires honoraires fut aussi modi-

---

(1) Voir le Règlement mis en vigueur le 1er janvier 1865 et l'article 253.

flé ; pour que ces sociétaires pussent rendre tous les services désirables à la Société, par leur âge ou par leur position sociale, il fut adopté qu'à l'avenir les sociétaires honoraires auraient le droit d'élire et d'être élus à n'importe quelle fonction de membres de Bureau, ce qui n'avait pas encore pu être adopté, malgré qu'il avait été démontré que l'on commettait une erreur préjudiciable en les privant de ce droit d'élire, d'être élus et de ne pas avoir voix délibérative dans les réunions. Ce dernier droit avait été discuté dans une assemblée générale tenue à Paris, le 19 janvier 1859. Ladite assemblée, à la majorité unanime, adopta que les sociétaires honoraires auraient le droit de prendre part aux votes pour toutes les discussions concernant la Société. Les commissions de 1862, 1863 et 1864, s'appuyant sur ce vote et sur les considérations émises dans le livre des propositions du sociétaire Marquet, adoptèrent un article donnant aux honoraires le même droit qu'aux autres sociétaires.

On avait en outre adopté d'ajouter à l'ancien article 147 la résolution suivante : « Le sociétaire qui devient contremaître pourra réclamer le titre d'honoraire ; il en sera de même pour le sociétaire marié ayant cinq ans d'activité dans la Société. » Cela était adopté dans l'espoir qu'à l'avenir les sociétaires qui s'établiraient ou qui se marieraient ne remercieraient plus la Société. Assurément aussi la préoccupation de toutes les commissions et de tous les sociétaires était de voir la Société de l'Union la plus florissante des Sociétés ouvrières sur le Tour-de-France

L'institution de la caisse de retraite ayant produit un bon résultat moral, elle fut maintenue avec quelques modifications. Ainsi, comme les fonds mis en réserve depuis l'année 1860 jusqu'à la fin de l'année 1864 s'étaient élevés à la somme de vingt mille francs, la commission définitive adopta que le chiffre de cette somme serait écrit dans l'article 251. Et cela dans le but de faire connaître à tous les sociétaires quelles étaient les ressources de la Société pour les pensions à accorder en cas de besoins. Il était évident que cette mention étant dans cet article de la caisse de retraite, elle produirait un grand contentement. Car, en effet, comme ces fonds avaient été placés dans le court espace de cinq années, il était certain qu'une grande confiance serait accordée à la Société dans l'avenir par ceux qui auraient lu le Règlement bien attentivement. Il était aussi bien évident que la Société deviendrait encore plus nombreuse par ce motif, que les sociétaires n'en sortiraient pas, n'ayant aucune raison bien valable pour remercier la Société.

Aussitôt que la dernière commission définitive eut rédigé le Règlement, elle nomma deux délégués, lesquels déposèrent au Bureau central tous les écrits que la commission possédait, et ils remirent ensuite le Règlement audit Bureau pour qu'il en fit imprimer une grande quantité, afin d'en expédier à tous les Bureaux, pour les distribuer aux sociétaires. Les membres du Bureau général furent aussi chargés de déposer des exemplaires imprimés de ce Règlement à M. le Préfet de police, afin d'avoir l'autorisation. Après avoir examiné tous les articles, M. le Préfet invita les membres du Bureau général à adjoindre trois articles dits additionnels.

En conséquence, tous les membres des Bureaux de la ville de Paris et les délégués de la commission définitive ayant été convoqués à se réunir, le Bureau général leur fit part de la lettre qu'il avait reçue, puis il donna lecture des trois articles proposés. La majorité ne voyant aucun inconvénient à ce qu'ils soient inscrits à la suite des articles du Règlement, les membres présents adoptèrent de les accepter, vu qu'ils étaient en conformité avec tous les articles dudit Règlement. En voici le contenu dans ce qui suit :

Articles additionnels

« Les membres des Sociétés privées sont instamment priés d'insérer dans leurs statuts les clauses suivantes :

Art. 1er

« Il n'est accordé aucun secours en cas de chômage.

Art. 2

« Pour les radiations d'un ou plusieurs membres, les Bureaux en préviendront l'autorité supérieure tous les trois mois.

Art. 3

La répartition des frais devra être ainsi conçue :

« 1° Aux secours aux malades et secours de route ;
« 2° Aux frais médicinaux et pharmaceutiques ;
« 3° Aux frais de bureaux ;
« 4° Aux frais d'enterrement et aux deniers de la
« veuve s'il y a lieu. »

Ces trois articles pouvaient donc bien être écrits sur le Règlement sans aucune difficulté, puisqu'ils résumaient en peu de mots le fonctionnement réel de la Société. Le Bureau général prévint donc M. le Préfet de police que la décision prise à la réunion des Bureaux par la majorité avait adopté d'insérer dans le nouveau Règlement les trois articles additionnels. Et la Société reçut aussitôt l'autorisation de fonctionner, en se conformant bien aux articles admis par la majorité des sociétaires. cette autorisation fut donnée par écrit au Bureau général dans les termes suivants :

« Paris, le 5 janvier 1865.

« Nous, Préfet de police,

Vu la demande adressée le 26 novembre dernier par la Société de secours mutuels dite de l'Union, dans le but d'obtenir l'autorisation de mettre en vigueur son nouveau Règlement ci-joint, voté et adopté en assemblée générale le 16 octobre 1864;

« Ensemble, ce Règlement;

« Vu l'article 291 du Code pénal;

« Arrêtons ce qui suit:

ARTICLE PREMIER

« Pourra être appliqué, a dater de ce jour, tel qu'il est annexé au présent arrêté, le nouveau règlement de la Société de secours mutuels de l'Union.

ART. 2

« Ampliation du présent arrêté sera remise à ladite Société par le commissaire de police du quartier, qui l'invitera dans la personne de son président, M. Grandjean, demeurant rue Chapon, 9, à s'y conformer, et en assurera l'exécution en ce qui le concerne.

« Fait à Paris, le 5 janvier 1865.

« *Le Préfet de police*,

« Signé : BOITELLE.

« Pour copie conforme :

« *Le Secrétaire général*,

« Signé : JARRY.

« Pour copie conforme :

« Signé : RICHEBOURG. »

Avant la remise de ladite autorisation, et le 16 dudit mois, le sociétaire Marquet, secrétaire de la commission définitive, remit à M. le Commissaire de police cinq exemplaires du nouveau Règlement, qui furent vérifiés par son secrétaire, qui reconnut qu'ils étaient exactement conformes à ceux qui avaient été déposés à la Préfecture de police. L'autorisation fut donc remise au président Grandjean, qui la remit au Bureau général.

Après ces formalités remplies, le Règlement fut mis en vigueur. Et les sociétaires, suivant l'exemple de leurs prédécesseurs, s'y conformèrent tout en travaillant avec persévérance pour que l'organisation sociale s'exécutât bien, selon les vœux exprimés dans les notes qui avaient été remises aux commissions des cinq Bureaux généraux, en vue du bien-être des sociétaires, et pour la prospérité de la Société. On verra dans le chapitre suivant que l'idée des pensions a été bien résolue, et cela parce que l'unité professionnelle existe dans l'Union, qui est une et indivisible, principe admis depuis 1832, et réglementé par l'article 248, mis en vigueur à partir du 15 août 1846.

CHAPITRE QUINZIÈME

Premiers sociétaires pensionnés. — Écrivains dévoués à la concorde ouvrière.

FONDS DE LA CAISSE CENTRALE MIS EN SURETÉ PENDANT LE SIÈGE DE PARIS 1870

Les nouveaux articles produisirent de bon résultats, car, depuis l'année 1865, presque tous les sociétaires mariés ayant le temps d'activité exigé par le Règlement, et ceux qui avaient huit ans révolus dans la Société, restèrent comme sociétaires honoraires, ce qui était un appui moral pour l'accroissement de la Société.

En outre, les fonds envoyés au Bureau central par tous les Bureaux, pour être versés à la caisse de retraite étaient placés avantageusement en diverses obligations. Cela augmentait beaucoup le capital de cette caisse de prévoyance instituée pour ceux qui seraient atteints de maladies ou blessures incurables et pour les vieux sociétaires. C'est ainsi que d'après les articles du nouveau Règlement plusieurs sociétaires furent admis a la pension, les uns étant atteints de maladies incurables et les autres ayant soixante ans révolus. Voici d'ailleurs les noms des pensionnés depuis l'année 1861, jusqu'à la fin de 1874, dans ce qui suit:

1° Le sociétaire Chapot, ouvrier menuisier actif au Bureau de la ville de Marseille, admis a la pension le 28 octobre 1864, pour maladie des yeux le privant de ne plus pouvoir continuer son travail. Cependant, cette maladie ayant cessé, la pension lui a été retirée le 31 mars 1867;

2° Le sociétaire Ludé, ouvrier menuisier, demeurant à Paris, admis à la pension le 11 avril 1865, atteint d'une maladie incurable reconnue par trois médecins. Il est décédé le 22 octobre de la même année, laissant une veuve avec deux enfants en bas âge;

3° Le sociétaire (Marius) Motte, ouvrier serrurier du Bureau de Marseille, ayant atteint l'âge de soixante ans, il fut admis à la pension le 19 mars 1867, après avoir passé trente-cinq années à soutenir les intérêts de la Société. Il avait pris une part très active au début de la fondation, car le Bureau des serruriers à Bordeaux a été fondé par lui le 12 juin 1832. Il est décédé le 15 mars 1874, après avoir été quarante-deux ans sociétaire de l'Union. Pendant ce temps, il a soutenu avec fermeté les principes préconisés par les fondateurs, et a toujours été un des apôtres les plus dignes et tres dévoués à la fondation de la Société de l'Union jusqu'à sa mort;

4° Le sociétaire Bergeal, ouvrier tailleur du Bureau

de Nantes, admis à la pension le 20 mars 1867, atteint d'une maladie reconnue incurable par une consultation médicale de trois médecins; malgré tous les soins qui lui ont été prodigués, il est décédé le 1er avril 1869 ;

5° Le sociétaire Lacquet, ouvrier menuisier du Bureau de la ville de Nantes, malade depuis longtemps, a été admis à la pension le premier avril 1872, sa maladie étant reconnue incurable par trois médecins. Il est décédé le 31 décembre de la même année;

6° Le sociétaire Martin, ouvrier menuisier en caisse du Bureau d'Angoulême, admis a la pension le 1er juillet 1872, pour des douleurs rhumatismales dont il était atteint depuis plusieurs années, et comme depuis quelque temps il ne pouvait plus travailler régulièrement, on avait résolu de lui allouer la pension. Cependant cette maladie ayant un peu guéri, il avait repris son travail, c'est-à-dire qu'il travaillait lorsqu'il le pouvait, aussi, selon l'avis émis par une consultation médicale et d'après le vote des sociétaires de son Bureau invoquant l'article 136 du Règlement, le Bureau central, après avoir été bien renseigné, a supprimé cette pension à la fin du mois de mars 1876;

7° Le sociétaire Cottin, ouvrier corroyeur, du Bureau de Paris, fut admis à la pension le 1er octobre 1873, ayant atteint l'âge de soixante ans, et ayant vingt-huit ans d'activité dans la Société. Ce zélé sociétaire a rempli avec un grand dévouement les diverses fonctions auxquelles il a été appelé, soit comme délégué ou membre de Bureau. Comme président du Bureau central, il prit une part très active à l'organisation de la comptabilité de ce Bureau. Aussi, par son raisonnement juste et équitable, il a toujours été considéré pour un bon et très zélé sociétaire de l'Union ;

8° Le sociétaire Favat, ouvrier menuisier du Bureau

de Nantes, admis à la pension le 1er janvier 1874, étant âgé de soixante ans et ayant vingt-six ans d'activité dans la Société. Pendant ce temps il avait été un des membres les plus actifs, et ses qualités d'intelligence dévouée l'ont aussi fait estimer de tous ceux qui le connaissaient ;

9° Le sociétaire Lavergne, ouvrier serrurier du Bureau de Lyon, admis à la pension le 15 mai 1874, étant atteint d'une maladie qui avait été reconnue incurable par une consultation médicale. Les médecins réunis prévoyaient même qu'il n'aurait que quelques mois à vivre ; leur prévision n'a pas été trompée, car il est décédé le 15 octobre de la même année.

Les neuf premiers sociétaires, qui avaient été pensionnés pour diverses causes prévues par le Règlement, donnaient assurément une grande confiance à tous les membres de la Société. Et ce secours réalisé sans augmenter les cotisations affermissait ceux qui travaillaient avec dévouement à l'amélioration de la position des ouvriers de toutes les professions. En outre, ce bienfait de la pension stipulé par les articles du Règlement de l'Union depuis l'année 1846, doit démontrer d'une manière irréfutable et bien évidente, que pour faire le bien il ne faut que de la persévérance et un peu de bonne volonté. D'ailleurs le nombre des pensions admises ci-dessus démontre bien que les sociétaires de l'Union entre lesquels règne l'égalité absolue de tous les membres, sont parvenus, malgré les difficultés de toutes sortes dressées contre eux, à faire réaliser la sublime idée invoquée en 1842 par (Flora) Tristan, dont le but tendait à secourir également les travailleurs qui seraient atteints d'infirmités ou blessures les empêchant de continuer leurs travaux journaliers, ainsi que les vieillards, et cela par une faible cotisation imposée sur le salaire de chaque ouvrier.

Ce résultat ayant été obtenu dans la Société, il est bon de faire remarquer à ceux qui ont été longtemps les adversaires de l'unité des professions, qu'ils étaient dans une grande erreur lorsqu'ils prédisaient aussi que les ouvriers ne pouvaient rien faire sans avoir des chefs absolus à leur tête pour les conduire. Il est bon de dire aussi que depuis l'année 1855 les sociétaires n'ont plus eu aucun désagrément avec les membres des autres Sociétés; la paix est bien faite avec toutes les professions. Les préjugés qui avaient été trop longtemps la cause des discordes ouvrières sont enfin mis de côté par tous. Ainsi donc les Compagnons du *Devoir*, les Compagnons du *Devoir de liberté* et les sociétaires de l'*Union*, lorsqu'ils donnent un bal pour fêter leurs Sociétés, s'invitent réciproquement, et chacun d'eux se fait un plaisir d'assister à ces réjouissances de fêtes corporatives ou d'anniversaires de fondations sans aucun scrupule ni arrière-pensée.

Vive donc pour toujours l'union de tous les Devoirs et de tous les corps d'état! comme l'ont invoquée dans des livres et dans des brochures divers tous les ouvriers-écrivains, et comme l'avaient désiré bien ardemment d'autres écrivains populaires dévoués eux aussi à l'amélioration des classes laborieuses. Pour bien faire connaître ces écrivains, on a dans ce qui suit fait le résumé des écrits que chacun d'eux a publiés. Assurément qu'après cette lecture tous les ouvriers qui font ou qui ont fait leur tour de France auront beaucoup de remercîments à faire aux écrivains dont les noms sont donnés dans le commentaire de ce chapitre, savoir :

1° M. Perdiguier, compagnon menuisier du Devoir de Liberté, a été un réformateur intelligent du Compagnonnage; il s'est immortalisé par les deux recueils de chansons qu'il publia, l'un en 1832, l'autre en 1834, puis par son édition du *Livre du Compagnonnage*, qu'il fit publier en 1839 et en 1841, ensuite par son livre intitulé les *Mémoires d'un Compagnon*, et enfin par ses deux autres volumes qu'il fit publier en 1857, ayant encore pour titre : *Livre du Compagnonnage*, revu, complété et augmenté de diverses chansons, plus une chronologie du progrès, suivie d'un dialogue astronomique.

Il fit tout cela avec la pensée de servir l'intelligence et les intérêts des travailleurs. Aussi, ce courageux défenseur de l'unité ouvrière est très estimé des Compagnons de tous Devoirs et de tous ceux qui désirent voir les ouvriers de toutes professions bien unis. Plusieurs écrivains illustres lui firent des compliments pour ses écrits, entre autre, M. de Lamartine, qui lui écrivit la lettre suivante :

« Je viens de lire, Monsieur, le *Livre du Compagnonnage* que vous avez bien voulu m'envoyer, et je m'empresse de vous en adresser mes sincères félicitations. Cet ouvrage, plein d'intérêt et d'une utilité réelle, ne peut manquer d'atteindre le but vers lequel vous marchez : l'extinction des haines qui divisent les différents corps d'état. C'est là une noble tâche : honneur à celui qui emploie ainsi ses heures de repos et son intelligence (1). »

Cette lettre a dû évidemment dédommager M. Perdiguier des veillées passées à écrire, en vue de rendre plus de sympathies entre les ouvriers de tous états, surtout entre les Compagnons.

Deuxième écrivain, M. Moreau (Pierre), ouvrier serrurier, sociétaire de l'Union, réformateur très intel-

---

(1) Voir le *Livre du Compagnonnage*, par Perdiguier, à la page 22 1er volume.

ligent, et qui fut un dévoué promoteur des idées unionistes. Il fit paraître une brochure en 1841, intitulée : *Un mot aux ouvriers de toutes les professions, à tous les amis du peuple et du progrès sur le Compagnonnage, ou le guide de l'ouvrier sur le Tour de France.* Cette petite brochure, qui ne contenait que 32 pages, fut cependant bien reçue parmi la classe ouvrière, parce qu'elle contenait des conseils très amicaux pour les membres de toutes les Sociétés qui voyagent sur le Tour de France. Voici d'ailleurs quelques lignes qui indiqueront suffisamment l'idée et le but que l'auteur désirait atteindre, dans ce qui suit :

« Quelques écrivains courageux et dévoués à l'instruction et à l'éducation du peuple ont essayé plusieurs fois, par des livres et dans les journaux, de détruire les abus qui existent dans le Compagnonnage, divisent les ouvriers en plusieurs camps irréconciliablement ennemis, les rendent méchants, intolérants et fanatiques, et les déshonorent quelquefois par des actes de barbarie qui font honte à notre siècle de lumière et de civilisation.

« Malheureusement leurs efforts ont presque toujours été infructueux; c'est que, vivant loin de nous, ignorant nos habitudes et même le fond de ces sociétés, ils n'ont pu attaquer le mal à sa source.

« C'est donc dans l'intention de combler une partie de cette lacune, que moi, simple ouvrier, je me suis hasardé à prendre la plume, bien persuadé que pour lutter avec quelque avantage contre les préjugés des uns et les prétentions des autres, il faut connaître parfaitement notre position, nos mœurs, nos habitudes et l'organisation de toutes ces Sociétés rivales, sur plusieurs points assez futiles, ayant cependant toutes à peu près le même but.

« Et pour connaître ceci, il faut être ouvrier. C'est

donc à nous ouvriers à nous instruire les uns les autres (1). »

Après avoir passé en revue tout ce qui lui paraissait être préjudiciable à l'union de tous les ouvriers, il terminait en disant :

« A vous qui partez souvent de votre pays natal sans rien savoir de la Société à laquelle vous appartiendrez, sans en connaître le but, la base et les règlements, et qui, une fois admis, ne pourrez plus en sortir sans vous faire de nombreux ennemis, relisez donc ce petit livre, et choisissez la Société qui se trouve le mieux en harmonie avec les idées et la civilisation de notre siècle (2). »

Enhardi par ce premier succès, il fit paraître en 1840 un livre ayant pour titre : *De la Réforme des abus du Compagnonnage et de l'amélioration du sort des travailleurs*. Il avait fait suivre ce titre d'un passage de F. Lamennais, en forme d'épigraphe, ainsi conçu : « L'union, qui fait la force, est fille de l'amour, de la douce charité d'où émanent tous les biens. Lorsqu'on marche en un chemin difficile et rude, si l'on veut arriver au gîte, il ne faut pas se heurter, mais se donner la main. » Ce livre, fut lu par beaucoup d'ouvriers, son auteur reçut des félicitations amicales, d'autres aussi le critiquèrent; c'est à propos de ce livre que M. Perdiguier, Compagnon, ayant publié la lettre qu'il avait écrite à M. Moreau, celui-ci fit paraître une brochure pour bien expliquer sa conduite aux ouvriers, surtout a ceux qui l'avaient connu sur le Tour de France. Tous ses écrits étaient dictés par la pensée aussi de servir l'intelligence et

---

(1). Voir les pages 5 et 6 de : *Un mot sur le Compagnonnage*, par (Pierre) Moreau.

(2) Voir la page 32 de la brochure : *Un mot sur le Compagnonnage*, par (Pierre) Moreau.

les intérêts des travailleurs, et afin qu'une ère de paix pût être réalisée entre tous les ouvriers par l'union de tous les corps d'état. Ce zélé défenseur de l'humanité et de la concorde est très vénéré de ceux qui ont lu ses ouvrages. Il a donc aussi immortalisé son nom par de justes pensées.

Un troisième écrivain populaire qu'il est juste de mentionner ici, c'est Mme (George) Sand, pour ses écrits en vue d'unir les ouvriers. Dans ce but elle fit publier, en 1840, un livre dont le titre était : *Le Compagnon du Tour de France*. Comme M Perdiguier, elle entrevoyait une paix générale entre les Compagnons de tous les corps d'état et de tous devoirs, s'ils se ralliaient à sa voix. Mais pour que l'union se réalise il fallait, disait-elle, abolir tous les préjugés qui seuls engendraient toutes les discordes et les haines entre les ouvriers voyageurs. Il était évident que cet ouvrage avait été écrit par cette femme d'un grand talent avec le désir profond de servir aussi l'intelligence et les intérêts des travailleurs.

Par équité, il est juste de faire connaître un quatrième écrivain, c'est M. Gosset, père des Compagnons forgerons du Devoir de la ville de Paris. Ce chef d'établissement, ayant vu de près les inégalités qui existaient entre les Compagnons et les Aspirants, écrivit une brochure qui avait pour titre: *Projet tendant à régénérer le Compagnonnage* ; il fit publier ce petit livre en 1842. Cet ouvrage était écrit dans le but louable de pouvoir faire réunir tous les ouvriers dans une même Société. Après avoir adressé quelques paroles conciliatrices aux Compagnons, il les engageait à faire trêve à toutes luttes, à oublier tous ressentiments, à ne plus repousser telle ou telle profession, et surtout à supprimer les principaux abus, tels que les embauchages. En outre, il proposait une association générale, où chaque corps d'état se trouverait représenté par un ou plusieurs députés qui formeraient un Comité central. C'était donc encore toujours la même idée, de servir l'intelligence et les intérêts des travailleurs, qui avait été le but sur lequel M. Gosset s'était appuyé pour écrire ce projet de régénération. Afin de pouvoir prodiguer ses idées aux ouvriers, il se fit recevoir sociétaire de l'Union, à Paris, en 1844; il prit une part active à l'organisation sociale. Il a été secrétaire du Bureau général, et, lors de la revision des divers Règlements en vue de ne plus en avoir qu'un seul et unique pour toutes les professions appartenant à l'*Union*, il fut nommé secrétaire de la commission, à Paris, et ses bonnes idées ont été admises par ses collègues, qui ont gardé de lui un estimable et bon souvenir.

On a vu dans ce qui précède les idées humanitaires d'un ordre nouveau préconisées et mises à jour par (Flora) Tristan. Il est encore utile de mentionner ici cette œuvre, en même temps que l'on fait le récit des autres écrivains populaires, parce que c'est surtout à elle que les ouvriers doivent être reconnaissants du sublime et utile ouvrage qu'elle fit paraître en 1843, auquel elle donna le beau titre de l'*Union ouvrière*. Ce livre avait cela de beau, qu'il avait été dicté dans le but d'unir toute la classe laborieuse des deux sexes, surtout en France; de pouvoir donner une bonne instruction à tous les enfants et d'établir des maisons pour les infirmes et pour la vieillesse ouvrière, afin que ces derniers puissent terminer leurs vieux jours tranquillement sans crainte du lendemain. Aussi ce livre, comme on l'a déjà vu, fit une grande sensation, et la souscription publique ouverte afin d'en imprimer une grande quantité se couvrit des signatures de personnes des deux sexes les plus en renom, tels que ceux de MM. Victor

Considérant, Eugène Sue, George Sand, Schoelcher, Jorcy,(général), Blanqui, Bocage, Agricol Perdiguier, Louis Blanc, Firmin Didot (frères), Paul de Kock, Béranger, Pierre Moreau, Marie Dorval, etc. etc.

Ce livre était donc aussi très utile pour les Sociétés ouvrières, qui devaient y trouver de sages conseils. Et les sociétaires de l'Union doivent de grands remerciements à son auteur, surtout pour l'idée de la pension allouée à ses membres depuis l'année 1846. (Flora) Tristan avait eu aussi l'intention de faire développer l'intelligence et de servir les intérêts de tous les travailleurs par l'unité, c'est à dire par l'union ouvrière, compacte et voulue de toute la classe laborieuse. Il est probable que si elle eût pu vivre plus longtemps, elle aurait eu la satisfaction de voir son idée adoptée, car dans les quelques villes où elle fit son apparition les souscriptions ont été remplies des signatures de tous ceux qui adhéraient à son projet d'avenir humanitaire.

Il est bon aussi de faire connaître M. C.-G. Simon, membre de la Société académique de Nantes, secrétaire-adjoint de la Société industrielle de la même ville, associé correspondant de la Société industrielle de Mulhouse. Cet homme savant fit paraître en 1853 un livre qui avait pour titre *Etude historique et morale sur le Compagnonnage et sur quelques autres associations d'ouvriers depuis leur origine jusqu'à nos jours*. Dans cet ouvrage, il y a de bonnes idées qui sont utiles à noter et que les sociétaires devraient bien connaître; voici un passage de l'avant-propos de ce livre dans ce qui suit :

« Chaque Devoir a son bon côté, chaque association son but utile. — La loi commune, la loi française les tolère toutes pour le bien qu'elles peuvent faire; elle ne les réprime parfois que dans leurs écarts, lorsqu'elles troublent par de sauvages violences l'ordre public, et ne savent pas respecter les rites et les insignes des autres Soumettez-vous donc franchement à cette loi commune, et ne perdez pas de vue que tous vous êtes Français, vous êtes frères, enfants d'une même patrie, avant d'être membres de telle ou telle secte de Compagnonnage (1). »

Ces sages paroles résumaient bien en peu de mots le contenu de cet excellent livre, dans lequel il y a de très justes démonstrations qui ont dû avoir de l'influence sur les doctrines des hommes d'un autre siecle. Elles ont dû satisfaire les hommes de progrès et de paix, car, en effet, ce que demandait l'auteur, c'était l'apaisement des haines invétérées que rien ne justifiait, et le développement de l'esprit de concorde et de charité universelle.

Il désirait ardemment voir disparaître le mal des abus criants pour faire place à un Compagnonnage analogue à la Société de l'*Union*, sans mystères inutiles, abolissant les habitudes brutales, les violences inhumaines et les fratricides combats, faisant le bien pour toutes les choses utiles aux intérêts des travailleurs, développant l'intelligence de tous, avec un généreux et grand principe de fraternité mutuelle, par l'unité et la solidarité de tous les ouvriers. Le but aussi que l'auteur de ce livre avait voulu atteindre était donc le même que celui des autres écrivains, c'est-à-dire qu'il avait eu la pensée de servir l'intelligence et les intérêts des travailleurs.

Enfin, un autre écrivain mit la main à la plume pour contribuer, lui aussi, a unir les ouvriers. Ainsi, en 1860, M. Chovin, Compagnon menuisier du Devoir, fit paraître un livre intitulé : *Le conseiller des Compa*-

---

(1) Voir la page IV de l'avant-propos du livre de M. C.-G. Simon.

gnons. Ce que désirait l'auteur, c'était de voir réunis en une seule Société de Compagnons menuisiers celles dont l'une était dite du *Devoir*, et l'autre du *Devoir de liberté*. Ce désir était exprimé avec beaucoup de persistance, et ce livre a dû faire sensation. Il a certainement contribué à l'apaisement des esprits, en conviant les ouvriers de ces deux Sociétés à s'unir. Voici donc quelques bonnes paroles de celles qui sont écrites dans ce livre :

« Mes amis, le désir de vous voir tous unis m'a décidé à publier ce petit livre. Dévoué au Compagnonnage depuis que j'ai pu l'apprécier et reconnaître toute son utilité, désirant le bien-être et la prospérité des Compagnons, je cherche depuis longtemps les moyens d'atteindre ce but. Pas de fierté ni d'airs de supériorité ; ce ne sont que les esprits faibles qui en montrent lorsqu'ils changent de position ou de fortune. Paix et concorde, voilà ce que je vous demande à vous tous, mes amis ; votre intérêt vous y oblige. Suivez les conseils qu'un de vos frères croit utile de vous donner ; votre position s'améliorera, vos successeurs et la postérité vous en seront reconnaissants (1). »

Tous ceux qui aiment l'Union des hommes auront dû être satisfaits de ces mots d'unité ouvrière, et tous ceux qui aussi désirent que l'égalité, la paix et la concorde soient consenties entre tous les ouvriers doivent être bien satisfaits de ces bonnes paroles. On voit que cet ouvrier-écrivain avait aussi l'intention sublime de servir l'intelligence et les intérêts des travailleurs. C'était assurément sa pensée dominante en écrivant le contenu de son ouvrage, et la preuve

---

(1) Voir la page 240 du *Conseiller des Compagnons*, par M. Chovin.

en ressort par tous les titres qui sont écrits dans ce livre. Les ouvriers doivent donc savoir gré à M. Chovin d'avoir eu l'intention de les unir, de les faire sympathiser tous ensemble, de les engager à ne plus se quereller de corps d'état à corps d'état et de ne pas faire du Compagnonnage une aristocratie qui le ferait dévier du but qu'il doit atteindre (1).

Il était donc de toute justice d'indiquer dans ce commentaire historique tous les écrivains qui ont développé leurs bonnes idées, sous différentes manières et selon leurs positions individuelles, mais que tous ont contribué à faire disparaître ce qui était le plus arbitraire. Ils avaient tous travaillé à ce que l'Union ouvrière fût enfin bien résolue entre tous les travailleurs. C'était donc assurément la pensée dominante de tous ces réformateurs. Et leurs écrits ont bien été la cause de la paix qui est survenue depuis, entre les Compagnons de tout Devoir et les sociétaires de l'Union sur le Tour de France. L'instruction aussi a bien été favorable au progrès, elle a dû y apporter sans aucun doute son contingent de mœurs modernes.

Donc la Société de l'*Union*, profitant avantageusement de toutes les idées réformatrices, continuait à s'étendre partout. Depuis aussi que les sociétaires mariés et anciens dans la Société restaient dans les rangs de l'Union, les membres étaient en grand nombre. Les fonds de la caisse de retraite continuaient à devenir plus élevés. Il était donc urgent que l'on prît des mesures efficaces pour que ces fonds ne fussent pas distribués avec trop de légèreté, afin de pouvoir faire face à toutes les demandes qui

(1) Voir les pages I et III de l'introduction du livre : *Le Conseiller des Compagnons.*

pourraient se produire par le grand nombre des ayants-droit. Les secours de maladies avaient besoin d'être plus élevés, ou la durée devait être portée à une date plus longue. Pour toutes ces causes, une revision générale du Règlement était utile.

D'ailleurs, comme dans celui rédigé en 1864, il était spécifié que les articles seraient modifiés tous les cinq ans, si la majorité des deux tiers des sociétaires l'exigeaient, ce laps de temps prévu étant sur le point d'être atteint, une revision devait être provoquée par qui de droit afin que l'on connût l'avis des sociétaires. En conséquence, en 1870, les membres du Bureau central, prévoyant que le Règlement avait besoin d'être modifié, adoptèrent de soumettre cette question a tous les Bureaux. Le vote ayant eu lieu, il en résulta que la majorité des sociétaires avaient déclaré qu'il était urgent de faire une revision générale.

En conformité de cette décision, une commission fut nommée dans chaque ville où il existait un Bureau général. Ce travail était commencé lorsque la guerre de 1870 est intervenue. Les commissions ayant été obligées de cesser leurs travaux, vu le départ de ses membres qui se rendaient chacun où les appelait le devoir du citoyen, la revision fut donc ajournée jusqu'à ce que la paix fût conclue.

Il est bon et utile d'instruire les sociétaires de ce qui s'est passé concernant la Société pendant cette guerre néfaste sur le sol français. Nous dirons donc. aussitôt que Paris fut investi, tous les sociétaires se préoccupèrent du fonds social déposé dans la caisse du Bureau central, surtout les membres de ce Bureau qui pensaient que si le chef d'établissement partait de Paris, il n'y aurait aucune sécurité pour les valeurs de la Société.

Aussi, vu cette gravité, les membres du Bureau

central convoquèrent une assemblée de Bureau pour le 9 septembre 1870. A cette réunion il fut adopté de nommer sept sociétaires à qui les fonds seraient confiés, afin qu'ils pussent les déposer en sûreté.

Ces sociétaires ne se dissimulaient pas le danger qui pèserait sur leur tête si Paris tombait aux mains de l'ennemi ; cependant ils n'hésitèrent pas à accepter cette responsabilité, et tous promirent de garder intactes ces économies de l'Union des travailleurs et de ne les remettre, quoi qu'il arrivât, qu'entre les mains de la Société. Voici d'ailleurs la copie textuelle du procès-verbal qui a été remis à chaque délégué :

« Procès-verbal de l'assemblée de Bureau convoquée par les Bureaux central et général, le 9 septembre 1870.

« A cette assemblée, il fut nommé une commission de sept membres, pour placer en lieu sûr les fonds appartenant à la Société de *Bienfaisance de l'Union*. Cette commission fut ainsi composée :

« Marquet, rue Dulong, 75 (Batignolles).

« Souladié, rue Méloy, 10.

« Roperche, rue des Vieilles-Etuves, 11.

« Quair, rue du Caire, 18.

« Lerme, rue Sauvalle, 8.

« Pain, rue Saint-Sébastien, 15.

« Pujo, rue Saint-Marc, 5.

« Après la séance levée, la commission décide que les fonds seraient confiés au sociétaire Pujo, vu la commodité de son emplacement. Reçu est donné par le sociétaire du dépôt confié, après avoir compté les sommes ; libre aux membres de la commission de vérifier quand il leur plaira l'emplacement du dépôt. Aucune clef n'est en la possession du gardien de la caisse ; il se déclare civilement responsable, sauf les cas d'incendie ou de découverte par l'ennemi. Un procès-verbal conforme au présent sera donné à chaque membre de la commission, plus un qui est dans la caisse confiée au sociétaire Pujo. »

Dans ladite caisse il y a :

« Cinq billets de banque dont :

Un de 1000 fr., N° 879,291, du 19 juin 1868, ci.	1000 fr.
Un de 500 fr., N° 298,397, du 19 avril 1869.	500 fr.
Un de 100 fr., N° 1,595,085, du 30 oct. 1867.	100 fr.
Un de 100 fr., N° 2,428,553, du 11 mai 1868.	100 fr.
Un de 100 fr., N° 954, du 3 août 1868. . .	100 fr.
En espèces 914 fr.	914 fr.
Dont le total est de 2714. . . .	2714 fr.

« Il y a en outre quatre-vingt-trois obligations en titres nominatifs de 500 francs, du Chemin de fer de l'Ouest (remboursables). N° de la mutation, 59,995 ; N° du certificat, 69,391, en date du 25 septembre 1867, au nom de la Société de Bienfaisance de l'Union, classée au N° 141.

« Numéros des obligations ci-dessus :

72,522	920,338	1,096,721	1,316,425	1.569,913	1,735,213
111,874	1,004,490	1,096,722	1,136,426	1,735,200	1,735,214
111,875	1.060,457	1,096,723	1,316,427	1.735,201	1,735.215
235,424	1,060,458	1,135,785	1,316,428	1,735,202	1,735,216
341,518	1,060,459	1,135,786	1,316,429	1,735,203	2,043,361
425,745	1,060,460	1,136,241	1,316,430	1,735,204	2,043,362
504,456	1,060,461	1,136,264	1,316,439	1,735,205	2,436,987
671,830	1,009.066	1,215,765	1,316,440	1,735,206	2,436,988
671,831	1,092.047	1,316,419	1,316,441	1,735.207	2,436,989
820,210	1,092,018	1,316,420	1,316,442	1,735,208	2,436,990
920,334	1,096,717	1,316,421	1,316,443	1,735,209	2,436,991
920 335	1,096,718	1,316,422	1,371,577	1,735.210	2,436.992
920,336	1,096,719	1,316,423	1,371,590	1,735,211	2,436,993
920,337	1,096,720	1,316,424	1,569,912	1,735,212	

« Plus quarante-deux obligations de cinq cents francs au porteur (remboursables) du Chemin de fer de l'Ouest, et dont voici les numéros :

1,228,635 1,973,419 2,263,954 2,604,989 2,764,889 2,764,896
1,818,490 1,973,420 2,263,955 2,604,990 2,764,890 2,764,897
1,142,952 2,263,949 2,263,956 2,604,991 2,764,891 2,764,898
1,142,953 2,263,950 2,604,985 2,604,992 2,764,892 2,764,899
2,193,914 2,263,951 2,604,986 2,604,993 2,764,893 2,764,900
2,193,915 2,263,952 2,604,987 2,604,994 2,764,894 2,764,901
7,973,418 2,263,953 2,604,988 2,764,888 2,764,895 2,764,902

« Les trois clefs sont confiées aux sociétaires QUAIR, PAIN et ROPERCHE.

« Fait à Paris, le 4 octobre 1870.

Vu et approuvé par les membres de la commission.

Signé : Hippolyte PUJO, V. QUAIR, L. PAIN, SOULADIÉ, ROPERCHE, MARQUET, LERME.

Les médecins et les pharmaciens de la Société ont été soldés par la susdite commission jusqu'à la fin de décembre 1872. Les fonds ont ensuite été remis au Bureau central, qui en a donné la quittance suivante :

« Reçu de MM. Souladié, Roperche, Pain, Marquet, Lerme, Pujo et Quair, membres de la commission chargée de la gestion des fonds de la Société de l'Union pendant la guerre de 1870-1871, défalcation faite des dépenses opérées depuis cette époque, et que nous avons reconnues justes :

« En espèces 465 fr. 15 c. (Quatre cent soixante-cinq francs quinze centimes).

« Quatre-vingt-trois obligations nominatives Ouest.

« Quarante-deux obligations au porteur Ouest.

« Quatorze obligations villes 1871, au porteur.

« Paris, le 21 janvier 1873.

« Vu et approuvé par nous, membres du Bureau central :

« *Le Président*,
Signé : BRUDON.

Le Vice Président,
SARRADE.

« *Le Secrétaire*,
« MAHÉ.

Le Trésorier,
E. GÉLU. »

— —

La marche régulière de la Société ayant été reprise, la revision du Règlement fut reprise et menée à bonne fin.

Dans le cours des séances de la revision définitive faite à Paris, le sociétaire Brudon fit une proposition ayant en vue un nouveau fonctionnement, afin de pouvoir placer les fonds destinés à la caisse de retraite avec plus de sûreté. La commission adopta d'expédier aux quatre Bureaux généraux le projet qui suit :

« Pour le placement des fonds de la Société, il serait nommé trois Délégués-Gérants, pris en dehors des membres du Bureau central, et dont la durée des fonctions serait de trois ans. Ils seraient renouvelés par tiers tous les ans; ils auraient la signature sociale, mais ils ne pourraient en faire usage que pour la gestion des affaires de la Société et d'après la décision du Bureau central, soit pour l'achat, la vente et le transfert de titres divers, ou pour l'achat d'immeubles, s'il y avait lieu, et pour le dépôt de titres dans les caisses de l'État ou à la Banque de France. »

Ce projet ayant donc été expédié aux cinq Bureaux généraux, les membres en firent la lecture à l'assemblée générale du mois d'octobre 1874. Un vote ayant été fait, en voici le résultat dans ce qui suit:

Le Bureau général de la ville de Nantes, ayant lu les articles du projet à l'assemblée générale du 13 octobre 1874, la majorité des sociétaires présents adoptèrent de nommer une commission pour l'étudier. Après avoir discuté les propositions, elle adopta tous les articles et elle fit réponse qu'elle adhérait complètement à l'adoption de tous les articles proposés par la commission définitive, et qu'elle accordait l'autorisation de les appliquer au nouveau Règlement.

Le Bureau général de la ville de Lyon, ayant aussi

fait la lecture du projet à l'assemblée générale d'octobre, tous les articles proposés furent adoptés par la majorité des sociétaires présents à ladite réunion.

Quant au Bureau général de la ville de Paris, comme il avait été prévenu que la proposition serait portée à l'assemblée générale d'octobre, en conséquence la lecture des articles fut faite par les Secrétaires de la commission définitive. Après les discussions terminées, le projet de la gérance pris en dehors du Bureau central a été rejeté par soixante-six voix contre quarante et une. Ce vote annulait donc la proposition ; c'est ainsi que l'ont pensé les membres de la commission définitive.

Le Bureau général de la ville de Marseille, après avoir fait la lecture du projet, ouvrit la discussion et l'assemblée générale fit un vote par lequel les propositions de la commission étaient rejetées, vu que la majorité aurait désiré que ce projet fut soumis au Tour-de-France. Mais comme on voulait que le Règlement fût mis en vigueur au premier janvier 1875, il était donc trop tard.

Le Bureau général de la ville de Bordeaux fit aussi la lecture de tous les articles du projet à l'assemblée du mois d'octobre. Et les sociétaires présents à ladite réunion adoptèrent de faire étudier la proposition par les membres de la commission du Règlement, qui rejetèrent l'idée de la gérance. D'ailleurs, par la lettre reçue à la commission définitive et qu'il est bon de transcrire ici, on verra quelles sont les causes qui ont donné lieu à ce rejet. En voici la copie textuelle dans ce qui suit :

« Bordeaux, le 8 novembre 1874.

« Chers collègues,

« Voici le résultat des travaux de la commission de revision de notre Règlement, à qui notre assemblée générale d'octobre dernier avait renvoyé votre proposition relativement à la gérance. Après quatre réunions consécutives où la proposition de gérance a été librement discutée, elle a été repoussée à la majorité de 11 voix et 3 abstentions sur 14 votants ; voici les motifs qui les ont poussés au rejet de ladite proposition : Après avoir consulté divers écrits concernant la question, nous avons été convaincus qu'il était impossible à notre Société, n'étant pas autorisée, d'avoir des gérants qui agiraient en son nom, et qu'il fallait, pour créer cette gérance avec quelque garantie, former une seconde Société dans la Société de l'Union ; c'est-à-dire créer une Société civile de laquelle ne pourraient faire partie que les membres de la Société de l'Union. Voilà seulement comment, d'après les lois qui régissent les associations, on pourrait créer cette gérance avec quelque garantie ; mais aujourd'hui, vu les grandes difficultés que nous aurions à nous organiser de la sorte, et le peu d'avantages que nous offrirait cette gérance, car si nous avons bien compris votre pensée, c'est tout bonnement pour vous débarrasser des obligations que le chef d'établissement trouve avoir à charge, et replacer cet argent à la Banque ou toute autre administration de ce genre, que vous demandez cette gérance que nous avons cru devoir repousser pour le moment.

« *Les membres de la commission de revision :*

Signé : Cornillfau, A. Lelloch, E. Muiliт., Netire, Cossas, Soucé, Dommerc, Bénazet, Jouve, Joubert, Duffau, Garrigue, Duplantier, Samson, Ginbert. »

Vu la susdite lettre et celles des autres Bureaux généraux il en résultait que, d'après les votes des cinq principales villes, deux étaient pour la gérance comme le proposait la commission définitive, et les trois autres villes avaient repoussé le projet. En conséquence, les membres de la commission définitive mirent donc la proposition de gérance à néant. Ensuite ils terminèrent la revision du Règlement, qui fut mis en vigueur à partir du 1er janvier 1875. Ce travail a été terminé le 16 novembre 1874. Deux copies furent faites et remises ensuite au Bureau central avec les procès-verbaux de toutes les séances. Dans le chapitre suivant on verra toutes les modifications qui ont été faites en vue d'améliorer la position de tous les sociétaires de l'*Union*.

CHAPITRE SEIZIÈME

Modifications apportées pour le 4e Règlement unitaire. — Inondation de Toulouse. — Ecroulement de l'établissement de la Société. — Ecrivain dévoué à l'Union. — Autres pensions admises.

Ainsi que cela a eu lieu dans les précédentes commissions de revision du Règlement, plusieurs modifications très importantes ont aussi cette fois été adoptées pour l'intérêt social, et surtout pour assurer une plus grande garantie aux membres de la Société qui peuvent se trouver dans une situation difficile. On en sera convaincu en lisant les principaux changements contenus dans ce qui va suivre :

A la devise écrite en tête du Règlement, les cinq commissions adoptèrent d'y ajouter le mot *Instruction*.

Sur la demande de plusieurs sociétaires le nom du titre de la Société fut modifié, les mots « de Bienfaisance », qui avaient été ajoutés en 1847, furent supprimés par les commissions des cinq Bureaux généraux. Le nouveau titre était donc remis tel que celui adopté par les fondateurs en 1832, c'est-à-dire sans aucun sous-titre que *Société de l'Union*.

Les secours de maladies, qui n'étaient alloués que pendant trois mois, furent portés à cinq mois ; on avait adopté que les deux derniers mois seraient payés à raison de cinquante centimes par jour.

Quant aux secours de route, ils furent aussi augmentés ; on adopta qu'ils seraient payés à raison de cinq centimes par kilomètres. Un tableau indiquant les distances kilométrique fut rédigé par la commission définitive, qui adopta qu'il serait inscrit à la fin du Règlement afin de bien renseigner les sociétaires sur les distances qu'il y a entre chaque Bureau.

Au titre des pensions il y eut une modification sensible, concernant les sociétaires qui seraient atteints de maladies incurables avant d'avoir vingt-cinq ans d'activité dans la Société. Jusqu'à cette époque tous les Règlements mis en vigueur depuis 1846 portaient que ces sociétaires avaient droit à la même somme que les pensionnés admis après l'âge de soixante ans, pourvu qu'ils eussent huit ans d'activité. C'est donc seulement en prévision qu'il pourrait y avoir un grand nombre de pensionnés dans ce cas que l'on a modifié l'article 142 ; craignant donc que cela ne devînt trop onéreux pour la Société, on avait adopté une nouvelle organisation dans les proportions suivantes : Ceux qui seraient actifs depuis dix ans dans la Société auraient droit à cent-vingt-cinq francs par an ; ceux qui le seraient depuis quinze ans auraient deux cent cinquante francs ; ceux qui le seraient depuis vingt ans auraient trois cent soixante-quinze francs ; et enfin ceux qui le seraient depuis vingt-cinq ans auraient la pension entière de cinq cents francs par an (1).

---

(1) Voir l'article 138 du Règlement mis en vigueur à partir du 1er janvier 1875.

En outre il fut adopté qu'au décès d'un pensionné la Société devrait lui rendre les derniers devoirs, et qu'elle aurait à payer les frais funéraires indispensables, selon la localité. On avait pensé que le pensionné devait toujours être considéré sociétaire. D'ailleurs l'humanité et la fraternité imposaient ce devoir à la Société de l'Union. Mais cependant on avait adopté que si le sociétaire pensionné était marié ou s'il laissait des enfants, la Société ne payerait sa pension que jusqu'au jour de son décès. Tandis que d'après le précédent Règlement le dernier trimestre devait être entièrement payé aux ayants-droit.

Le titre des sociétaires-honoraires fut supprimé, parce que le mode institué depuis 1846 était reconnu défectueux aux intérêts de la Société, et qu'il était en contradiction avec l'article 1er de la base organique ainsi conçu : Tous les sociétaires sont égaux devant le Règlement, n'importe à quelle nation ils appartiennent. Cependant il fut remplacé par un autre titre sous la dénomination de : Anciens sociétaires. Mais les principales latitudes qui avaient été instituées par les honoraires dans les Règlements de 1846, 1858 et 1865, ne furent plus admises. Ainsi donc il était dit : qu'ils seraient passibles de toutes les rigueurs du Règlement , sauf pour les réunions mensuelles auxquelles il leur était accordé la faculté de ne s'y présenter que tous les trois mois; ils ne devaient donc être amendables qu'à la troisième absence.

Conformément aux vœux exprimés par un grand nombre de sociétaires, on adopta que ceux qui seraient suspendus auraient voix délibérative dans toutes les réunions.

La caisse de retraite ayant produit un bon résultat, le même fonctionnement en fut donc maintenu. Comme la somme de vingt mille francs portée sur le Règlement s'était élevée à cinquante mille francs depuis l'année 1865, on adopta que cette somme, existant au 16 novembre 1874, devait aussi figurer sur le nouveau Règlement, afin que tous les sociétaires connussent bien les ressources que possède la Société.

Afin qu'une parfaite régularité existât dans la tenue des registres de tous les Bureaux, un nouveau titre fut institué sous la dénomination de : Commission de surveillance. Cette commission devait être de cinq membres dans les villes où il existerait un Bureau général, et de trois membres dans les autres villes. On avait l'espoir que ce titre produirait un bon résultat pour la bonne tenue des registres et la régularisation financière.

Les membres du Bureau central, ayant reçu la copie des articles rédigés par la commission définitive, firent imprimer dix mille Règlements, dont ils en expédièrent un nombre suffisant dans tous les Bureaux afin que chaque sociétaire eût le sien Il avait été adopté que les nouveaux articles seraient mis en vigueur à partir du 1er janvier 1875.

Dans cette histoire il est bon de dire que les sociétaires ne se contentent pas seulement de secourir réglementairement ceux de leurs membres qui y ont droit, ils veulent aussi les secourir dans n'importe quels désastres où ils se trouvent mêlés. On sait qu'en 1875, dans le midi de la France, il y a eu de grandes inondations, surtout à Toulouse, où l'établissement de la Société fut englouti. Pour mieux raconter ce qui s'est passé, nous allons donner le contenu de plusieurs lettres écrites à ce sujet entre les Bureaux, et dont voici la copie dans ce qui suit :

« Toulouse, le 27 juin 1875.

« Chers collègues,

« Vous n'ignorez pas sans doute les dégâts causés par l'inondation dans notre ville. Notre établissement se trouve du nombre des maisons que le courant a fait écrouler. Nous n'avons que des louanges à faire aux sociétaires résidant dans l'établissement, qui depuis la journée du 23 jusqu'à aujourd'hui n'ont cessé de fouiller dans les décombres et ne sont parvenus qu'a trouver les registres dans un très mauvais état.

« Quant à la caisse, qui contenait la somme de deux cent soixante-sept francs dix centimes, nous l'avons trouvée broyée et les morceaux épars; quant au contenu nous n'avons aucun espoir de le trouver.

« Ainsi, chers collègues, nous vous prions de nous envoyer la somme nécessaire pour pouvoir organiser notre Bureau; quant au matériel il est complètement perdu. Malgré tous nos malheurs, nous n'avons à déplorer aucune victime, si ce n'est les malles et les effets des sociétaires, qui sont restés sous les décombres avec leur peu d'argent.

« Nous avons avisé le Bureau général de notre position dans la journée du 24, mais, ayant espoir de trouver le contenu de la caisse, nous ne leur avons rien demandé. Notre chef d'établissement se trouvant dans une position des plus désastreuses, nous vous prions de satisfaire à notre demande dans le plus bref délai.

« Dans cette attente, recevez, chers collègues, les saluts fraternels de vos dévoués collegues de l'*Union*.

« *Le Président*, *Le Secrétaire*,
« H. BOUCARIE, PINCE.

« *Le Syndic*, *Les sociétaires actifs*,
« DUMORA, MANCEAU, CARLUS, AUDAIRE, ARCAMBUÉ. »

Dès que le Bureau central eut connaissance de la susdite lettre, il s'empressa de faire réunir le Bureau en entier, qui adopta d'envoyer deux cents francs à Toulouse immédiatement, et une circulaire fut rédigée pour être expédiée aux Bureaux du Tour-de France.

Lettre du Bureau central à Toulouse :

« Paris, le 1er juillet 1865.

« Chers collègues,

« Nous nous joignons de grand cœur au malheur déplorable qui vous frappe dans vos meubles, mais le malheur n'a pas voulu qu'il y eût du deuil dans la Société, ce dont nous nous réjouissons de grand cœur.

« Nous vous envoyons la somme de deux cents francs pour parer au plus pressé ; mardi prochain nous vous enverrons les registres, Règlements et tout ce qu'il faut pour constituer le Bureau. Vous nous enverrez aussitôt après avoir reçu notre lettre, les détails du sinistre et des pertes évaluées approximativement, afin que nous provoquions une souscription sur le Tour de France, pour les sociétaires et le chef d'établissement.

« En attendant la réponse que nous attendons avant mardi prochain en nous détaillant ce qu'il vous faut pour constituer le Bureau, nous vous envoyons deux billets de cent francs portant les nos 532-712, et l'autre 0367-569.

« Dans l'attente d'une prompte réponse, nous vous saluons. »

« Vos collègues de l'Union,

« *Le Président*, *Le Vice-président*,
« BRUDON, E. MINOUILLET.

« *Le Secrétaire*, *Le Trésorier*,
« L. RIVIÈRE, ARGRANI.

« *Les Secrétaires d'arrondissements :*
« GRAILLOD, JOUANNEAU, A. FRENÉ, MARQUET. »

Circulaire du Bureau central au Tour-de-France.

« Paris, le 6 juillet 1875.

« Chers Collègues,

« Vous avez appris, sans doute, les affreux ravages causés dans le Midi de la France par le fléau des inondations, mais ce que vous ignorez, peut-être, c'est l'anéantissement du Bureau de Toulouse, englout avec tous les effets des sociétaires et le matériel du chef d'établissement.

« Soyons heureux que la Société n'ait pas à déplorer la perte d'aucun de ses membres, et nous regrettons que cette journée néfaste ne se soit pas arrêtée aux pertes matérielles pour la Société universelle.

« Quoique cela, un grand devoir nous reste à remplir pour venir en aide aux infortunes.

« En présence de l'élan généreux que toute la France et même l'Europe entière donnent, pour venir au secours de ces victimes, la *Société de l'Union*, qui a pour devise : Humanité, Bienfaisance, Dévouement, qui le prouve par ses actes, ne doit pas, ne peut pas rester en arrière d'une telle impulsion, et nous espérons que les sociétaires qui la composent se montreront dignes d'une telle Société, en venant au secours de leurs frères, victimes de ces calamités inouïes.

« En conséquence, le Bureau central propose une souscription sur le Tour-de-France, dont le produit sera réparti aux sociétaires ayant eu des pertes à Toulouse, ainsi que le chef d'établissement ; vous enverrez au plus tôt le produit audit Bureau central, rue Chapon, n° 9 ; car il faut se pénétrer de cette idée, que le temps presse et qu'il est urgent que les secours ne traînent pas en longueur.

« Le Bureau central a envoyé tout ce qu'il faut pour reconstituer le Bureau de Toulouse.

« Nous espérons qu'en présence de tels malheurs,

tous les cœurs se montreront généreux, et que nos collègues et le chef d'établissement auront à recueillir une ample moisson, qui les dédommagera de leurs pertes.

« Dans cet espoir, recevez nos salutations fraternelles.

« Vos dévoués collègues de l'Union :

Le Président, BRUDON. *Le Vice-président,* L. MINOUFLET.

Le Secrétaire, RIVIÈRE. *Le Trésorier,* L. ARGNAIN.

Les Secrétaires d'arrondissements :
MARQUET, JOUANNEAU, A. FRÉNÉ, GRAILLOD, BORDET.

Cette circulaire ayant été bien reçue de tous les Bureaux, la souscription générale produisit assez pour couvrir les pertes entières réclamées par les sociétaires qui logeaient dans l'établissement au moment de l'écroulement. Le Bureau central a donc envoyé au Bureau de Toulouse le montant de la souscription afin d'être remise aux ayants-droit, ainsi que deux cents francs au chef d'établissement. Voici d'abord les noms et les sommes pour chacun d'eux dans le tableau suivant :

Sibaac, Bernard, menuisier . . .	70 fr.	»
Dumora, Auguste, serrurier. . .	40	»
Picaud, Pierre, charron	20	»
Cazimajou, Raphaël, affûteur . .	15	»
Monceau, Joseph, serrurier . . .	20	»
Audaire, Charles, serrurier . . .	8	»
Carlus, Faine, ferblantier . . .	8	»
M. Germain, chef d'établissement.	200	»
Pour temps de perte au Bureau de Toulouse	15	20
Somme totale.	396 fr.	20

En plus de cette somme il y a eu les frais de tous les registres et Règlements, ainsi que l'achat d'une caisse par le Bureau central et qui a été expédiée à Toulouse; on avait pensé, dès que la nouvelle de cette catastrophe était arrivée à Paris, que les pertes seraient plus élevées qu'elles ne l'ont été. Assurément qu'on serait parvenu à les combler aussi facilement, parce que chacun aurait compris la solidarité qui incombait aux sociétaires de l'Union envers leurs frères du Bureau de Toulouse.

Malgré les frais de cette calamité il restait des fonds disponibles qui furent envoyés au Bureau central par tous les autres Bureaux, afin de faire augmenter la caisse de retraites, et les membres dudit Bureau central plaçaient ces fonds en obligations, dès qu'il y avait en caisse une somme importante, et que surtout les cours d'achats étaient à un taux raisonnable.

Les sociétaires aussi ne ralentissaient pas leur zèle pour faire connaître le but et l'utilité de la Société de l'Union, soit que les ouvriers voyagent ou qu'ils restent sédentaires. C'est pour cela que le sociétaire (Louis) Rivière, ouvrier menuisier, écrivit une brochure qu'il publia en 1875, intitulée :*Recherches sur l'origine de la Société de l'Union et les bienfaits qu'elle a produits sur la classe ouvrière*. Cet écrit était assurément fait dans l'intention de servir l'intelligence et les intérêts des travailleurs. Du reste, les premiers mots écrits dans ce petit livre expriment bien nettement la pensée de l'auteur, surtout dans le premier alinéa, où il est dit :

« Le but que je me propose en publiant ce récit, c'est de faire connaître à la génération des travailleurs les calamités que la classe ouvrière a eu à supporter pendant un grand nombre d'années, causées par l'ignorance et le fanatisme, et qui ont engendré des actes regrettables, préjudiciables aux lumières du siècle, et faire ressortir les bienfaits que cette même classe d'hommes a eu à recueillir, depuis 1832, époque de la fondation de la Société de l'*Union* (1). »

Ce dévoué sociétaire terminait ce recueil par de sages et bonnes paroles écrites dans le dernier alinéa, où il est dit :

« Dans l'espoir que tous les hommes apprécieront à leur juste valeur les doctrines bienfaisantes dont je fais ressortir les avantages, et ma tâche étant finie, je forme des souhaits pour la prospérité et le bonheur du monde (2) ».

L'auteur de ce livre a eu la bonne intention de faire connaître les principes moraux de la Société. Et en faisant cette publication il a voulu aussi faire connaître tous les bienfaits qui ont été alloués aux nombreux membres de la Société de l'Union. Comme tous les autres écrivains dont les noms sont donnés dans cette notice, il faisait appel à l'esprit de concorde, et il désirait le développement de l'instruction pour le bonheur de la classe laborieuse.

La Société, continuant son œuvre bienfaitrice, admit à la pension plusieurs autres sociétaires dont voici les noms :

Le sociétaire (Auguste) Favier, ouvrier ferblantier, né à Bourg, département de l'Ain, le 6 août 1829, reçu sociétaire à Avignon le 4 juillet 1847, actuellement au Bureau de Nantes, ayant été atteint d'une maladie chronique le privant de pouvoir continuer son travail, une consultation médicale de trois médecins très compétents eut lieu ; ils reconnurent que

---

(1) Voir la page 1 du livret : *Recherches sur l'origine de la Société de l'Union et les bienfaits qu'elle a produits sur la classe ouvrière*, par (Louis) Rivière.

(2) Voir la page 32 du même ouvrage.

cette maladie était incurable. En conséquence, les certificats ayant été expédiés au Bureau central, par les membres du Bureau général de la ville de Nantes, il fut admis à la pension entière à partir du 1er janvier 1877.

Le sociétaire (François-Henri-Désiré) Brunet, ouvrier serrurier, né à Toulon en 1831, reçu sociétaire à Avignon le 6 septembre 1857, remercié le 3 octobre 1868 et réintégré le 3 octobre 1869, à Toulon, ayant été atteint en 1877 d'une maladie aux yeux le mettant dans l'impossibilité de continuer son travail, sur l'attestation de trois médecins reconnaissant cette maladie incurable et sur la demande des membres du Bureau de Toulon, dont il faisait partie, les membres du Bureau central, vu les certificats, ont admis que le susdit sociétaire avait droit à la pension. Mais comme il n'avait que dix-neuf années d'activité dans la Société, la pension lui fut allouée d'après l'article 138 du Règlement, à raison de deux cent cinquante francs par an, à partir du 1er octobre 1877.

Le sociétaire (François) Souladié, menuisier, né à Gourdon (Lot) le 29 novembre 1817, reçu sociétaire à Bordeaux le 1er juin 1840, ayant atteint l'âge de soixante ans et ayant plus de trente-sept ans d'activité dans la Société, a été admis à la pension entière de cinq cents francs par an à partir du 1er janvier 1878. Ce zélé sociétaire avait eu en 1843 la bonne inspiration de fonder l'Union à Paris ; ayant communiqué son idée à plusieurs sociétaires qui furent de cet avis, il a donc participé puissamment à l'accomplissement de cette organisation dans la capitale de la France. En conséquence le Bureau des menuisiers ayant été fondé à Paris le 1er octobre 1843, il fut élu le premier président dudit Bureau. Il a toujours été très dévoué aux institutions unionistes. Pendant le siège de Paris, de 1870-1871, il avait chez lui les fonds de la Société, qui ne furent remis au Bureau central qu'au mois de janvier 1873. Il a toujours rempli ses fonctions avec exactitude, et on peut dire de lui que c'est un bon et honnête sociétaire.

Le sociétaire (Jean) Chéru, ouvrier sellier, né à Laroche-en-Breuil (Côte-d'Or), le 3 novembre 1817, reçu sociétaire à Paris le 6 août 1848, ayant atteint l'âge de soixante ans et ayant trente années d'activité dans la Société, fut admis à la pension entière de cinq cents francs par an, à partir du 1er janvier 1878. C'était un bon sociétaire, il était aussi bien estimé de tous ceux qui le connaissaient; comme il était malade depuis quelque temps, il ne put profiter de sa pension, car il est décédé le 25 mars 1878, soit dans le courant du 1er trimestre.

Le sociétaire (Charles) Perrigot, ouvrier sellier, né à Châtillon-sur-Indre, le 16 janvier 1819, reçu sociétaire à Paris le 11 mai 1845; ayant atteint l'âge de soixante ans et ayant trente-quatre années d'activité dans la Société, il fut admis à la pension entière de cinq cents francs par an, à partir du 1er avril 1879. Il a toujours été un bien dévoué sociétaire de l'Union, il est aimé de tous ceux qui le connaissent, parce qu'il a rempli ses devoirs en bon et persévérant unioniste.

Ces bienfaits de la pension allouée aux membres de la Société en vertu du Règlement pour ceux qui se trouvent dans une position difficile de la vie, sont le résultat de l'unité de toutes les professions, qui a été innovée par les sociétaires qui ont été nommés membres des commissions, pour le premier Règlement unitaire mis en vigueur en 1846. On doit donc une grande reconnaissance à ceux qui ont eu la pensée d'unir tous les corps d'état en une seule et même Société.

Ce chapitre prouve donc aussi que par la bonne organisation et la persévérance de ses membres, on est parvenu à pouvoir améliorer la position des travailleurs, et cela par une faible cotisation mensuelle.

CHAPITRE DIX-SEPTIÈME

Exposition de 1878. — Diplôme de la Médaille d'Or. — Médaille en Vermeil remise à la Société en 1879.

Dans ce chapitre, nous allons donner le résumé du rapport de la commission chargée de représenter la Société à l'exposition collective ouvrière de 1878, à Paris.

Quant au rapport textuel, qui a été imprimé en 1882, les sociétaires qui voudraient en connaître toutes les parties n'ont qu'à adresser les demandes au Bureau général de Paris.

Ainsi donc, dans ce qui va suivre, nous dirons seulement comment l'idée d'exposer ce qui pouvait bien faire connaître l'organisation sociale de l'Union, a été proposée et acceptée par les sociétaires réunis au mois d'avril 1878, quelle est la récompense que la Société a obtenue, et comment la remise d'une médaille en vermeil a aussi été délivrée à la Société. Nous ne ferons donc suivre ce récit que par les circulaires les plus utiles, écrites par la commission pour prévenir tous les Bureaux de la décision prise en assemblée générale, et demandant en outre aux sociétaires de chaque Bureau d'envoyer à ladite commission tout ce qui pourrait servir pour cette exposition ouvrière; la circulaire dans laquelle il est dit aux Bureaux de toutes les villes ce que la commission a exposé dans la salle ouverte au public, et surtout la circulaire par laquelle on informait tous les Bureaux de la bonne nouvelle que le Jury avait décerné une médaille d'or à la Société. Nous ajouterons aussi, afin d'intéresser et d'apprendre aux lecteurs tout ce qui a été fait pour parvenir à organiser l'exposition ouvrière, à la suite de chaque lettre ou circulaire quelques passages empruntés au rapport textuel.

Ce chapitre se termine par la récapitulation des comptes de la commission de l'Exposition, qui assurément devra satisfaire ceux qui ont souscrit à cette œuvre.

Ce résumé commence donc par la copie textuelle de la proposition du sociétaire Brudon, lue à l'assemblée générale de Paris, le 21 avril 1878 :

Chers Collègues,

« Vous n'avez pas été sans lire dans les différents journaux les préparatifs d'organisation qui se font dans tous les groupes constitués, pour participer aux différentes manifestations qui doivent avoir lieu à l'occasion de l'Exposition universelle de 1878 : tels que congrès ouvriers, congrès industriels ou littéraires ; centenaire de Voltaire; fête nationale du 14 juillet ; commission pour l'exposition ouvrière, pour la réception des délégués etrangers venant visiter l'Exposition ; commission pour la nomination des délégués parisiens ; adresses aux Sociétés de tout genre pour prêter leur concours à ces diverses fêtes, ainsi que l'organisation, sous les auspices du Ministre de l'Intérieur, d'un concours au palais du Trocadéro d'œuvres philanthropiques.

« En raison de cette situation particulière qui se trouve faite cette année aux diverses Sociétés, ne pensez-vous pas avec moi que notre Société devrait sortir de sa réserve et se mettre en communauté d'idées avec les autres groupes? car, à tous les points de vue, nous en avons le droit et même le devoir, en raison de l'élément essentiellement ouvrier qui la compose et de ses principes, qui sont d'une part la philanthropie appliquée de toutes les manières, et d'autre part la fédération de tous les travailleurs.

« Cessons donc de nous tenir à l'écart, profitons des occasions qui se présentent pour faire connaître et apprécier notre Société; car, sachez-le bien, il faut de l'émulation pour obtenir les améliorations qui nous sont indispensables.

« Voyez les Chambres syndicales, qui n'ont que quelques années d'existence : elles en sont arrivées à discuter pied à pied avec les pouvoirs publics leurs droits, ainsi que la légalité de leur existence, et même, comme vous avez pu le voir dernièrement, demander carrément à M. le Ministre de l'Intérieur, ainsi qu'aux députés, la modification de quelques articles du Code pénal; tandis que notre Société, qui compte bientôt un demi-siècle d'existence, n'a même pas une autorisation légale; le premier commissaire de police à qui nous déplairions pourrait nous supprimer sans autre forme de procès.

« Pourtant nous représentons de grands intérêts, en ne prenant même que notre caisse de retraite et la facilité que nous offrons aux jeunes ouvriers de s'instruire en voyageant.

« Il faut donc faire cesser cet état de choses qui ne tendrait à rien moins qu'à nous faire reculer tous les jours au dernier rang des Sociétés ouvrières.

« En conséquence, je prie l'assemblée de bien vouloir déclarer l'urgence sur la proposition qui suit et de la discuter séance tenante.

« Voici en quoi elle consiste : elle serait de nommer une commission d'initiative exécutive, composée de neuf membres qui auraient pour mission d'étudier les voies et moyens, pour que la Société de l'Union soit représentée dans les diverses commissions ouvrières, qui sont en formation en vue de l'Exposition, de désigner, de concert avec le Bureau général, les membres qui devront représenter notre Société, préparer et convoquer tous les sociétaires ou des délégations fournies par chaque Bureau particulier, pour prendre part, avec les autres Sociétés, à toutes les fêtes ou manifestations qui seront organisées cette année, faire nommer des commissaires chargés de diriger les sociétaires ou les délégations.

« Là s'arrête pour aujourd'hui ma proposition. Une fois que nous aurons marqué notre place parmi les travailleurs parisiens, nous arriverons à légaliser notre position devant l'autorité supérieure.

« Dans l'espoir que vous prendrez ma proposition en très sérieuse considération, je vous prie d'agréer les salutations empressées de votre tout dévoué collègue de l'Union,

« BRUDON, du Bureau des Tailleurs,
« 64, boulevard Magenta. »

L'assemblée générale discuta cette proposition et la prit en considération ; elle nomma la commission de neuf membres, comme la proposition le demandait, elle lui donna le droit d'étudier et d'agir suivant les circonstances, avec la réserve toutefois de n'engager en quoi que ce soit les fonds de la Société; pour tout le reste, elle comptait sur la sagesse des membres de la commission.

Les membres nommés pour cette commission furent les sociétaires Brudon, E. Minouflet, Marquet, Pain, Jault, Damécourt, Darda, Graux, Boileau.

C'est à ce moment que notre tâche commence.

Le mercredi suivant, 24 avril, la commission se réunit une première fois ; elle discuta la question de principe, afin de savoir si elle était d'avis de profiter de l'occasion qui s'offrait pour prendre part à l'Exposition.

Elle adopta à la majorité le principe, sauf à attendre jusqu'à ce qu'elle pût trouver le moyen d'entrer en communication avec d'autres Sociétés, ou toute autre chose qui pourrait se présenter.

A cette séance il fut question de consulter le Tour-de-France afin de ne rien faire sans l'avis général des sociétaires de l'Union.

Un membre fit observer que, quel que fût le parti que la commission prendrait, elle ne pourrait jamais réunir à temps les réponses, et que d'ailleurs il n'était pas certain que la Société trouverait le moyen d'exposer; à vrai dire, à ce moment aucun des membres de la commission ne pensait réussir dans l'entreprise.

Les membres se séparèrent en s'ajournant au 1er mai; chacun devait, de son côté, guetter, pour ainsi dire, ce qui se présenterait.

Le 1er mai la commission reçut avis qu'une réunion ouvrière devait avoir lieu à la salle des Ecoles, rue d'Arras, pour rechercher ce que les Sociétés devaient faire en vue de l'Exposition.

La commission, qui était dans l'attente, délégua deux de ses membres pour représenter la Société; mais ces deux sociétaires, ne se trouvant pas satisfaits de la manière exclusive dont ils furent relégués dans les galeries, sans avoir le droit de prendre part aux débats qui pourraient s'engager, se sont retirés en protestant. Du reste rien ne fut décidé à cette réunion; le temps passait, et la commission désespérait, lorsqu'elle se réunit le 17 mai pour la cinquième fois.

Ce jour-là il y avait de l'espérance, en voici la cause.

Les journaux de Paris publièrent une note de la commission exécutive de l'exposition ouvrière, invitant toutes les Sociétés ouvrières à demander leur inscription pour ladite exposition ; cette note était la répétition d'une semblable déjà parue précédemment, mais à laquelle personne de la commission n'avait fait attention. Il n'en était pas de même cette fois, car presque tous avaient apporté l'avis en question, tellement chacun comprenait que là devait être le but qui était le plus en rapport avec l'organisation de la Société de l'Union.

La commission exécutive de l'exposition collective ouvrière invitait les Sociétés ouvrières à exposer toutes les brochures, dessins, emblèmes, manuscrits de toutes sortes pouvant donner à connaître l'historique de chaque Société, leur mode de fonctionnement et les progrès que chacune d'elles avait pu faire depuis sa fondation jusqu'à ce jour.

Il n'y avait pas à hésiter, le principe étant adopté ; séance tenante, il fut rédigé une demande d'inscription à l'exposition ouvrière, et la circulaire suivante pour le Tour-de-France :

« Paris, le 17 mai 1878.

« Chers collègues,

« Une commission a été nommée en assemblée générale du 2e trimestre, à Paris, pour étudier une proposition relative a l'Exposition universelle de 1878. Cette commission a décidé d'exposer tous les objets ayant rapport à l'organisation de notre Société, depuis sa fondation jusqu'à ce jour.

« C'est pourquoi nous avons besoin de votre concours Voici ce que nous attendons de vous : nous voudrions avoir tous les cachets que vous avez dans votre Bureau, aussi bien ceux des Bureaux qui ont cessé d'exister que ceux des Bureaux actuels.

« Nous demandons non les cachets proprement dits, mais l'empreinte appliquée sur une feuille de papier à lettre de la Société; vous nous en enverriez au moins cinq, appliqués chacun sur une feuille n'ayant pas plus de 8 centimètres carrés, mais pas moins non plus. Vous aurez l'obligeance de bien nettoyer vos cachets. Nous voudrions que vous nous envoyiez ce que vous pouvez avoir intéressant la Société, tel que bannières et drapeaux au nom de la Société.

« Si vous avez des brochures concernant la Société, nous les accepterons avec plaisir.

« Nous écrivons semblable lettre à tous les Bureaux sur le Tour de France et nous comptons sur vous dans le délai le plus court, attendu que le dernier pour nous est le 31 mai ; nous espérons que vous en tiendrez compte.

« Vous ouvrirez aussi, s'il vous plaît, une souscription à bref délai pour couvrir les frais de l'exposition ; vous nous enverrez le montant aussitôt que vous le pourrez, car notez bien que les caisses de la Société ne doivent en rien servir à payer les dépenses de ce genre.

« Vous nous enverrez le tout, n° 9, rue Chapon, au Bureau général.

« Veuillez, nous vous prions, chers collègues, rendre ce service à l'intérêt et à l'honneur de la Société, qui, elle aussi, doit s'élever à la hauteur de son mérite.

« Nous vous saluons fraternellement.

« Vos dévoués collègues de l'Union, membres de la commission de l'Exposition pour la Société de l'Union :

« Boileau, E. Minouflet, Brudon, Darda, Damécourt, Marquet, P. Jault, Pain, Graux. »

Cette circulaire rédigée à la hâte manquait assurément de détails; tout n'avait pu être prévu en si peu de temps; mais il fut convenu que si quelques Bureaux demandaient des détails, on les donnerait au fur et à mesure des demandes.

La commission a envoyé la circulaire à chaque Bureau pour abréger ; du reste, il n'y avait plus de question hiérarchique, puisque rien de la Société ne se trouvait engagé.

Dans la demande de cachets, ou de tous autres emblèmes ou brochures, la commission ne voyait pas en quoi elle pourrait nuire à la Société, elle était convaincue même que dans ces conditions le Tour-de-France tout entier approuverait.

Lorsque la circulaire fut expédiée, la commission, qui avait hâte de répondre aux appels réitérés de l'exposition collective ouvrière, fit auprès d'elle les démarches indispensables; cette commission et principalement son secrétaire général, le citoyen Lépine, se mit à la portée de la Société de l'Union, que son organisation divise en une cinquantaine de Bureaux. Le délai étant trop court pour elle, à cause de ladite organisation, il fut accordé un sursis. C'est a ce moment qu'arrivèrent les premières réponses à la circulaire du 17.

Le 3 juillet, la commission, ne voulant pas laisser le Tour-de-France dans l'ignorance de ce qui avait été fait, envoya la seconde circulaire suivante :

« Paris, le 3 juillet 1878.

« Chers collègues,

« La commission de l'Exposition pour la Société de l'Union a accompli une bonne partie de la tâche dont elle était chargée, c'est pourquoi nous jugeons nécessaire de vous rendre compte de ce que nous avons fait jusqu'à ce jour.

« Nous avons réuni tous les cachets du Tour-de-France, moins quelques-uns (5 ou 6 environ), et nous avons composé un tableau des 105 cachets dont nous disposions, en 4 arcs de cercle ; le plus grand, celui de l'arrondissement de Bordeaux, avec 39 cachets, le Bureau général au milieu; tous les Bureaux de la ville groupés de chaque côté, et les Bureaux de l'arrondissement viennent ensuite terminer ce rayon; de même pour l'arrondissement de Marseille, qui vient après par son nombre inférieur, puisque les rayons diminuent de grandeur. Les arrondissements de Lyon et de Nantes, moins nombreux, ne forment qu'un rayon à eux deux. Celui de Paris forme le plus petit rayon ; le cachet du Bureau central fait le point de centre de ces arcs; sous ce point de centre sont les mains unies, la ruche et la couronne de chêne et de laurier ; dans les angles supérieurs sont des attributs représentant l'outillage de toutes les corporations; au milieu, en haut, le titre de la Société et la date de sa fondation : le tableau a un mètre de long sur 0,75 de haut.

« Sous ce tableau, il y en a deux autres, dont l'un est un diplôme de remerciement, et l'autre un diplôme en blanc fait exprès, dans lequel nous avons fait écrire la base organique de la Société.

« Plus bas sont exposées toutes les brochures ayant rapport à l'Union, parmi lesquelles se trouve le bel ouvrage de (Flora) Tristan, cette femme si courageuse et si bien inspirée, dont tous les fils de l'Union devraient honorer la mémoire; l'historique de la Société, préparé par le sociétaire Marquet, en 180 pages manuscrites, qui est terminé, figure aussi parmi toutes ces brochures, résume tous les renseignements, puis, de manière à pouvoir être consultés, sont exposés tous les imprimés de la Société. Enfin, un ensemble de documents qui ne manqueront pas d'intéresser les visiteurs, sur cette œuvre sublime de l'ouvrier s'unissant et se soutenant par lui-même, rien que par lui-même; la date de sa fondation dit assez que le résultat est acquis, et que rien ne peut ébranler l'édifice que près d'un demi-siècle a si bien cimenté.

« Nous vous prions, chers collègues, de bien vouloir vous mettre en rapport avec les délégués ouvriers, que la ville que vous habitez ne manquera pas d'envoyer étudier l'Exposition ; vous les engagerez à visiter ce que la Société de l'Union expose, et s'ils y trouvent de bonnes notes à prendre, ils ne manqueront pas de le faire ; quand bien même ils ne feraient pas partie de la Société, ces délégués étant envoyés pour l'instruction de la classe ouvrière, aucun d'eux ne doit faillir à cette mission.

« Nos objets se trouvent à l'exposition collective ouvrière, groupe de l'enseignement, au centre de la galerie C ; vous voudrez bien donner ces renseignements aux dits délégués, afin qu'ils puissent s'y rendre, s'ils le jugent utile.

« Nous vous prions de penser à la souscription volontaire destinée à couvrir les frais de cette exposition ; beaucoup de Bureaux nous ont envoyé, mais il en reste encore plus qui n'ont pu le faire jusqu'à présent pour des raisons qu'ils nous ont données et que nous avons comprises ; nous comptons sur tous les dévouements pour la prospérité de notre belle Société. Qu'un faible sacrifice de chacun puisse la grandir encore, s'il est possible, c'est, nous en sommes convaincus, l'intérêt général des sociétaires et de la Société.

« Si nous redemandons cette souscription, c'est que dans la suite une étude devra être faite sur toutes les Sociétés qui ont exposé. Cette étude ne doit rien coûter ou peu de chose, mais ce qui occasionnera certainement quelques dépenses, c'est le rapport qui devra être fait et expédié à tous les Bureaux; a ce sujet, nous proposons aux Bureaux généraux de bien vouloir désigner un ou deux noms dans les sociétaires qu'ils connaissent à Paris, ou de ceux qui viendraient pendant l'Exposition pour faire partie de cette commission d'étude, afin que toute la Société y soit représentée autant qu'il est possible.

« Quelques Bureaux nous ont écrit qu'ils feraient cette souscription en cotisation extraordinaire ; nous ne serions pas de cet avis, à moins que tous les sociétaires n'y consentent à l'avance.

« Nous comptons sur votre exactitude pour toutes ces choses.

« Dans cette attente, veuillez recevoir les salutations fraternelles de vos collègues de l'Union,

« *Membres de la commission de l'Exposition :*

« J.-A. Graux, Marquet, Jault, E. Pain, Darda, E. Minouflet, Brudon, Boileau, Damécourt. »

A la suite de cette circulaire, il se fit sur le Tour-de-France une souscription pour couvrir les frais de l'exposition ; elle avait été commencée à la suite de notre première demande, elle ne fit donc que continuer ; le tableau des recettes qui fait suite au rapport indiquera les sommes versées. Nous croyons utile de reproduire ici quelques pages du rapport relatif à l'organisation de l'exposition collective ouvrière pour en perpétuer la mémoire parmi nous. En voici donc la reproduction dans ce qui suit :

« Depuis longtemps les délégués ouvriers, dans leurs rapports, demandaient instamment après chaque exposition l'appréciation comparée des produits des Sociétés qu'ils représentaient. En 1876, immédiatement après l'Exposition de Philadelphie, il s'était formé pour résoudre cette question un comité d'initiative composé des délégués de plusieurs chambres syndicales et de diverses Sociétés ouvrières, qui avaient eux-mêmes fait partie des délégations précédentes. Ils firent auprès de l'administration supérieure les démarches nécessaires pour obtenir, dans cette grande manifestation du travail qui devait avoir lieu au Champ-de-Mars en 1878, une place distincte où les travailleurs pussent exposer leurs œuvres, collectives ou individuelles. Ces démarches n'eurent pas plus de résultat qu'une souscription publique organisée dans le même but. Le Conseil municipal de Paris fut alors saisi de la question et, voulant encourager le comité dans son entreprise, il lui accorda un terrain de 2000 mètres, situé 15, avenue de la Bourdonnais, et une subvention de cinquante mille francs; le Conseil général, pénétré des mêmes sentiments à l'égard du comité, fit ensuite voter une nouvelle subvention de vingt mille francs. Dès lors la commission d'initiative fut nommée commission exécutive, et se composa de 27 membres appartenant à toutes les professions; elle eut pour secrétaire général le citoyen Louis Lépine, sculpteur; on nomma aussi une commission de contrôle, composée de 13 membres.

« Les travaux furent commencés dans les premiers jours du mois de mars et continués sans interruption jusqu'au 2 juin, jour où le ministre de l'agriculture proclama l'ouverture de l'Exposition. Malgré les sommes votées par le Conseil municipal et par le Conseil général, malgré les subventions particulières, les fonds s'épuisèrent. Le Corps législatif, désireux, lui aussi, de s'associer à cette œuvre, vota, sur la proposition d'un de ses membres, une somme de trente mille francs. A partir de ce moment, l'exposition ouvrière put suivre son cours sans obstacles jusqu'à parfaite installation; il y eut environ mille exposants: soixante-douze de nos départements et les principaux pays étrangers y furent représentés. Les exposants n'eurent à payer aucune dépense, ni pour leur admission, ni pour leur installation, ni pour la garde de leurs produits : ils ne supportèrent que les frais causés par la préparation et le transport de leurs œuvres.

« Les produits furent classés en six groupes :

1er groupe — Constructeurs.
2e — — Mécaniciens.
3e — — Arts décoratifs.
4e — — Habillement.
5e — — Enseignement.
6e — — Industries diverses.

« Notre Société fit partie du 5e groupe, composé d'associations ouvrières d'imprimerie et de librairie.

« Le citoyen Louis Blanc, député de la Seine, fut élu président du jury de l'exposition collective ouvrière. Les membres du jury étaient les suivants :

« MM. Hérisson, député de la Seine ;
Antide Martin, conseiller municipal de Paris, secrétaire rapporteur ;
Germer-Baillère, conseiller municipal de Paris ;
François Combe ;
Ernest Lefèvre, administrateur du *Rappel*.
Racinet, de la maison Firmin-Didot.

« Les sociétaires Brudon, président, et Minouflet, secrétaire, furent désignés pour représenter la commission aux assemblées des groupes et pour organiser notre exposition dans les galeries qui nous avaient été assignées.

« Notre exposition, malgré sa simplicité, attirait l'attention des spécialistes et faisait ainsi connaître et apprécier à sa juste valeur notre Société. Il est regrettable que beaucoup de Sociétés ouvrières, ne voulant pas imiter notre exemple, aient adressé leurs demandes directement au ministère pour avoir l'autorisation d'exposer dans la grande nef du Champ-de-Mars. Malgré cette division, le 5e groupe fut dignement représenté. De même que pour les autres groupes, notre jury fut nommé dans une assemblée générale composée de tous les exposants. Les jurés choisis parmi les hommes les plus illustres de la France vinrent se joindre aux jurés nommés par les corporations ouvrières et, tous réunis, après un examen sérieux et des rapports pleins d'équité, ils décernèrent 215 diplômes ou mentions honorables. La proclamation de ces récompenses eut lieu dans une première séance tenue au jardin des Tuileries, et l'on proclama les noms des lauréats.

« Le citoyen Louis Lépine, secrétaire général, a exposé l'œuvre entreprise par la classe ouvrière à l'Exposition de 1878; nous voudrions citer ici l'ouvrage entier, mais nous devons nous borner aux quelques lignes que voici :

« Les corporations de l'exposition ouvrière ont choisi librement leurs jurés parmi les citoyens qui font l'honneur de la France.

« Les membres des jurys, unis à ceux des jurys ouvriers nommés par les corporations, ont apporté dans cette mission doublement difficile et délicate à cause de leur temps déjà employé à la défense des intérêts nationaux et de la cité, et aussi à cause de l'espace de temps limité pour prononcer leur verdict, un zèle on ne peut plus louable et un tact consommé. »

Les membres du jury appartenant aux sciences, aux arts, aux corps électifs et aux corporations ouvrières ont rivalisé de dévouement.

« D'ailleurs l'impartialité, l'indépendance et le caractère de ces membres sont la meilleure garantie du verdict rendu.

« Vous verrez donc, chers collègues, dans le jugeent du jury, un encouragement dans la voie utile et pratique et des avis sincères pour ceux qui, malgré leur mérite et leur courage, s'en sont écartés un instant.

« Les travailleurs pourront, à une époque ultérieure, en tenant compte des avis donnés par des hommes impartiaux, montrer d'une façon bien supérieure ce que sont les ouvriers dans la gloire et la question économique de leur pays...

« Nous vous remercions chaleureusement, chers collègues du travail, de nous avoir accordé votre confiance en répondant à notre appel, et d'avoir engagé cette lutte sublime qui ne peut servir que l'humanité, la France et la République. »

La grande distribution solennelle était fixée au 11 novembre, dans la vaste salle du théâtre du Château-d'Eau.

La présidence d'honneur avait été décernée à Victor Hugo, et la présidence effective à Louis Blanc, assisté d'un grand nombre de citoyens chers à la démocratie. Le citoyen Louis Blanc prononce un discours, que nous ne pouvons résister à l'envie de consigner ici, afin que chacun de nos collègues puisse lire les belles paroles du vaillant démocrate. Le voici :

« Mes chers Concitoyens,

« Il y a quelques jours, dans une fête, prélude de celle-ci, mon honorable ami M. Engelhard disait, en parlant des ouvriers lauréats : « Nous leur donnerons des diplômes qui vaudront mieux que les titres de noblesse de l'ancien régime. » (Applaudissements.) Pour les obtenir, en effet, il a fallu travailler longtemps, travailler vaillamment ; et si l'on demandait ce qu'ont fait pour recevoir une pareille récompense ceux qui en furent jugés dignes, personne, assurément, ne serait autorisé à répondre, comme Beaumarchais parlant des nobles : « Ce qu'ils ont fait ? Ils ont pris la peine de naître ! » Et ces diplômes n'auront pas seulement une grande valeur morale : ils auront aussi une valeur historique, ils rappelleront qu'en l'année 1878 un événement mémorable, l'Exposition universelle, a servi de point de départ à l'exécution d'une noble idée : l'exposition collective ouvrière. (Applaudissements.) Eh bien, la France doit à ses malheurs d'avoir senti la nécessité de ces efforts et embrassé le culte de ces vertus. Elle avait prouvé, du reste, en d'autres temps, qu'elle savait vaincre : il lui restait à prouver qu'elle sait aussi être vaincue. Elle avait acquis toute la gloire que peut donner le déploiement de la force : il lui restait à acquérir la gloire, moins bruyante mais plus réelle, que donne la pratique de la sagesse. (Vifs applaudissements.) Ainsi ont été démenties les sinistres prédictions des ennemis de la République. A les entendre, il était impossible qu'à l'étranger on n'accueillît par un éclat de rire l'idée d'une Exposition universelle dans cette France républicaine. Était-ce quand le sang de la France coulait encore par tant de blessures qu'elle pouvait faire convenablement les honneurs de chez elle ? Et puis, les peuples en étaient-ils à apprendre que l'industrie, les arts, le travail, la paix avaient dans la République une ennemie mortelle ? Quelle folie de croire que le monde apporterait ses richesses sur un volcan ? (Rires et applaudissements.)

« Oui, tel était le langage des ennemis de la République ; vous savez ce que le monde a répondu ? (Oui ! Oui ! Applaudissements.)

« Et maintenant, mes chers concitoyens, applaudissons-nous d'avoir vu naître, à côté de cette Exposition universelle, si riche, si éclatante, une autre exposition infiniment plus modeste, sans doute, mais digne à tous égards de nos sympathies.

« Comment parler de la seconde sans dire quelques mots de la première ?

« Vous n'ignorez pas, mes chers concitoyens, ce qu'a été l'Exposition universelle. Jamais la France n'avait donné de sa puissance pacifique un plus surprenant témoignage. Pendant le siége de Paris, au plus fort de nos désastres, un manifeste parut, qui se terminait ainsi : « La gloire n'est pas tant de vaincre que d'être invincible ; » et par cette expression « être invincible » l'auteur du manifeste entendait le pouvoir de supporter sans trouble la défaite, de la réparer, d'y puiser une vigueur et une vie nouvelle. (Bravos.)

« Pour vaincre sur les champs de bataille il suffit, bien souvent, d'avoir de son côté la supériorité du nombre, celle des engins guerriers, l'avantage du terrain, que sais-je ! quelquefois c'est assez de la protection du hasard ; mais pour ne pas plier sous la défaite, pour ne jamais fléchir, pour ne jamais désespérer, pour regagner par le travail ce qu'on a perdu par la guerre, pour lasser la fortune adverse à force de lui résister, pour la dompter à force de le vouloir, il faut une réunion de vertus peu commune et des efforts du caractère le plus élevé. (Applaudissements.)

« Lorsqu'après la catastrophe militaire de Sedan, horriblement complétée par la trahison d'un homme dont un sentiment de pudeur arrête le nom sur mes lèvres, la France envahie, accablée, paralysée, à moitié conquise, se cherchait, pour ainsi dire, sans se trouver ; lorsque Paris, investi de toutes parts, semblait retranché du monde ; lorsque dans la ville des villes, réduite aux abois et bombardée, nous étions condamnés à sauver du ravage des obus nos bibliothèques, nos musées, nos laboratoires; lorsqu'il nous fallait boucher avec des sacs de terre les fenêtres du Louvre, casemater nos tableaux, cuirasser nos sculptures, matelasser les trésors de l'art et les merveilles de l'industrie, qui jamais aurait dit qu'au bout de quelques années nos chemins de fer se couvriraient de trains de plaisir, et que dans Paris, redevenu la cité européenne par excellence, la capitale du cosmopolitisme, le centre de la vie universelle, les étrangers viendraient, de tous les points du globe, admirer l'éblouissant assemblage de tout ce qui atteste la grandeur du génie humain? (Applaudissements prolongés.)

« Quiconque a visité l'exposition ouvrière a dû être frappé de la beauté des produits exposés, du caractère d'utilité qui les distingue, du génie inventif dont ils portent l'empreinte. Et comment se défendre d'un sentiment de respect, lorsqu'on songe que ces pièces d'une exécution si remarquable ont été, pour la plupart, ainsi que je l'écrivais naguère, exécutées à l'aide d'instruments imparfaits, hors de l'atelier, après la journée du travail, dans des heures prises sur le temps du repos et comme disputées aux joies de la famille? (Applaudissements.)

« Remercions le Conseil municipal, le Conseil général et la Chambre des députés d'avoir encouragé une telle entreprise.

« Pour la bien juger, pour en bien connaître la signification sociale, pour en apprécier la portée, il faut s'élever à certaines considérations générales sur lesquelles vous me pardonnerez, je l'espère, d'appeler votre attention.

« Mon collègue et ami Alfred Talandier a eu occasion de citer dans un de ses discours ce mot de M. Gladstone: « Le dix-neuvième siècle est le siècle des ouvriers. »

« M. Gladstone avait raison, s'il voulait dire par là que le dix-neuvième siècle est celui où, pour la première fois, la question sociale a été solennellement posée, et où les souffrances de l'ouvrier, ses aspirations, ses revendications, ses droits, son avenir sont devenus la préoccupation dominante de tout généreux esprit; mais combien M. Gladstone se trompait s'il voulait dire que l'ouvrier est arrivé de nos jours à la terre promise! (Marques d'adhésion.)

« Ah! c'est de nos jours, au contraire, que le travailleur manufacturier a vu se dresser devant lui un rival qui ne pense pas, qui ne sent pas, qui ne souffre pas, qui n'a jamais faim, qui ne se lasse jamais, et dont la puissance est telle, que contre lui la lutte est impossible: le travailleur mécanique, c'est de nos jours qu'il y a eu des machines pour forger, pour laminer le fer et la fonte, pour transporter par terre et par eau voyageurs et marchandises, pour labourer le sol, pour battre le grain, pour faire du papier avec des chiffons, pour faire des étoffes avec du coton, du chanvre ou du lin; c'est de nos jours, qu'un ingénieur anglais, Fairbairn, a montré comme quoi les 3,650,000 chevaux-vapeur employés de l'autre côté de la Manche en 1865, équivalaient au travail de 76 millions d'ouvriers, ce qui, en évaluant à 5 millions le nombre des familles anglaises, donnerait à chacune d'elle quinze esclaves aux muscles d'acier, incessamment mis en mouvement par la houille, et infatigables.

« Donc, au lieu de dire : « Le dix-neuvième siècle est le siècle des ouvriers, » il semble que M. Gladstone aurait pu dire avec plus de raison : Le dix-neuvième siècle est le siècle des machines. (Très bien! très bien!)

« Et certes, il n'y aurait qu'à s'en féliciter, si les hommes étaient unis par les liens de l'association, si la solidarité des intérêts était réalisée. Car alors, une machine nouvelle ne serait pas, entre les mains de son possesseur breveté, une massue bonne à écraser ses compétiteurs ; la transformation incessante du capital circulant en capital fixe ne diminuerait pas de plus en plus le fonds qui se distribue en salaires ; produire autant avec moins d'efforts et un labeur moins prolongé serait, pour tous, l'heureux résultat de la puissance mécanique appliquée à l'industrie ; la découverte d'un procédé économique n'aurait jamais cette lamentable conséquence d'arracher leur emploi à beaucoup de ceux qui en vivent ; aucun nuage de tristesse n'obscurcirait à nos yeux le merveilleux spectacle de l'intelligence prenant la nature à son service, et le progrès ne ressemblerait en aucune circonstance à ces divinités terribles auxquelles il fallait le sacrifice de victimes humaines. (Profonde sensation.)

« Malheureusement, nous ne touchons pas à cet idéal. Sous l'empire de l'universel antagonisme qui est l'essence de la constitution économique des sociétés modernes et qui fait que, trop souvent, le profit des uns est la ruine des autres, les machines ont été employées à appesantir la domination du fort sur le faible ; elles ont servi à produire toujours davantage, avec un nombre toujours moindre d'ouvriers ; à produire ardemment, dans les ténèbres, coûte que coûte, sans égard aux demandes possibles de la consommation et à ses ressources ; elles ont amené le bon marché par l'abondance des produits, mais aux dépens des hommes de main-d'œuvre qu'elles venaient supplanter, et même aux dépens de ceux dont elles ne faisaient que déprécier le travail. Pas d'invention mécanique qui n'ait été, pour des milliers de pères de famille, le jour où elle est entrée en jeu, un sujet d'angoisse et une cause de détresse. Au mois de juillet 1835, — que d'autres exemples on pourrait citer ! —

il fut constaté, dans la Chambre des communes d'Angleterre, que 840,000 créatures humaines, hommes, femmes et enfants, avaient été presque littéralement condamnés à mort par la substitution du tissage mécanique au tissage à la main.

« De dédommagement, il n'en saurait être ic question. L'on indemnise le possesseur d'une maison ou d'une terre, quand on l'exproprie pour cause d'utilité publique ; mais le malheureux qu'une innovation reconnue d'utilité publique prive tout à coup de son gagne-pain qui est son unique propriété, on ne l'indemnise point, celui-là ! (Vifs applaudissements.)

« Est-ce à dire que nous devions crier anathème aux machines considérées en elles-mêmes ? Ce serait aussi insensé qu'inutile. Le développement de la puissance mécanique mesure la distance qui nous sépare de l'enfance des sociétés ; il est la conséquence nécessaire et la marque éclatante des progrès de la science. Maudire la machine à vapeur ! Mais autant vaudrait maudire le marteau et la bêche ; autant nous plaindre de ce que nos portraits, aujourd'hui, sont faits par le soleil ; de ce que l'éclair est devenu notre messager ; de ce que l'électricité a pour nous supprimé l'espace ; de ce que pour nous la science asservit la nature. (Bravos.)

« Simonde de Sismondi, ce grand esprit qui était aussi un grand cœur, a donc eu mille fois raison d'écrire : « Ce n'est point le perfectionnement des machines qui est la calamité, c'est le partage injuste que nous faisons de leur produit. Plus nous pouvons faire d'ouvrage avec une quantité donnée de travail, plus nous devrions augmenter, ou nos jouissances, ou notre repos. L'ouvrier qui serait son propre maître, quand il aurait fait en deux heures, à l'aide d'une machine, ce qu'il faisait auparavant en douze, s'arrêterait après les deux heures. » (Marques d'adhésion.)

« Combien il s'en faut que tel soit le cas aujourd'hui ! Loin d'assurer plus de repos au travailleur qu'elles emploient, les machines tendent à lui imposer un labeur prolongé, parce qu'il y a intérêt pour qui les possède à ne les point laisser chômer, et qu'elles ont les muscles d'acier dont je parlais tout à l'heure. (Oui ! oui !)

« On a dit, et l'on a pu citer des faits à l'appui, que les inventions mécaniques, dans une sphère donnée d'industrie, finissaient à la longue par occuper plus d'ouvriers qu'elles n'en avaient d'abord mis hors d'emploi. Mais, suivant le dicton populaire, « pendant le temps que l'herbe met à croître, le cheval meurt de faim. » Les applications mécaniques, en se multipliant, amènent une succession correspondante de crises fatales à la main-d'œuvre. Déjà la manufacture, dans le sens assigné à ce mot par son étymologie, a presque entièrement disparu. Le pouvoir mécanique s'est étendu aux opérations les plus délicates, à la couture, à la broderie. Personne ne peut prévoir où sera la limite, et ce que finalement les forces inanimées laisseront à faire aux forces vivantes. (Vifs applaudissements.)

« En attendant, voici une considération qui mérite, ce me semble, d'être méditée.

« Dès qu'on exécutait avec des pistons, des roues, des poulies, des manivelles, ce qu'on avait exécuté jusqu'alors avec des êtres ayant une intelligence et une âme; dès qu'on accomplissait avec un grand capital ce qu'il avait fallu auparavant beaucoup de travail pour accomplir, il devait arriver que l'importance du capital, déjà si considérable, serait accrue, et celle du travail diminuée d'autant. C'est ce qui est arrivé, en effet. On s'est attaché de plus en plus à ne voir dans la production que le produit, et l'on a perdu de vue le producteur. La richesse, adorée comme la dispensatrice de toutes nos jouissances, l'a été en outre comme créatrice de la richesse. Comparée à la valeur des choses, la valeur de l'homme a baissé (Applaudissements prolongés.)

« Et il s'est trouvé des économistes pour prendre leur parti de ce triste résultat ! Ecoutez ce que dit l'économiste anglais Ricardo : « Pourvu que le revenu net et réel d'une nation, ses fermages et ses produits soient les mêmes, qu'importe qu'elle se compose de douze millions d'individus ou de dix seulement ? » Inconcevables paroles auxquelles Simonde de Sismondi, dans l'éclair d'une indignation magnanime, a répondu : « Quoi ! la richesse est tout, et les hommes ne sont rien ! En vérité, il ne reste plus qu'à désirer que le roi, demeuré seul dans l'île, en tournant constamment une manivelle, fasse accomplir par des automates tout l'ouvrage de l'Angleterre ! » (Applaudissements.)

« Toujours est-il que les machines ont pour effet de réduire l'ouvrier qu'elles emploient à un rôle de simple surveillance, lequel, exigeant de lui moins de force, moins d'habileté, moins d'expérience, moins de savoir, tend à le faire paraître de moins en moins nécessaire. (Marques d'approbation.)

« Et voilà comment on en est venu à remplacer dans l'atelier l'homme par la femme et l'enfant ; voilà comment on en est venu à soumettre de frêles créatures au recrutement de la fabrique, recrutement « plus meurtrier », a écrit M. Wolowski, « que celui des soldats destinés à périr sur le champ de bataille », et qui risque si l'on n'y prend garde, de moissonner l'avenir dans sa fleur. Un jour, à une sotte question, Franklin répondit par ces mots : « A oi sert un enfant ? Il sert à devenir un homme. »

Mais l'indispensable condition pour qu'un enfant serve à devenir un homme, c'est qu'on ne tue pas l'homme dans l'enfant ! (Vifs applaudissements.)

« Je m'arrête. Ou je me trompe fort, mes chers concitoyens, ou vous avez compris ce qui constitue à mes yeux la portée sociale de l'idée qui a donné naissance à l'Exposition collective ouvrière. En déterminant la part qui, dans les créations de l'industrie, appartient d'une manière spéciale à la main-d'œuvre; en montrant ce que peut et ce que vaut l'ouvrier, même quand il est abandonné à ses propres forces, même quand son action est distincte de celle du capital, même quand aucun autre esprit que le sien ne dirige son activité, l'exposition ouvrière oppose la richesse vivante à la richesse morte ; elle affirme, au milieu des hommages que reçoit le travail mécanique, l'importance du travail humain; elle revendique le droit de l'ouvrier à un dividende d'honneur; elle invite au respect de la pauvreté laborieuse ceux qui rapportent tout au capital allié à la science et rendu par elle maître absolu de l'industrie; elle demande pour l'homme un peu de l'attention si libéralement accordée à la machine; elle nous rappelle à tous que la science doit être mise au service et non pas à la place de l'humanité. » (Applaudissements prolongés.)

« A la suite de ce discours, la proclamation solennelle des lauréats commence; l'émotion était grande dans le cœur des membres de la commission qui étaient délégués par leurs collègues pour assister à cette distribution.

« Lorsque le secrétaire-rapporteur du 5e groupe, M. (Antide) Martin, se leva et lut en tête de sa liste : Médaille d'or, à l'Union des Travailleurs du Tour-de-France. *Pour récompenser l'intelligence et la persistance de ses efforts en vue d'unir les travailleurs et d'améliorer leur situation*, les applaudissements de toute la salle retentirent. M. (Antide) Martin disait plus tard à un des membres de la commission : « Vous avez donc bien des amis, que les applaudissements de tous m'ont interrompu dans la proclamation des lauréats ? » Ces amis inconnus saluaient ainsi la récompense accordée aux fils de l'Union, cette belle Société qui a rendu tant de services à la classe ouvrière.

« Les membres de la commission se réunirent de suite, et chargèrent le secrétaire, le sociétaire Minouflet, de rédiger une circulaire, dans le délai le plus bref, mentionnant la récompense obtenue par la Société, afin de faire part aux Bureaux du Tour de France du résultat obtenu. (Troisième circulaire en date du 13 novembre, page 49.)

« La satisfaction fut grande parmi les membres de la commission et fut partagée par tous les sociétaires de l'Union : les fatigues, les craintes d'échouer, les reproches immérités, tout fut oublié. »

La circulaire annonçant cette bonne nouvelle à tous les Bureaux, fut écrite dans les termes suivants :

« Paris, le 13 novembre 1878.

Chers collègues,

« Le jury de l'exposition collective ouvrière internationale de 1878 vient de décerner une médaille d'or a la Société de l'Union des Travailleurs du Tour-de-France, pour sa bonne organisation et la persévérance de ses membres à l'amélioration de la classe des travailleurs.

« Nous sommes heureux de vous annoncer cette bonne nouvelle, et nous sommes bien convaincus à l'avance que tous nos collègues partageront cette joie ; car tous comprendront que cette récompense si légitimement acquise est la consécration de l'œuvre sublime entreprise par nos frères de 1862, et que nos vaillants prédécesseurs, continuateurs zélés de cette œuvre, ont su faire ce qu'elle est aujourd'hui.

« Combien de labeurs et de peines ont dépensé ces chers collaborateurs !

« Combien de soirées employées au travail commun ! et comme ils seraient heureux aujourd'hui, ceux qui, hélas, ne sont plus !

« N'oublions pas, chers collègues, que nous devons surtout la récompense qui nous est accordée au dévouement infatigable, à la persévérance d'un grand nombre de nos collègues morts à la tâche.

Ce n'est pas la médaille seule qui nous rend heureux, c'est surtout le motif qui nous l'a fait décerner; car désormais, aux yeux de tous, notre principe est établi, et notre Société a sa place marquée sur le sol de la République française, et elle la gardera, cette place, elle l'élargira même, nous en avons pour garantie le passé et pour espoir l'avenir.

« Ah ! il reste beaucoup à faire encore ; mais nous ne voulons pas rester en arrière, lorsque nous voyons à quel heureux résultat doit infailliblement aboutir notre mère commune, l'Union.

« Remercions tous, chers Collègues, le jury intègre, qui a si bien étudié et si bien compris les efforts et les résultats de ce groupe de modestes travailleurs, travaillant sans relâche à l'amélioration de la classe ouvrière, quoique n'ayant eux-mêmes que les faibles moyens que possèdent les ouvriers, c'est-à-dire pas ou peu d'instruction.

« Mais il est bon de dire que parmi ce jury figurent des hommes dont la compétence en pareille matière n'est pas contestable, car, ainsi que vous pouvez le voir dans les comptes rendus, le 5e groupe est présidé par un des vétérans de la démocratie, Louis Blanc, et ses collègues sont assurément dignes de l'accompagner. Ce sont des noms bien connus, nous y remarquons : MM. Faicy, député ; Antide Martin et Harant, conseillers municipaux de Paris.

« Nous aussi nous remercions bien sincèrement tous les Bureaux de la Société, qui ont bien voulu nous aider à montrer à ces milliers de visiteurs ce qu'est notre Société.

« Nous remercions aussi les généreux sociétaires qui n'ont pas hésité à prendre sur leur salaire quelques deniers qui, réunis, ont facilité notre entreprise.

« Nous espérons que ceux qui ne l'ont pas encore fait, voudront bien le faire, afin de compléter la somme nécessaire à l'acquittement de nos frais.

« Que chacun donne un peu, et cela sera suffisant. Vous n'avez pas oublié que dans cette dernière circulaire nous nous proposions de faire un rapport sérieux rendant un compte exact de tout ce qui a été fait par la Société en général ; si personne ne nous venait en aide, nous ne pourrions pas le faire, ce qui serait déplorable à tous les points de vue.

« Donc, nous comptons sur vous tous, ne l'oubliez pas.

« Recevez, chers collègues, les salutations fraternelles de vos tout dévoués collègues de l'Union.

« *Les membres de la commission*,

« Boileau, Brudon, Graux, Jault, Marquet, Minouflet, Pain.

« P.-S. — Vous êtes priés de donner le plus de publicité possible à la présente ; envoyez-en un exemplaire au journal de votre localité, si vous le jugez convenable, mais surtout aux sociétaires éloignés. »

« L'exposition collective ouvrière se termina en ayant donné des résultats satisfaisants ; dans tous les groupes, les commissions exécutives et de contrôle, désirant que la plus grande régularité clôturât leurs gestions dans les mêmes conditions que durant toute l'opération, et qu'il ne restât aucun reproche à adresser à cette première exposition ouvrière, firent nommer une commission de liquidation de 7 membres qui s'adjoignit un expert comptable, M. Blanchard, 21, rue du Bouloi, à Paris, pour vérifier les écritures, approuver la situation financière et les comptes, dont voici un résumé d'ensemble :

« Recettes provenant d'allocations, souscriptions, entrées, etc.	130.877 20
« Dépenses, constructions, mobilier, personnel, frais généraux.	129.279 50
« Excédant des recettes qui servit à couvrir les frais de liquidation . . .	1.597 70

« Ainsi se termina dans les meilleures conditions d'ordre et de régularité cette première exposition ouvrière, qui devra servir d'exemple lorsqu'une prochaine occasion se présentera et dans cette circonstance, votre commission espère que notre Société sera un des premiers groupes à encourager l'entreprise, et qu'elle fera le nécessaire pour être largement représentée et continuer le succès qu'elle a remporté dans celle-ci.

« Paris, le 31 décembre 1881.

« *Les rapporteurs de la commission* :

« Brudon Minouflet

« Approuvé par les membres de la commission présents :

« A. Graux, J. Marquet, P. Jault, Damécourt, Pain. »

La commission, désirant que la trace de l'exposition figurât dans tous les Bureaux, fit une demande à la commission exécutive de l'exposition collective ouvrière pour avoir autant de diplômes que de Bureaux. Voici la lettre qu'elle reçut :

21 décembre 1878.

A la Société l'Union des Travailleurs du Tour-de-France,

« La commission exécutive a adopté qu'il vous serait remis des récépissés de diplômes autant que vous auriez de Bureaux ; que ces récépissés porteraient la mention : duplicata, et qu'ils vous seraient livrés au prix de revient, qui est de 50 c. pièce.

« Recevez, chers citoyens, l'assurance de nos meilleurs sentiments,

« Pour la commission exécutive.

« *Le Secrétaire général*,

« Louis Lépine. »

Plus tard, en effet, il fut délivré à la commission, aux conditions ci-dessus, les duplicatas du brevet, qui furent envoyés à tous les Bureaux du Tour-de-France. Ainsi qu'il en est fait mention dans ce qui précède, la récapitulation des sommes provenant des souscriptions du Tour-de-France est indiquée dans le tableau suivant :

RAPPORT DES RECETTES ET DÉPENSES

DE LA

COMMISSION DE L'EXPOSITION

RECETTES

Arrondissement de Bordeaux

Charpentiers.	
Peintres et tailleurs d'habits . .	
Menuisiers	
Serruriers (en 3 versements). . .	17 »
4 corps.	1 50
Maréchaux	
Charrons	
Bourreliers	
Tanneurs	
Toulouse	24 50
Angoulême (en 2 versements) . .	23 49
Saintes.	5 »
Rochefort.	
Cognac (en 2 versements)	7 10
TOTAL. . .	78 59

Arrondissement de Lyon.

Serruriers.	
4 corps.	6 »
Menuisiers	12 50
Charrons	
Maréchaux	
Dijon	7 50
Genève.	10 »
TOTAL. . .	36 »

Arrondissement de Marseille.

4 corps.	
Menuisiers	
Serruriers.	
Toulon.	
Nîmes	3 »
Montpellier	5 50
Cette	
Béziers.	
TOTAL. . .	8 30

Arrondissement de Nantes.

Bureau général (en 2 versements) .	14 65
4 corps.	
Menuisiers	
Charrons	
Plâtriers	
Tailleurs	
Tours	17 20
Angers.	3 05
La Rochelle	4 »
TOTAL. . .	38 90

Arrondissement de Paris.

Produit de 2 assemblées générales.	11 60
Menuisiers.	14 25
Serruriers.	2 75
4 corps.	18 35
Tailleurs	4 25
Selliers.	4 50
Maréchaux.	2 10
Mégissiers.	
Charrons	5 »
Saint-Denis	7 »
Un groupe de sociétaires	7 55
TOTAL. . .	77 35

RÉCAPITULATION

Arrondissement de Bordeaux . .	78 59
Arrondissement de Lyon. . . .	36 »
Arrondissement de Marseille . .	8 30
Arrondissement de Nantes . . .	38 90
Arrondissement de Paris. . . .	77 35
TOTAL GÉNÉRAL. . .	239 14

DÉPENSES

Frais de bureau, impressions .	28 fr. 90 c.
Aménagement de notre vitrine.	27 fr. 05 c.
Matériel, encadrement. . . .	61 fr.
TOTAL. . .	116 fr 95 c.

Les recettes sont de	239 fr. 14 c.
Les dépenses sont de	116 fr. 95 c.
Il nous reste en caisse . . .	122 fr 19 c.

Le Trésorier de la Commission.
E. PAIN.

Vu et approuvé ce compte rendu dans ses diverses parties.

Les membres de la Commission présents : J.-A. GRAUX, J. MARQUET, P. JAULT, E. MINOUFLET, BRUDON, DAMÉCOURT, E. PAIN.

Lorsque la commission exécutive eut fait imprimer les diplômes définitifs, elle en remit un aux membres de la Société de l'Union, portant l'inscription suivante :

Première Exposition collective internationale ouvrière de Paris, 1878.

DIPLÔME DE MÉDAILLE D'OR,
DÉCERNÉ A L'UNION DES TRAVAILLEURS
DU TOUR-DE-FRANCE.
GROUPE 5me CLASSE. (STATUTS DE LA SOCIÉTÉ.)

Le Président du Jury, (Louis) BLANC.

Le Président du groupe, CH. HÉRISON,

Le Secrétaire du groupe, (Antide) MARTIN.

Pour la Commission exécutive :

Le Secrétaire, (Louis) LÉPINE.

En outre de ce diplôme, une médaille de vermeil fut remise à la Société, et voici comment : le 10 novembre 1878, lorsque la proclamation des récompenses eut lieu, M. Mayer, directeur du journal *la Lanterne*, fit un discours dans lequel il remerciait la Commission collective ouvrière et en particulier le citoyen Louis Blanc. Puis il dit que la commission ne possédait pas assez de fonds pour faire des médailles en or ou en argent pour tous les lauréats dont on venait de citer les noms ; mais, afin de combler cette insuffisance et vu le plein succès de l'exposition, il pensait que la presse démocratique avait le devoir d'applaudir, d'encourager et de récompenser les modestes servants du travail. Pour cela des médailles de vermeil et d'argent seraient donc commandées et gravées aux frais de ladite direction ; elles seraient distribuées de la manière suivante :

Celles en vermeil à ceux qui auraient obtenu un diplôme de médaille d'or, et aux autres lauréats des médailles en argent. L'idée de délivrer ces médailles aux travailleurs fut applaudie par des bravos unanimes de toute la salle.

Cette promesse ne se fit pas attendre bien longtemps, car en effet, le 12 janvier 1870, une seconde fête de famille eut lieu au théâtre du Château-d'Eau, dont la salle était une des plus vastes de Paris. Le public frivole des théâtres avait disparu, pour faire place à une famille venant applaudir aux succès de ses membres; aussi, dès midi, un grand nombre de personnes attendaient avec impatience l'ouverture des portes; chacun a fini par occuper sa place, et cette grande salle s'est trouvée tout d'un coup garnie de spectateurs, depuis le premier fauteuil du premier rang jusqu'au dernier strapontin de la dernière galerie. L'initiative prise par la *Lanterne* dans cette circonstance était donc approuvée du vrai peuple, qui est celui du travail.

M. Mayer, directeur de la susdite administration, a prononcé le discours suivant:

« Mes chers concitoyens,

« Le jour même où s'est ouverte cette exposition ouvrière, qui s'est fait une si large place à côté de la grande Exposition universelle, nous disions: C'est la précieuse affirmation de sa devise :*travail et liberté.*

« Aussi, le jour où, pour une raison que vous connaissez tous, mais sur laquelle je ne veux pas insister, les citoyens qui étaient à la tête de votre exposition furent obligés de décider qu'ils ne donneraient que des diplômes de médailles, nous avons pensé qu'il y avait une lacune à combler, et que les ouvriers méritaient bien de recevoir des médailles comme les patrons en ont reçu à l'Exposition universelle.

« C'était d'ailleurs une dette de reconnaissance que nous acquittions envers cette généreuse et intelligente population de travailleurs, qui sait toujours et partout reconnaître ses véritables amis.

« Nous avons voulu faire, en outre, de la remise de ces médailles une fête de famille, une matinée offerte au travail, sans caractère officiel.

« Si nous avons pris tant à cœur les récompenses de cette exposition collective ouvrière, c'est que d'abord, il nous a paru que ce grand effort fait par le travail libre méritait en lui-même une récompense qui pût en conserver le souvenir.

« En effet dans une exposition de cette nature, bien plus que dans une exposition industrielle, où ce n'est pas toujours le producteur qui a l'honneur de son produit, il a la certitude que la récompense ne s'égare pas aux mains d'un intermédiaire et qu'elle va à l'auteur du produit récompensé, c'est-à-dire à celui qui l'a vraiment méritée.

« Mais ce qui surtout nous a frappé dans votre exposition, ce qui lui donne à nos yeux une importance grande, c'est qu'elle est, sinon le premier pas, du moins le plus grand qui ait été fait encore vers ce qui doit être votre objectif économique, nous dirons presque votre but social, la prise de possession de la machine par l'ouvrier.

« Oui, la machine, si elle a ses inconvénients et ses dangers, a, dans la société moderne, un rôle immense et, quoi qu'on dise, elle est un instrument puissant de civilisation et de progrès, et même de démocratie.

« C'est une machine, — la presse typographique, l'imprimerie, — qui a tué la féodalité, fermé le moyen âge, préparé la Révolution française. Oui, citoyens, c'est la presse qui contribua puissamment à toutes les luttes pour la liberté, à la fondation de la République.

« La vapeur, qui résume en elle toutes les machines, n'a-t-elle pas, depuis un siècle, changé la face de l'univers, et répandu partout, avec le progrès industriel, le progrès des idées, de l'instruction, de l'intelligence ; et n'est-il pas vrai que sans elle l'immense mouvement de la civilisation moderne qui s'est accompli depuis cinquante ans serait encore pour longtemps retardé ?

« Sans doute, à ses débuts, la machine, encore imparfaite et peu puissante, a pu devenir aux mains de quelques privilégiés un instrument de monopole et de concurrence abusive ! Elle n'a été d'abord qu'un moyen d'économiser la main-d'œuvre ou même de la supprimer. Cette substitution de la machine à l'ouvrier, brutalement faite et âprement exploitée, a pu causer quelques souffrances.

« Elle a remplacé l'intelligente habileté de l'ouvrier par l'infaillible régularité du mécanisme ; de sorte qu'on a pu croire un instant qu'elle supprimerait l'ouvrier et ne laisserait subsister que le manœuvre.

« Mais l'intelligence a bientôt pris sa revanche sur le mécanisme aveugle. Ce que la machine n'a pu faire, ce qu'il a fallu forcément laisser à l'homme, c'est précisément ce qu'il y a de plus élevé dans le travail, c'est la partie artistique de l'industrie ; c'est la part du goût, de l'invention, du calcul ; c'est la conduite de la machine ; c'est le modèle du produit.

« C'est ainsi qu'au lieu d'être réduit par la machine au rang de manœuvre, l'ouvrier est passé à l'état de force intelligente, gouvernant la machine, lui dictant son travail, suppléant à ses défectuosités. Obligé par cela même de s'instruire, de perfectionner son goût, il s'est élevé peu à peu du niveau du métier presque à la hauteur de l'art. Il s'est habitué chaque jour davantage à joindre au travail des bras le travail de l'intelligence. Comparez l'ouvrier d'aujourd'hui à l'ouvrier d'il y a quarante ans, et vous verrez combien grande est la différence, combien est considérable le progrès accompli.

« Tel a été, vis-à-vis de la classe ouvrière, le rôle civilisateur de la machine : elle a forcé l'instruction, qui est la condition première du relèvement et de l'émancipation.

« D'autre part, en peu de temps, une révolution économique des plus considérables s'est préparée, — et elle est en train de s'accomplir, — dans l'industrie et le commerce. La science ayant démontré que la puissance de la machine est sans limite, et l'industrie ayant appris à construire les machines les plus énormes, il est arrivé ceci : que la petite machine a été tuée par la grande ; si bien qu'aujourd'hui, vous le savez tous, le principe fondamental en industrie et en commerce, c'est celui-ci : « Petite machine, mauvaise machine ; petite usine, mauvaise usine ; petit magasin, mauvais magasin. »

« Et vous voyez partout se créer des usines immenses, qui sont des villes, qui emploient des centaines d'ouvriers, qui mettent en mouvement des machines colossales et qui fabriquent des quantités effroyables de produits.

« De même, dans le commerce, vous voyez se fonder, — vous verrez tout à l'heure comment, — des maisons énormes, des magasins qui sont des villes, où tous les commerces, tous les articles sont réunis, au point que, dans un avenir plus ou moins prochain, le moyen commerce, le gros patron, le gros boutiquier de Paris finiront par disparaître, ne laissant plus de place qu'aux spécialités, supprimant les intermédiaires improductifs, mettant pour ainsi dire face à face le producteur et le consommateur dans d'immenses marchés qui seront à peu près les seuls intermédiaires entre l'industrie et les consommateurs.

« Au premier abord, cela peut paraître menaçant et dangereux. On se demande si cette centralisation excessive de la machine et du commerce ne vont pas aboutir, comme la construction des chemins de fer, à une féodalité nouvelle, la pire de toutes : la féodalité financière, commerciale, industrielle.

« Eh bien, non ; car il n'y a pas ici ce qui fait le privilège des grandes Compagnies, je veux dire : le monopole légal, écrit dans la loi, concédé par l'Etat.

« Ce qu'il y a, le voici : la nécessité de l'association et sa puissance.

« Aujourd'hui, la grande machine et la grande usine sont trop chères et trop coûteuses pour appartenir à un seul. L'individualisme industriel est fini. Sauf deux ou trois exceptions peut-être, il n'y a plus en France un fabricant assez riche pour être seul propriétaire d'une grande usine, et on ne trouverait pas un seul capitaliste, si riche soit-il, qui pût, à lui seul, construire, fonder, exploiter ces colossales industries.

« Comment se fondaient-elles et comment sont-elles exploitées ? Par l'association, par les capitaux de tout le monde ; car il n'y a plus que ce capital, le capital de tout le monde, qui soit assez gros pour de pareilles entreprises.

« Comment se fondent ces industries ? Le voici :

« Il se rencontre un jour un homme qui fait une découverte, un savant qui trouve une idée, un ingénieur qui invente une machine, un géologue qui trouve une mine, ou même un ouvrier dont l'habileté pratique introduit dans la fabrication un perfectionnement.

« Cette invention, dont jusqu'à présent, il est vrai, les véritables inventeurs ont rarement profité, sert de base à la formation d'une association plus ou moins vaste. Autour d'elle se groupent des capitaux venus d'un peu partout, et les plus petits apports sont les plus nombreux ; cela est si vrai, que la loi elle-même, qui fixait autrefois à 500 francs le minimum des apports, a dû réduire à 100 francs le chiffre des plus petites actions.

« Eh bien, cette puissance de l'association vous montre votre route. Rendez-vous par le travail, par l'instruction, par l'étude, rendez-vous maîtres de la machine, maîtres de l'invention, maîtres du perfectionnement ; mieux que personne vous le pouvez, vous qui, par la pratique, connaissez mieux que personne le fort et le faible de la machine, le progrès à faire et le vice à corriger. Et quand vous en serez là, vous serez bien près de l'émancipation définitive; parce qu'avec l'association, avec les petits apports, avec les petits capitaux récoltés sou par sou, avec la petite épargne enfin, vous pouvez mettre en œuvre cette machine qui sera vôtre.

« Oui, vous le pouvez et déjà parmi vous plusieurs de ces associations existent, dont le succès démontre que ces espérances ne sont pas chimériques.

« Oui, vous le pouvez, et nous avons la conviction que vous y parviendrez avant qu'il soit longtemps. Car votre exposition — et c'est pour cela que nous y avons pris un intérêt si grand, — votre exposition est un premier pas fait dans cette voie. Ce qu'elle a surtout révélé, c'est l'esprit ingénieusement pratique de l'ouvrier français, joint à un effort marqué vers l'instruction et la science. Dans ce que vous avez exposé, se montre un véritable génie naturel d'invention et de création, et de l'aveu même des hommes les plus compétents, il y avait là des idées fécondes, des trouvailles précieuses qui, lorsqu'elles auront été mûries par l'étude, précisées par la science, doivent porter fruit et donner leur moisson.

« Et vous arriverez un jour à fonder des Sociétés puissantes qui seront à vous, vivant de vos inventions exploitées par votre travail, s'enrichissant à votre profit et qui, peut-être un jour, semblables à l'association des *pionniers de Rochdale*, ayant commencé avec un capital de *six pence*, — douze sous, — remueront des millions.

« Donc, persévérez dans cette voie. Travaillez, étudiez, instruisez-vous. Maîtres déjà des métiers de la machine par l'habileté pratique, rendez-vous en maîtres aussi par l'instruction, par la science, par l'invention. Rendez-vous maîtres de l'industrie par le goût, par l'élégance, par la création des modèles, et, pour vous préparer à prendre possession de la machine, créez et resserrez entre vous les bases et les liens des associations de l'avenir. Dans cette voie aussi vous avez fait un pas, et votre exposition le démontre d'une façon éclatante, car les plus belles récompenses, à qui sont-elles décernées ? A des syndicats, c'est-à-dire à des collectivités qui sont pour vous la forme naturelle, la plus logique et la plus puissante de l'association.

« Serrez-vous donc autour de vos syndicats, fortifiez-les et donnez-leur cette autorité morale qui fait la véritable force. Ils seront vos appuis, vos guides, vos initiateurs, et si, comme nous l'espérons aujourd'hui, le gouvernement de la République, se préoccupant de l'enseignement professionnel, prête aux syndicats son concours, pour fonder dans chaque corps de métier des écoles syndicales, le chemin vous sera bien plus facile vers l'avenir que vous devez avoir en vue.

« Bien que je ne parle ici qu'au nom de la *Lanterne*, je suis sûr de n'être démenti par aucun de mes confrères de la presse démocratique, affirmant que toute la presse républicaine sera toujours prête à défendre vos droits et à seconder vos légitimes aspirations. » (Applaudissement frénétiques.) (1).

Après ce discours, les médailles ont été distribuées, et la Société de l'Union des Travailleurs du Tour-de-France, représentée par le sociétaire Minouflet, a reçu une médaille de vermeil qui a été remise au Bureau central, à Paris.

CHAPITRE DIX-HUITIÈME

Procès concernant le Bureau de Toulon.

Dans l'intérêt du respect dû au Règlement auquel nous sommes tous engagés en entrant dans la Société de l'Union, de nous conformer à cette loi fondamentale qui règle les rapports des membres entre eux, nous avons pensé qu'il était utile de consacrer quelques pages de cette notice historique pour démontrer les faits et agissements des membres du Bureau de Toulon, qui se sont écartés de cette voie et ont troublé l'harmonie de l'arrondissement de Marseille pendant les années 1879, 1880 et 1881.

A la suite de la fête annuelle du 15 août 1878, il s'éleva dans le Bureau de Toulon, assemblée de septembre, une discusion relative au règlement des frais généraux, sur lequel avaient été portées des dépenses non prévues par le Règlement, « environ trente

---

(1) Pour ce discours, voir le journal *la Lanterne*, du 14 janvier 1879.

francs », mais qui malgré cela furent acceptées par la majorité des sociétaires. A l'assemblée d'octobre, la minorité se refusa complètement à payer, et parmi eux se trouvaient les nouveaux membres de Bureau qui venaient d'être nommés, savoir : le Président général, Rougé; le Secrétaire, E. Massot; le Secrétaire-adjoint, J. Poncy; le Trésorier, J. Paradel; le Syndic, Math.

Ces sociétaires portèrent immédiatement une accusation contre leurs prédécesseurs pour détournement de fonds; le différend fut porté devant le Bureau général de Marseille, qui décida dans son assemblée que, pour aplanir le différend, les dépenses contestées seraient couvertes, une partie par la caisse et l'autre partie par une collecte volontaire faite en assemblée à Toulon. Les membres de ce Bureau, étant déterminés à continuer ce conflit, ne firent pas connaître à leur assemblée la lettre de Marseille contenant cette décision.

Au commencement de l'année 1879, le Bureau de Marseille eut connaissance par la commission de surveillance que leur décision avait été méconnue et leur lettre tenue secrète; ils décidèrent dans l'assemblée générale de janvier d'infliger aux membres du Bureau de Toulon une amende de 1 fr. 50 pour défaut dans leurs fonctions.

Ces derniers protestèrent contre cette nouvelle décision et ne voulurent pas la reconnaître valable, prétendant vouloir agir à leur manière et ne recevoir d'ordre de personne; ils étaient appuyés dans leurs prétentions par la majorité des sociétaires de Toulon, qu'ils avaient gagnés à leur cause, en raison de la situation qu'ils occupaient presque tous, comme chefs d'ateliers à l'arsenal maritime.

Le Bureau général de Marseille, voyant sa décision

méconnue et l'unité de la Société compromise, « car plusieurs sociétaires venant de Toulon déclarèrent leur avoir entendu dire qu'ils feraient une scission, » décida dans son assemblée d'avril leur révocation, et ils donnèrent mandat au sociétaire Eberlet, ferblantier, établi à Toulon, de convoquer une assemblée extraordinaire et de faire procéder à la nomination de nouveaux membres de Bureau. Le sociétaire Eberlet ne put accomplir sa mission ; les clefs et les registres lui furent catégoriquement refusés par les membres de Bureau, qui continuèrent de fonctionner. A l'assemblée d'août, le sociétaire Eberlet, qui ne cessait de protester contre les agissements du Bureau, ainsi que deux autres sociétaires, les nommés Augier et Joly furent mis en accusation, et l'exclusion fut prononcée contre eux, sur le motif qu'ils avaient causé la discorde entre les Bureaux.

Ces trois sociétaires appelèrent de ce jugement devant l'assemblée générale, qui le rapporta comme arbitraire, et les trois sociétaires reprirent leurs droits ; mais le Bureau de Toulon ne voulut pas encore reconnaître cette décision; ils durent être inscrits sur la liste du Bureau des Quatre-Corps de Marseille. Il fut encore envoyé un délégué, un autre sociétaire chargé également de réorganiser le Bureau de Toulon, le sociétaire Barillier, trésorier général, et qui eut le même insuccès que le premier : il ne fut même pas admis à l'assemblée pour développer sa mission.

Dans cet intervalle, le Bureau central avait été avisé par les deux parties du différend qui les divisait, en s'appuyant chacune sur des faits en leur faveur. Après avoir pris connaissance le mieux possible de ce volumineux dossier, composé d'un grand nombre de lettres échangées entre eux et de procès-verbaux d'assemblées, il engagea les deux parties à une entente mutuelle. Par des concessions réciproques et surtout par l'observation du Règlement, il espérait éviter une scission et ramener l'harmonie par des éclaircissements. En même temps, le Bureau central envoya une lettre à tous les Bureaux de France pour leur faire connaître le conflit et engager les sociétaires qui pourraient se rendre à Toulon de participer à la réorganisation de ce Bureau.

Les membres du Bureau de Toulon prirent ce conseil pour de mutuelles concessions, et pour une approbation des faits passés. Ils continuèrent leurs revendications avec une nouvelle vigueur contre le Bureau de Marseille, et la Société, avec le concours d'un homme d'affaires, exigea que le Bureau central portât sur son bulletin trimestriel l'exclusion des sociétaires Eberlet, Augier et Joly. Le Bureau central s'y refusa, vu que ces trois sociétaires avaient été réintégrés régulièrement; alors le Bureau de Toulon, dans une lettre en date du 16 janvier 1880, menaça de le poursuivre judiciairement, s'ils n'étaient pas portés sur le bulletin.

En effet, le 14 avril suivant, le sociétaire Baulieu, président central, recevait par le ministère d'un huissier de Paris mandataire des membres du Bureau de Toulon, sommation d'avoir à porter sans retard sur le bulletin les membres exclus dans leur Bureau.

Les membres du Bureau central réunis en séance, après mûre discussion décident que les agissements exercés depuis près de deux années par le Bureau de Toulon troublent l'harmonie qui doit exister dans notre Société, et vu la sommation par huissier qui vient de lui être adressé, est une contravention au dernier paragraphe de l'article 170, décide à l'unanimité que l'exclusion mentionnée dans l'article 252 est applicable aux membres du Bureau.

Le Bureau général de Marseille, sous la juridiction

duquel se trouve le Bureau de Toulon, est chargé de convoquer une assemblée extraordinaire pour délibérer sur l'application de cet article, ce qui eut lieu à la date du 21 mai, où, à l'unanimité moins deux voix, l'exclusion fut prononcée. A la suite de cette décision, qui leur fut communiquée dans les délais voulus, une protestation signée par un grand nombre de sociétaires du Bureau de Toulon fut adressée au Bureau central, dans laquelle les membres du Bureau déclaraient ne pas vouloir s'y conformer et demandaient à faire appel de ce jugement devant le Tour-de-France. Le Bureau de Marseille cessa toute correspondance avec le Bureau de Toulon; des mémoires contenant tous les documents relatifs à ce conflit furent fournis par les Bureaux de Toulon et de Marseille et envoyés à tous les Bureaux du Tour-de-France par les soins du Bureau central, et furent invités après mûr examen à se prononcer par un vote sur cette question.

Ces votes furent réunis au Bureau central et publiés dans le bulletin du 2e trimestre 1880 paru en novembre, donnant les conclusions suivantes :

Pour le maintien de l'exclusion des anciens membres du Bureau de Toulon, 713 ; contre, 26 ; bulletins blancs, 37 et nuls, 4.

En conséquence la grande majorité des sociétaires votants du Tour-de-France maintint l'exclusion ; le résultat de ce vote fut annoncé aux sociétaires du Bureau de Toulon dans une réunion tenue le 27 novembre 1880, dans laquelle les anciens membres du Bureau déclaraient ne pas vouloir s'y conformer et vouloir porter leur cause devant le tribunal civil.

Le Bureau de Marseille, devant cette détermination, décida, pour parer à tout événement, de former un nouveau Bureau à Toulon. Et un délai de trois mois fut accordé à tous les sociétaires qui voudraient rester fidèles à la Société pour venir se faire inscrire. Le Bureau central appuya cette proposition et envoya tous les registres et fournitures pour la fondation d'un nouveau Bureau; tous les sociétaires vinrent se faire inscrire au nouveau Bureau et envoyèrent une contre-protestation à celles qu'ils avaient envoyées au début, déclarant qu'ils avaient été trompés pour leur faire donner leur signature.

Le Bureau général décida également de déposer une plainte devant le Procureur de la République de Toulon, pour obtenir de rentrer en possession de la caisse, des registres et de tout le matériel de la Société; le sociétaire Pouget fut désigné pour représenter la Société devant le tribunal; le jugement eut lieu le 15 juin 1881, et fut rendu en faveur de la Société, qui rentra en possession de son matériel, qui servit à organiser le Bureau de Mourillon, mais la caisse se trouvait dans un fâcheux état. Il était difficile aux anciens membres de justifier de l'emploi des fonds pendant toute la période de leur mandat. Les avocats et hommes d'affaires avaient touché leurs honoraires; il fut même constaté la disparition des feuilles des registres de comptes. Pendant cet intervalle, dans le courant de mars, les membres du Bureau central, signataires du bulletin du 2me trimestre 1880, composé comme suit: Président, Brudon; Vice-président, Guayral; Secrétaire, Cluzé; Trésorier, Gélibert; Secrétaires d'arrondissement: Michard, Milachon, Liénard et Manceau; Délégués: Bruneau et Gougot, contenant le résultat du vote du Tour-de-France, confirmant l'exclusion des membres du Bureau de Toulon, reçurent individuellement une assignation à comparaître devant une des chambres du tribunal civil de la Seine, pour répondre à une demande de réintégration dans la société des nommés Rougé, Massot, Taradel, Poncy et Math, et s'entendre condamner à payer solidairement une indemnité de 6,000 francs. Le Bureau central prit immédiatement ses mesures pour répondre à cette assignation, nomma le sociétaire Brudon, Président central, pour représen er la Société devant le tribunal. Le délégué se mit en rapport avec MM. Weille, avoué et Masse, avocat, pour étudier et préparer la défense de notre cause, qui vint devant la deuxième chambre du tribunal civil de la Seine, présidé par M. Grattery, dans les audiences des 15 et 29 décembre 1881 Après la plaidoirie de M. André Poujaud, avocat des demandeurs, et la défense très brillante de M Masse pour la Société, le tribunal a rendu le jugement suivant :

Audience du 29 décembre 1881,

« Société de secours mutuels. — Exclusion des membres par application des statuts. — Demande en réintégration. — Rejet.

« MM. Rougé, Poncy et autres contre le Bureau central de l'Union des Travailleurs du Tour-de-France ;

« Les demandeurs font partie de l'Union des Travailleurs du Tour-de-France, société fondée en 1832 et approuvée par M. le préfet de la Seine, et ayant pour but de protéger et secourir chacun de ses membres, et de lui assurer une pension à son extrême vieillesse ;

« Cette société se compose d'un Bureau central, à Paris, et de Bureaux généraux à Paris, Lyon, Marseille, Nantes et Bordeaux ;

« Puis il y a des Bureaux particuliers dans les villes importantes.

« A la suite de dissentiments, le Bureau central a exclu de la société le Bureau de Toulon ;

« C'est contre cette décision que protestent les demandeurs. Ils font partie de la Société depuis plus de vingt ans et ont versé des cotisations dont le montant est élevé, pour s'assurer des recours à une pension.

« Ils demandent donc au tribunal de prononcer leur réintégration sur les contrôles de la Société, et, faute par le Bureau central de le faire dans la huitaine du jugement à intervenir, condamner les défendeurs à payer la somme de 6,000 francs à titre de dommages-intérêts à répartir entre les parties intéressées, par le Président du Bureau de Toulon.

« Les défendeurs répondent qu'ils n'ont fait qu'exécuter la décision prise par tous les Bureaux généraux; que l'exclusion a été votée conformément à l'article 167 des statuts ; que le tribunal ne saurait faire échec au Règlement auquel les demandeurs se sont librement soumis et qui a été régulièrement appliqué. Ils concluent donc simplement à ce que les demandeurs soient déboutés de leur instance ;

« Sur plaidoiries de Me André Poujaud, pour les demandeurs, et Me Masse pour les défendeurs, le tribunal a rendu le jugement suivant :

« Attendu que les consorts Rougé, anciens membres de la Société de l'Union des Travailleurs du Tour-de-France (Bureau de Toulon), ont été exclus de la Société conformément à l'article 167 des statuts ; que c'est donc sans droit qu'ils réclament leur réintégration dans la Société ;

« Attendu qu'il résulte, en effet, des faits et documents de la cause, que les consorts Rougé ont soumis la décision prise à leur égard par le Bureau général de Marseille à tous les Bureaux généraux ;

« Que ces Bureaux, après avoir examiné les mémoires écrits, produits dans l'intérêt des consorts Rougé et à l'appui de la décision rendue par le Bureau général de Marseille, ont ratifié à l'unanimité cette décision ;

« Attendu que la procédure suivie contre les consorts Rougé est régulière, qu'elle est conforme aux statuts qui forment la loi des parties ;

« Qu'au fond la décision attaquée n'est pas contraire aux lois ;qu'il n'y a lieu,par suite, de contraindre les défendeurs soit à la réintégration des consorts Rougé,soit au payement d'une somme de 6.000 francs, à titre de dommages-intérêts, aucun préjudice n'ayant été causé aux demandeurs par les défendeurs ;

« Par ces motifs,

« Déclare la demande des consorts Rougé mal fondée, les en déboute,et les condamne aux dépens. »

On voit par ce compte rendu que les juges chargés d'appliquer la loi ont approuvé le jugement rendu par notre Société conformément aux articles du Règlement ; en outre, ce jugement aussi doit servir d'enseignement aux sociétaires de l'Union,et leur apprendre à respecter les délibérations prises par une majorité légalement constituée.

CHAPITRE DIX-NEUVIÈME

Revision générale. — Congrès réuni à Paris. — Modifications adoptées pour le 5e Règlement unitaire.

Le Règlement mis en vigueur le 1er janvier 1875 fut,dès 1879, l'objet de diverses demandes de revision ; les sociétaires pensaient que certaines modifications devaient y être apportées. Le Bureau central soumit la question au Tour-de-France pour savoir s'il y avait lieu à reviser, le vote donna les résultats suivants : 673 pour la revision ; 103 blancs et 16 nuls. La majorité des votants s'étant prononcée pour la revision, le Bureau central, par une circulaire en date du 10 décembre 1879, invita tous les arrondissements à nommer leur première commission.

Ces commissions commencèrent leurs travaux aussitôt et les avaient terminés vers la fin de 1880. Le travail de ces premières commissions fini, il fut envoyé à chaque Bureau général. Une seconde commission fut nommée dans chaque arrondissement, pour examiner le travail des premières commissions; les secondes commissions firent chacune leur Règlement, qui devait servir de base à la commision définitive, pour faire le Règlement unitaire.

Le Règlement de 1875 n'avait prévu aucune manière réglementaire pour la nomination des commissions de revision ; aussi les premières commissions furent-elles nommées comme l'avaient été lescommissions précédentes qui avaient déjà revisé le Règlement. D'après cet usage, la commission définitive était nommée à Paris, et, avec le travail des cinq dernières commissions, rédigeait le nouveau Règlement unitaire.

L'arrondissement de Bordeaux, pensant que cette manière de nommer la commission définitive ne donnerait pas toutes les garanties nécessaires, fit une première proposition, pour que la commission définitive fût formée de deux sociétaires de chaque arrondissement, qui se réuniraient dans une ville du Tour-de-France, et formeraient un congrès pour l'adoption définitive du Règlement. Cette première proposition, soumise aux Bureaux généraux par le Bureau central, ne reçut pas un avis favorable par la majorité de ces Bureaux.

Les sociétaires de Bordeaux, pensant que leur proposition était d'un grand intérêt pour l'adoption définitive du Règlement, et qu'un congrès offrait le plus de garantie pour que les intérêts de tous les sociétaires fussent représentés à la revision définitive, la commission des Bureaux, après un vote de l'assemblée générale, soumit la question au Tour-de-France, pour se prononcer s'il y aurait un congrès. Nous remarquons dans cet appel les passages suivants, qui faisaient connaître le but poursuivi par l'arrondissement de Bordeaux :

« Appel au Tour-de-France interjeté par la commission de revision du Règlement, au nom de 150 sociétaires de Bordeaux.

« Chers collègues,

« Notre dernière assemblée générale, après avoir discuté sérieusement sur les travaux de la revision du Règlement, considérant que ces travaux ne vont pas bien vite, que le temps s'écoule, et que le 1er janvier 1882 arriverait sans que la Société ait son Règlement (l'autre étant dénoncé), à l'unanimité de 150 votants, charge la commission de revision de présenter au Tour de-France la proposition suivante :

« Il sera nommé par chaque Bureau général en assemblée de Bureaux ou Bureaux général, deux délégués ayant fait partie jusqu'à la fin des travaux de la commission de revision du Règlement au siège dudit Bureau général. Ces délégués seront ensemble au nombre de dix et formeront un congrès qui se réunira à Paris, sitôt la nomination faite et sur la convocation du Bureau central.

« Ce congrès aura pour mission de faire le nouveau Règlement, et pour cela il devra étudier sérieusement les travaux des cinq commissions de revision, prendre la majorité toutes les fois qu'elle se rencontrera sur un point, et tâcher d'accorder tous les intérêts quand il y aura discussion. Comme rien ne doit ici manquer de clarté, nous vous disons que les frais que nécessitera ce congrès ne peuvent pas être pris sur la caisse, et que si notre proposition est adoptée, il sera porté à chaque sociétaire une cotisation extraordinaire.

« Nous avons établi le montant des frais, qui s'élèveraient à 2,000 francs, ainsi décomposés : Le voyage aller et retour des délégués de province à Paris s'élèverait à 700 francs ; une indemnité de 130 francs sera accordée à chaque délégué pour le dédommager de sa perte de temps, ce qui donne un total de 1300 francs à ajouter à 700 francs, donne pour total des frais, 2000 francs. Le nombre des sociétaires faisant partie de l'Union était au 4e trimestre 1880 (dernier bulletin paru) de 2,707 ; en admettant que nous soyons le même nombre aujourd'hui, la cotisation extraordinaire s'élèverait à 0 fr 75 c. ou à 0 fr. 80 c. si nous sommes un peu moins, ce qui n'est pas probable.

« Cette circulaire continue en disant qu'avec l'indemnité accordée aux délégués, ils pourraient sacrifier 15 jours et tenir 26 séances, ce qui équivaudrait à six mois de travail d'une commission ordinaire qui tient une séance par semaine ; la circulaire, après avoir fait ressortir tout le bien fondé de cette proposition, et les avantages qui en résulteraient pour que les intérêts de tous les Sociétaires du Tour-de-France soient également représentés au congrès, se termine ainsi :

« Nous avons la ferme conviction que personne, à moins d'être intéressé, ne peut nier les avantages que notre proposition assure à la bonne rédaction de notre code social, et que nos collègues n'hésiteront pas à s'imposer le léger sacrifice que nous leur demandons pour arriver à ce but.

« Recevez, etc.

« Les membres de la commission de revision de Bordeaux :

« *Le Président*,
LABOUHUME.

Les Secrétaires,
CHADEFAUX, E. RISPAL, PELLETIER, DELACHAISE, GRICOURT, DUPATY, BARRAUD, LAFON, JALU, AUDEBERT, COUTAT, VÊTRE, PATY.

« Vu par le Bureau général de Bordeaux, le 7 septembre 1881.

« *Le Président général,* LABOUHUME.

Le Vice-Président génér. DUPATY.

Le Secrétaire, COURTEL.

Le Secrétaire-Adjoint, BUFIN.

Le Trésorier, GRICOURT. »

Une dernière observation à cette circulaire marque qu'il serait nommé un suppléant à chaque titulaire pour le remplacer dans le cas où les délégués ne pourraient pas partir au jour fixé pour l'ouverture du Congrès.

La réponse du Tour-de-France à la proposition de Bordeaux fut, sur 1186 votants, 721 pour, 427 contre, 30 blancs et 8 nuls.

Conformément à cette décision du Tour-de-France, le Bureau central invita les Bureaux généraux à nommer leurs délégués et fixa l'ouverture du congrès au 6 août 1882.

Ces délégués, qui se réunirent au Bureau central à Paris, au jour fixé par ce dernier, formèrent le congrès pour l'adoption définitive du Règlement unitaire. Les sociétaires chargés du mandat de délégué au congrès étaient : pour l'arrondissement de Paris, les sociétaires Bruneau et Graux ; pour Lyon, Duverger et Gathieux ; pour Marseille, Guiraud et Glomet ; pour Bordeaux, Rispal et Gricourt ; pour Nantes, Descrois et Collin.

Les travaux du congrès, commencés le 7 août 1882, furent terminés le 19 du même mois.

L'adoption du Règlement mis en vigueur le 1er janvier 1883 sortit de ses délibérations avec les diverses modifications que nous mentionnons ci-après :

Le titre de la Société Union des Travailleurs du

Tour-de-France fut définitivement adopté par le congrès. Au préambule, le 15 août 1832, mentionné comme date de la fondation de la Société, fut supprimé, les délégués ayant reconnu que cette date n'était pas exactement celle de la fondation de la Société.

Au titre des réceptions, plusieurs garanties furent prises pour que la visite du médecin fût sérieusement faite ; des garanties également nécessaires furent prises pour s'assurer de l'honnêteté des sociétaires entrant dans la Société. Les assemblées de janvier, mars, mai, juillet, septembre et novembre sont obligatoires pour tous les sociétaires et les six autres assemblées mensuelles qui auront lieu également seront facultatives, c'est à-dire que l'ordre du jour est le même pour la comptabilité, mais pour les discussions graves, elles seront renvoyées à l'Assemblée obligatoire. Les élections des membres du Bureau particulier qui avaient lieu aux assemblées d'avril et septembre, seront faites maintenant aux assemblées obligatoires de janvier et juillet.

La cotisation mensuelle a été augmentée de 0 fr. 25 par mois, ce qui la porte de 1 fr. 50 à 1 fr. 75 ; en même temps, le congrès augmentait les journées de maladie ; pour les sociétaires en ville, il leur sera alloué 1 fr. 50 au lieu de 1 fr., et les sociétaires en campagne recevront 2 francs. Ces secours seront comme par le passé donnés pendant les trois premiers mois de la maladie.

Le congrès, s'inspirant des idées généreuses qui doivent présider a notre Société, émettait l'avis que les sociétaires malades seraient secourus jusqu'à la fin de leur maladie ; c'est ainsi qu'après trois mois de maladie, les sociétaires en ville reçoivent 0 fr. 50, et les sociétaires en campagne 1 fr. par jour jusqu'à parfaite guérison. Cette nouvelle mesure, entièrement humanitaire, sera d'un grand soulagement pour nos sociétaires qui ont le malheur d'être longtemps malades; en même temps elle évitera les collectes continuelles qui se font pour nos collègues malades qui n'ont plus droit au secours. Nous remarquons dans les travaux du congrès que la question des anciens sociétaires, traitée si différemment dans les précédentes revisions, a été traitée comme le commande l'égalité, et que l'article 1er de la base organique devient une vérité dans la Société (l'ancien titre XV concernant les anciens sociétaires étant purement et simplement supprimé); tous les sociétaires, vieux, jeunes, doivent assister à toutes les assemblées obligatoires et partager entre chacun les travaux, fonctions et charges de Bureau.

Les pensions pour les sociétaires atteints de maladies incurables forment deux catégories, pour les sociétaires ayant moins de vingt-cinq ans d'activité.

Ces modifications sont faites de la manière suivante: Pour le sociétaire qui aura moins de quinze ans d'activité, la pension sera de 250 francs; pour celui de quinze à vingt-cinq ans d'activité, de trois cent soixante quinze francs; les sociétaires ayant 25 ans d'activité auront la pension entière, c'est-à-dire cinq cents francs par an.

Les pensions établies dans ces proportions et avec les revenus que la Société leur affecte, sont un avenir assuré pour tous les sociétaires jeunes ou vieux dans la Société; la pension des sociétaires ayant l'âge de 60 ans a été maintenue à 500 francs. Ces pensions seront, comme par le passé, distribuées au prorata de la rente, dont le capital dépasse aujourd'hui plus de cent mille francs. Dans le cas où le capital ne produirait pas assez de rente pour servir la pension à tous les sociétaires pensionnés, le Bureau central, avec avis de la majorité des Bureaux généraux, pourra imposer à tous les sociétaires une cotisation extraordinaire qui ne pourra dépasser 0 fr. 50 par an (art. 135.) La modification suivante fut apportée au titre des décès, d'après l'ancien Règlement : Quand un sociétaire était décédé, s'il était célibataire, les fonds qui lui revenaient restaient à la caisse ; maintenant ces fonds seront donnés à ceux qui lui auront donné les derniers soins ; ces modifications sont également applicables aux sociétaires pensionnés.

Deux nouveaux diplômes furent créés : le premier pour être donné aux sociétaires quittant la Société pour se rendre au service militaire (ce diplôme portera : cause militaire). Le sociétaire ayant obtenu ce diplôme pourra rentrer dans la Société sans faire de noviciat, et le temps qu'il aura passé sous les drapeaux lui sera compté comme activité dans la Société (art. 184).

Le second diplôme est un diplôme d'honneur et de dévouement à la Société. Ce diplôme sera voté à l'assemblée mensuelle de mai aux sociétaires qui auront au moins 6 ans d'activité et auront rempli des fonctions de membres de Bureau pendant 3 ans. Ils seront signés par les membres du Bureau central et distribués solennellement aux sociétaires à l'assemblée annuelle d'août. Ce diplôme ayant pour but de récompenser le zèle des sociétaires dévoués à la Société, et d'encourager tous les sociétaires à prendre leur part de fonctions et charges dans la Société, donnera, nous l'espérons, les meilleurs résultats pour la bonne administration de notre Société.

La fête annuelle a été maintenue le 15 août. Toutefois une nouvelle disposition du titre concernant la fête annuelle dit que les Bureaux pourront la fêter le dimanche suivant.

Au titre des Institutions, une nouvelle disposition marque que les sociétaires pourront instituer des bibliothèques instructives dans leurs Bureaux.

Plusieurs modifications importantes furent faites au titre des Bureaux généraux. Les membres du Bureau général, au lieu d'être nommés pour six mois, seront nommés pour un an, par moitié tous les six mois. Les Bureaux généraux, au lieu d'avoir à tenir quatre assemblées générales, trimestrielles, ne tiendront plus que deux assemblées générales trimestrielles. Quatre assemblées de Bureaux au Bureau général auront lieu régulièrement tous les trois mois. Elles auront pour ordre du jour de pourvoir aux nominations des membres des Bureaux général et central, d'entendre la lecture des dépenses et recettes des Bureaux généraux et de les arrêter, d'entendre lecture des correspondances et de renvoyer les plus importantes aux assemblées générales. Ces assemblées recevront les appels d'amende et les jugeront en dernier ressort, l'assemblée générale ne recevant plus les appels que pour cause de suspension. Les appels au Tour-de France ne pourront plus être faits que pour cause de radiation ou d'exclusion.

Pour le Bureau central il y eut également plusieurs changements, en ce qui concernait ses membres de Bureau; il leur fut adjoint un Secrétaire rédacteur du bulletin, un Trésorier-adjoint et un Archiviste; trois Secrétaires d'arrondissements furent supprimés. Ces modifications ont eu pour principal but une meilleure répartition dans le travail qui incombe à chaque membre de ce Bureau. Les conflits, s'il en arrivait, ou les questions mal expliquées ou imprévues par le Règlement, ne seront plus tranchées par le Bureau central; elles seront soumises par ce Bureau aux cinq Bureaux généraux, qui statueront, et le Bureau central fera exécuter suivant la majorité. La caisse centrale pour subvenir aux frais du Bureau central ainsi qu'à satisfaire les demandes d'argent des divers Bureaux, a été portée de quatre mille à cinq mille francs.

La caisse, dont le revenu est affecté aux pensionnaires et dont le capital dépasse aujourd'hui plus de cent mille francs, sera, bien entendu, et reste comme par le passé pour le service de la retraite Mais une modification importante concernant cette caisse y a été apportée par le congrès; en effet, l'article 246 de l'ancien Règlement disait dans son dernier paragraphe concernant cette caisse : « Ces fonds sont immuables et dans aucun cas l'on ne pourra en disposer autrement que pour ce à quoi ils sont destinés. » La délibération du congrès a été, que tous les fonds appartenaient à la Société ; que la Société pouvait se servir des revenus de son capital pour servir la retraite de ses pensionnés, mais que le capital de la Société était toujours la propriété de la Société, et non la propriété d'un secours déterminé dans le Règlement; que la Société pouvait donc toujours, dans un cas grave et sur la proposition du Bureau central, avec avis unanimes des cinq Bureaux généraux et après décision prise en assemblée générale, disposer de son capital pour subvenir aux graves éventualités, s'il venait à s'en produire.

La commission de vérification et la commission de surveillance ayant été maintenues, chacune a ses devoirs tracés et ses attributions nettement définies. Dans le titre qui les concerne, la commission de vérification a pour principal devoir de vérifier les comptes des Bureaux et des sociétaires vis-à-vis de la Société ; elle sera nommée tous les trois mois et devra faire un rapport chaque trimestre.

La commission de surveillance sera nommée pour six mois, elle aura la surveillance de tous les Bureaux; elle devra veiller à la bonne administration de tous les Bureaux ; les pouvoirs les plus étendus lui sont donnés ; en cas de conflits ou en cas de mauvaise administration d'un Bureau, elle pourra convoquer une assemblée et faire statuer les sociétaires sur le cas qu'elle leur soumettra ; les membres de cette commission devront faire un rapport aux assemblées semestrielles d'avril et d'octobre. Dans les villes où il n'y a pas de Bureau général, ces rapports seront faits aux assemblées mensuelles de mars et novembre.

Les divers événements qui ont eu lieu pour arriver à la revision définitive du Règlement, ont démontré qu'il était indispensable d'avoir une manière de procéder pour la revision, et qu'elle devait être inscrite sur le Règlement; c'est ce que le congrès a prévu en ajoutant au Règlement un nouveau titre concernant la revision.

Nous trouvons dans ce titre les dispositions suivantes : Le Règlement mis en vigueur à partir du 1er janvier 1883 est fait pour une période de dix ans. Toutefois, au bout de cinq années révolues, le Bureau central soumettra au Tour-de-France, s'il y a lieu de reviser. Si la majorité des deux tiers des sociétaires ne se prononçait pas pour la revision, le Règlement serait promulgué pour une seconde période de cinq années. Dans ce cas, la neuvième année de mise en vigueur du Règlement, dans les villes où siège un Bureau général, les commissions se réuniront de plein droit, et commenceront les travaux pour la nouvelle revision. Les travaux de ces cinq commissions aussitôt terminés, il sera nommé dans chaque arrondissement, en assemblée générale, deux délégués pris dans ces commissions pour se réunir à Paris et former un congrès.

Nous devons également à une délibération du congrès l'impression et la distribution à tous les sociétaires de la présente Notice historique de notre Société. Chacun saura, par ce travail, que le but que nous avons poursuivi a été de faire connaître à tous nos collègues (d'après les documents que les Bureaux du Tour-de-France ont bien voulu mettre à notre disposition) les principaux faits qui se sont passés dans notre Société depuis sa fondation, et faire constater par tous nos collègues le progrès qui s'est fait dans la classe des travailleurs, progrès auquel notre Société a contribué pour une large part, ce qui évidemment est bien démontré dans ce compte rendu par la réalisation de tous les bienfaits alloués à ceux qui en ont eu besoin dans des moments critiques de la vie.

Pour terminer ce chapitre, il est bon de dire aussi que deux autres pensions ont été admises, dont voici les noms dans ce qui suit :

Le sociétaire René Petit, profession de corroyeur, né à Pezenne (Deux-Sèvres) le 1er novembre 1820, reçu sociétaire à Nantes le 6 septembre 1849, admis à la pension à partir du 1er janvier 1881, ayant atteint l'âge de 60 ans révolus et ayant plus de 32 ans d'activité dans la Société. Pendant ce temps, ledit sociétaire a été très dévoué aux intérêts de la Société par son exactitude à remplir ses devoirs avec honneur et probité ; il a donc droit d'être cité comme ayant toujours été un bon et fidèle membre de l'Union de la ville de Paris.

Le sociétaire Louis Denis, profession de cordonnier, né à Tiffange (Vendée) le 20 mars 1821, reçu sociétaire à Bordeaux le 5 décembre 1852, admis à la pension à partir du 1er avril 1881. Ayant atteint l'âge de 60 ans révolus, et ayant plus de 28 ans d'activité dans la Société. Pendant ce temps ledit sociétaire a été aussi très dévoué aux intérêts de la Société ; par son exactitude à remplir ses devoirs avec honneur et probité, il a mérité d'être cité comme ayant toujours été un fidèle membre de l'Union de la ville de Bordeaux.

Ces deux pensions portent à seize le nombre de ceux qui ont été admis à ce secours depuis le 28 octobre 1864. Et actuellement il y a huit pensionnés dont six l'ont été par leur âge civil et par le temps d'activité désigné par le Règlement, et les deux autres étant atteints de maladies incurables. Cette réalisation de pouvoir solder les pensionnaires est assurément bien encourageante pour tous les membres de la Société qui viendront se grouper sous l'étendard de l'Union des Travailleurs du Tour-de-France.

CHAPITRE VINGTIÈME

Difficulté de gestion. — Circulaire du Bureau central. — Projet émis par les sociétaires de Bordeaux pour instituer des sociétaires honoraires. — Proposition émise également par les sociétaires de Nantes pour fonder une caisse de prévoyance.

Les sociétaires pensaient tous que le nouveau Règlement auquel on avait joint la Notice historique imprimée et reliée en brochure ferait mieux connaître la Société, que cela contribuerait aussi à bien étendre et avec avantage sérieux les racines indestructibles de cette union des travailleurs sur le Tour-de-France.

D'ailleurs, les articles concernant les secours ayant été modifiés en vue de bien secourir les ayants-droit, et avec plus d'équité qu'ils ne l'étaient par l'ancien Règlement, il était donc évident que le nombre des sociétaires s'accroîtrait de beaucoup. C'est ainsi que dès l'année 1884 plusieurs Bureaux furent fondés, dans l'intention toujours louable d'améliorer la position des travailleurs soit voyageurs, soit sédentaires, car les articles du titre Secours étaient plus avantageux que ceux de l'ancien; c'est pour cela surtout que les ouvriers venaient donc se grouper sous la bannière unioniste.

Mais, malgré le bon vouloir des sociétaires de toutes les contrées, une grande difficulté surgissait : c'était celle de pouvoir subvenir et solder ce qui revenait aux malades, au payement des médicaments et des visites des médecins. Ces embarras émurent donc tous les sociétaires, qui voyaient qu'il était presque impossible de pouvoir faire face à toutes ces dépenses ; plusieurs Bureaux demandaient au Bureau central s'il ne serait pas urgent, devant des éventualités aussi graves, de faire quelques modifications sur plusieurs articles.

A Paris, une commission, dite de statistique, fut chargée d'étudier ce qu'il y aurait à faire pour arriver à un bon résultat. Le Bureau général de Nantes demandait de pouvoir reviser l'article qui concerne les maladies secrètes, parce que, disait-il, cet article occasionnait beaucoup de dépense à la Société et qu'il était impossible de solder tous les médicaments ordonnés pour ce genre de maladies. A Lyon, on demandait aussi à faire des modifications ; de toute part, il en était ainsi, car en effet on voulait reviser quelques articles, afin d'éviter surtout plusieurs abus qui se produisent et font que des secours sont trop onéreux, comme par exemple celui de garde malade, qui n'a jamais été bien défini, et qui par sa rédaction a produit des difficultés, qu'il était souvent difficile d'aplanir au gré de tous. Il en a été de même pour l'article qui donne droit pour les femmes et les enfants légitimes des sociétaires d'avoir les visites du médecin de la Société ; aussi à Paris, dans l'assemblée générale du 10 janvier 1885, un vote ayant eu lieu pour la suppression de cet article, 110 sociétaires qui formaient la majorité le supprimaient totalement, comme étant celui qui, en ne rapportant rien, entraînait à trop de frais.

A Bordeaux, les sociétaires étudièrent aussi ce qu'il y aurait à faire pour avoir plus de fonds dans toutes les caisses. On trouvera un peu plus loin le projet qu'ils soumirent à tous les Bureaux, et qui fut adopté. Dans d'autres villes il en était de même ; des réclamations et des propositions diverses étaient envoyées au Bureau, central, les membres de celui-ci, pensant résoudre toutes les questions posées, résolurent d'envoyer un questionnaire sur chaque article. On ne peut mieux faire que de donner la copie textuelle de ces propositions, suivie des votes sur chaque modification proposée.

Voici donc cette circulaire:

Paris, le 24 juin 1884

Chers collègues,

« Le Bureau central vient, par la présente, consulter les sociétaires du Tour-de-France au sujet des modifications suivantes à apporter à plusieurs articles de notre Règlement, modifications qui ont été demandées par le Bureau général de Lyon le 24 octobre 1883, d'autres par le Bureau général de Nantes le 13 novembre 1883, une par le Bureau général de Marseille le 15 avril 1884 ; plusieurs autres modifications ont été discutées et votées par le Bureau central en assemblée le 11 décembre 1883 et le 10 juin 1884. Ces propositions vous sont faites d'après l'article 251 de notre Règlement et comme nous l'espérons, si, vous les sanctionnez.

« Après le vote du Tour-de-France, si ces diverses modifications sont acceptées par la majorité, elles auront force articles de Règlement.

« Nous prions les sociétaires de faire un vote uniforme pour répondre à chacune des propositions qui sont soumises à leur jugement.

Formule de vote

(Pour adopter) (pour repousser)
Oui *Non*

Bureau central demande d'ajouter le mot célibataire.

ARTICLE PREMIER

Pour être admis dans la Société, il faut être travailleur, âgé de 17 ans au moins et de 35 ans au plus (célibataire), sain de corps et d'esprit.

Le reste de l'article, tel qu'il existe.

Votants : 1176. Pour : 341, contre : 385 (article repoussé).

Bureau central supprime en la faisant immédiatement sanctionner par l'assemblée.

ART. 29

Il a le droit d'infliger une amende de 0 fr. 25 centimes ou de 0 fr. 50 en cas de récidive à un sociétaire qui se ferait rappeler deux fois à l'ordre cette amende est sans appel.

Le commencement et la fin de l'article tel qu'il en existe.

Votants : 1203. Pour : 519, contre : 684 (article repoussé).

Bureau général de Lyon. — Cette augmentation appuyée par le Bureau central comme indispensable à l'existence de la Société.

ART. 50

La cotisation mensuelle est fixée à deux francs par mois ; elle sera susceptible d'être augmentée si les besoins de la Société l'exigent.

Votants : 1200. Pour : 160, contre : 104 (article repoussé).

Bureau central. — Modifications faisant suite à l'article 50.

ART. 54

Toute cotisation est payable d'avance dans le lieu de réunion où l'on se trouve; celui qui devra plus de six francs sera suspendu, celui qui devra plus de dix francs sera rayé.

Le reste de l'article tel qu'il existe.

Votants: 1168. Pour : 192, contre : 976 (article repoussé).

Bureau général de Nantes demande la suppression des médicaments pour les maladies secrètes. Le Bureau central n'approuve pas cette suppression.

ART. 110

Les maladies cutanées ne seront pas considérées comme provenant de débauches si l'on en a acquis la certitude; les maladies secrètes n'auront droit qu'au médecin de la Société.

Votants: 1111. Pour : 431, contre : 680 (article repoussé).

Bureau général de Nantes demande à ajouter : Il devra remercier la Société. Appuyé par le Bureau central.

ART. 184

Lorsqu'un sociétaire sera appelé par la Loi pour faire son service militaire (il devra remercier la Société) et il pourra réclamer un diplôme qui portera la mention (Cause militaire).

Le reste de l'article tel qu'il existe.

Votants : 1195. Pour : 634, contre : 561 (article adopté).

Bureau général de Marseille. Assemblée d'avril 1884 vote la formation d'un Bureau général auxiliaire à Toulon. Le Bureau central propose l'article ci-dessous:

ART. 203 *bis*

Lorsque dans une ville où il existera trois Bureaux particuliers réunissant au moins 300 secrétaires, s'ils en font la demande, ils pourront établir un Bureau général auxiliaire si la majorité des cinq Bureaux généraux l'approuve en assemblée de Bureaux au Bureau général. Ce Bureau auxiliaire n'aura d'autorité que sur les Bureaux de la ville où il siége, et relève du Bureau général de l'arrondissement dont il fait partie.

Votants: 1160. Pour: 655, contre: 505 (article adopté).

Bureau central demande à modifier l'article 227 par l'augmentation de deux secrétaires d'arrondissement, qu'il juge indispensable au bon fonctionnement de Bureau

ART. 227

1° Un Trésorier-Adjoint, un Archiviste pour tenir le livre A, et quatre Secrétaires d'arrondissement;

2° Le Président, le Secrétaire, le Trésorier-Adjoint, l'Archiviste et deux Secrétaires d'arrondissement sont nommés à l'assemblée de janvier.

3° Le Vice-Président, le Tresorier, le Secrétaire rédacteur au bulletin et deux Secrétaires d'arrondissement sont nommés à l'assemblée de juillet.

(Le commencement et la fin de cet article comme le Règlement.)

Votants: 1159. Pour: 1098, contre: 61 (article adopté).

Le Bureau central demande d'écrire « par le Président, le Trésorier et le Secrétaire ».

ART. 231.

Ces fonds seront placés le plus sûrement possible et devront servir à l'achat de rentes portées en titres nominatifs au nom de la Société de l'Union des Travailleurs du Tour-de France, ou placés en immeubles, s'il y a lieu, par le Président, le Trésorier et le Secrétaire.

(Le commencement et la fin de l'article comme le Règlement.) Votants : 1.002. Pour : 618, contre : 384 (article adopté).

Le Bureau central propose l'article ci-dessous modifié.

ART. 232.

Le Bureau central se réunira une fois par semaine pour l'expédition des affaires courantes; il y aura en outre une assemblée mensuelle dans laquelle seront arrêtées les dispositions à prendre pour exécuter et faire exécuter les décisions prises conformément au Règlement. Tous les délégués sont tenus d'assister à toutes ces réunions et assemblées, ceux qui manqueraient à trois consécutives seront considérés comme démissionnaires et il sera pourvu à leur remplacement.

Votants : 1,184. Pour : 1.040, contre : 144 (Article adopté).

Le Bureau central propose l'article nouveau (252), qui est de toute nécessite pour lui permettre d'exécuter l'article 231 au sujet des titres nominatifs au nom de la Société.

ART. 252.

Ce Règlement portant pour titre :

(Société de l'Union des Travailleurs du Tour-de-France) a été mis en vigueur le 1er janvier 1883, pour faire suite et remplacer le Règlement portant le titre de (Société de l'Union) qui a été en vigueur du 1er janvier 1875 au 31 décembre 1882, qui lui-même a fait suite à celui portant le titre de (Société de Bienfaisance de l'Union), qui a été en vigueur du 1er janvier 1865 au 31 décembre 1874.

Votants : 1.134. Pour : 952, contre : 182 (Article adopté).

Nous invitons tous les Bureaux à mettre le plus d'empressement possible à nous répondre sur ces diverses demandes.

Nous invitons aussi ceux qui ne nous ont pas encore répondu au sujet de la cotisation extraordinaire pour les pensionnés au sujet de l'appel au Tour-de France de Léon Durand, à le faire de suite

« Si ces modifications sont adoptées, elles seront imprimées sur une feuille volante qui sera collée sur le livret de chaque sociétaire.

« Après nous avoir envoyé les résultats de cette circulaire, vous vous occuperez de la demande d'enquête suivante :

1° Savoir le nombre des sociétaires célibataires, des sociétaires mariés et le nombre des enfants ;

« 2° Article 125, savoir combien l'on a payé de secours de route dans chaque Bureau pour l'année 1883;

3° Le nombre des visites pour les sociétaires, pour les femmes et les enfants pendant l'année 1883

« Cette enquête est faite pour servir à faire une statistique sur les dépenses de la Société.

« Recevez, chers collègues, les salutations fraternelles de vos dévoués collègues de l'Union des Travailleurs du Tour-de-France.

LE BUREAU CENTRAL,

« *Le Président*, *Le Vice-Président*, *Le Trésorier*

« MICHARD. GAUTIER. GÉLIBERT.

« *Le Secrétaire*, *Le Trésorier-adjoint*,

« COUTY. SOUCHEZ.

« *Les Secrétaires d'arrondissements*,

« F. DUVERGER BATAILLARD, PARRAVELLE.

« *Le Secrétaire rédacteur du bulletin*, VAREILLAUD.

« *Les Délégués*, GRAILLOT, GUIGNARD, KESSLER. »

Les modifications adoptées ci-dessus n'ont pas aplani toutes les difficultés existantes, parce que les articles qui étaient repoussés avaient été proposés afin de pouvoir continuer la gestion de la Société et de contenter tous les intérêts. Les embarras restant donc à peu près les mêmes, on continuait à étudier ce qui pourrait faire entrer des fonds dans les caisses pour les besoins sociaux.

Les sociétaires de la ville de Bordeaux, comme on le dit déjà plus haut, étudiaient et cherchaient les moyens les plus pratiques pour combler le déficit. Afin d'atteindre ce but ils résolurent qu'il était urgent d'admettre des membres qui seraient seulement cotisant comme cela a lieu dans d'autres Sociétés, avec le titre de : Sociétaires honoraires. Ils envoyèrent donc une circulaire à tous les Bureaux du Tour-de-France, et en voici la copie textuelle :

SOCIÉTÉ DE L'UNION DES TRAVAILLEURS DU TOUR-DE-FRANCE.

Bureau général de Bordeaux

« Chers Collègues,

« Depuis longtemps déjà, des hommes très honorables nous ont manifesté le désir de faire partie de notre Société à titre de membres honoraires. Devant ces offres, plusieurs fois répétées, le Bureau général crut devoir en aviser le Bureau central qui, par une lettre en date du 8 mars 1887, engageait fortement les membres du Bureau général à poser la question au Tour-de-France.

« Forts de l'appui moral du Bureau central, la question fut soumise à l'assemblée générale trimestrielle d'avril qui, après discussion sérieuse et approfondie, vota le principe de l'admission des membres honoraires à l'unanimité moins quatre voix sur 180 votants. Nous pensons donc, chers collègues, et la presque généralité des sociétaires de Bordeaux pensent avec nous, que les membres honoraires ne pourraient que nous être très avantageux, tant au point de vue moral que financier. Au point de vue moral, cela ferait connaître davantage la Société, et beaucoup, frappés de la beauté des principes qui en sont la base, viendraient à nous et contribueraient à étendre bien davantage les racines indestructibles de la Société de l'Union.

« Au point de vue financier, nous estimons que les cotisations de ces hommes dévoués à notre œuvre nous seraient d'un grand secours, étant donné que pour des raisons que nous n'avons pas à apprécier aujourd'hui, mais que malheureusement nous sommes obligés de constater, notre Société subit un temps d'arrêt très marqué, en même temps que très préjudiciable à son développement et aux intérêts de ses membres.

« N'oublions pas, en effet, chers collègues, que le nombre des réceptions va toujours en diminuant, et que par conséquent, la caisse de retraite de moins en moins alimentée par les deux francs des nouveaux sociétaires, il en résulte que, malgré la cotisation prévue par l'article 135 du Règlement, nous arrivons à ne pouvoir donner à nos pensionnés et retraités qu'une somme tout à fait insuffisante pour parer aux premières nécessités de la vie.

« Nous devons également vous faire remarquer que la mise à exécution du beau principe que la Société a adopté, qui est celui de faire le plus grand bien possible aux sociétaires, sans trop les grever par les cotisations, a établi un surcroît de dépenses considérable ; ce qui fait que les secours accordés ne sont plus en rapport avec les cotisations, et que forcément cette situation ne peut que nous amener au déficit, et c'est précisément ce qu'il faut éviter à tout prix.

« Il y aurait certainement un moyen pour arriver à équilibrer notre situation, ce serait d'élever les cotisations ou diminuer les secours; mais nous ne vous cacherons pas, chers collègues, que ce serait avec beaucoup de regrets que nous verrions la Société en arriver à cette extrémité, qui ne serait autre chose qu'une marche rétrograde, qui ferait perdre à notre chère Société la place qu'elle occupe avec honneur et qu'elle a su créer par les services rendus.

« Voilà, chers collègues, ce qui nous a décidé à vous soumettre cette question; vous remarquerez que si nous voulons admettre chez nous de vrais philanthropes, nous repoussons les intrigants; nous ne donnerons jamais à personne qu'à des ouvriers l'honneur d'administrer l'œuvre pour laquelle nos devanciers ont lutté; mais nous croyons que sans nous abaisser ni nous compromettre, nous pouvons accepter des secours qui nous permettront de continuer, sans trêve ni relâche, l'œuvre si bien commencée.

« C'est pourquoi nous avons l'entière confiance que vous adopterez à l'unanimité les articles que nous avons l'honneur de vous soumettre ci-après.

« Art. 1er.

La Société de l'Union des Travailleurs du Tour-de-France pourra recevoir des sociétaires honoraires qui se conformeront aux dispositions suivantes.

Art. 2.

En se faisant inscrire à l'un des Bureaux de la Société, le candidat devra fournir des preuves officielles de son identité; il ne sera soumis à aucune limite d'âge, ni à aucune visite du médecin; mais il devra être d'une parfaite honorabilité et jouir de ses droits civils et politiques. Le délai entre l'inscription et la réception ne pourra dépasser un mois.

ART. 3

La réception ne pourra avoir lieu que dans une assemblée obligatoire ou extraordinaire, à la majorité absolue des membres présents. Quelle que soit la décision prise dans cette assemblée, le Bureau en avisera immédiatement l'intéressé. Si le candidat est reçu, il lui sera remis un exemplaire du Règlement de la Société, plus une petite brochure contenant, en outre des présents articles, une feuille spéciale où seront inscrits ses nom, prénoms, lieu de naissance, âge, profession, le titre d'honoraire et la date de réception. Cette pièce, revêtue du cachet et signée des membres du Bureau sera pour le sociétaire la preuve de son admission dans la Société. Le Président inscrira le sociétaire honoraire sur le livre A.

ART. 4

Le sociétaire honoraire devra verser une cotisation annuelle d'au moins vingt-cinq francs, payable par acompte ou en totalité, au gré du sociétaire. La première annuité compte du jour de la réception au 31 décembre de la même année. Si plus d'une année se passait sans versement, le sociétaire serait avisé d'avoir à se mettre en règle, sous peine de radiation.

ART. 5

Le sociétaire honoraire n'aura droit à aucun secours, il pourra assister aux assemblées de son Bureau et aux assemblées générales. Dans aucun cas, il n'obtiendra la parole. Aucune proposition émanant de lui ne pourra être discutée séance tenante; elle sera renvoyée à l'étude d'une commission, s'il y a lieu.

Le sociétaire honoraire ne peut être élu à aucune fonction; il pourra demander communication du Bulletin trimestriel.

ART. 6

L'exclusion pourra être prononcée contre le sociétaire honoraire si des choses graves contre l'intérêt et l'avenir de la Société ou des sociétaires lui étaient reprochées. Dans ce cas, il serait jugé par son Bureau particulier, lequel l'aurait préalablement convoqué à l'assemblée pour le jour du jugement. Quelle que soit la décision de la majorité absolue à cette assemblée, le condamné ou l'accusation pourront faire appel (dans les dix jours qui suivront la signification du verdict) au Bureau général qui, en assemblée générale des sociétaires, jugera en dernier ressort.

Art. 7

Le sociétaire honoraire, en tant que sociétaire, ou remercié, rayé ou exclu, ne pourra, dans aucun cas traduire la Société devant les tribunaux, ni réclamer les sommes versées par lui.

Art. 8

Au décès d'un sociétaire honoraire, la Société assistera en corps à ses obsèques.

Art. 9

Le principe de la Société éloignant des fonctions actives les sociétaires honoraires, aucune révision ne pourra jamais augmenter les prérogatives que leur accorde le présent titre.

« *Les Membres de la commission :*

« Aguerre, Bénard, Tossas père, E. Rispal, Philippe.
« Dupouy, L. Fidit. C. Pelletier, Deberdrand, Neyrre,
« Descombes, Arnault, A. Barraud, Guibert.

« *Les Membres du Bureau général :*

« *Le Président général,* « Labourume, — *Le Vice-Président,* Delonca,

« *Le Secrétaire général,* « Taillandier, — *Le Secrétaire-Adjoint,* Jacobsen,

« *Le Trésorier général,* « Brun, — *L'Archiviste,* Mazeau aîné

« Bordeaux, le 11 juin 1887.

« N. B. — Les résultats du vote devront être envoyés directement au Bureau central. »

La susdite circulaire ayant été expédiée dans tous les Bureaux du Tour-de-France, la proposition et les articles étant sérieusement commentés et discutés, on passa ensuite aux voix, et voici le résultat des votes rendus par l'admission des membres honoraires :

Arrondissements	Votants	Pour l'admission	Contre l'admission	Blancs.	Nul
Paris	336	136	192	4	4
Lyon	42	38	2	1	1
Marseille . .	66	62	4	»	»
Bordeaux . .	370	206	161	2	1
Nantes . . .	321	258	62	»	1
Total. . .	1135	700	421	7	7

La proposition faite par les sociétaires de la ville de Bordeaux ayant été adoptée par plus de la moitié des votants dans les cinq arrondissements, les articles ont été réservés pour être portés sur le nouveau Règlement.

Il serait à désirer que cette acceptation apporte un avantage sérieux à la Société de l'Union pour la réalisation des bienfaits inaugurés par les travailleurs du Tour-de-France et inscrits sur tous les Règlements adoptés depuis l'année mémorable de 1832 jusqu'à nos jours. Espérons donc que le développement se fera sentir favorablement, comme l'ont pensé les auteurs de la proposition, et que par suite aussi les intérêts des sociétaires se réaliseront, à la satisfaction de tous les membres de la belle Union.

En attendant que la bonne idée du Bureau général de la ville de Bordeaux puisse être réalisée avec un bon succès, d'autres Bureaux travaillaient aussi à faire leur possible pour augmenter le nombre des unionistes et pouvoir assurer le payement intégral des sommes allouées aux sociétaires par les articles du Règlement.

Tel est le but du projet rédigé et adopté par les membres de la commission du Bureau général de la ville de Nantes expédié à tous les Bureaux du Tour-de-France, afin que ceux ci étudient les propositions faites amicalement et les adoptent par un vote. D'ailleurs, voici le contenu de cette circulaire.

« Bureau général de Nantes.

« Sur la demande de la circulaire du Bureau central en date du 1er décembre 1887, le Bureau général de Nantes a nommé une commission de sept membres chargée de rechercher les moyens les plus efficaces pour améliorer la situation financière actuelle.

« En vertu de l'article 251 de notre Règlement, nous venons vous présenter son rapport, qui a été adopté en assemblée générale du 15 décembre, par 153 voix sur 155 votants, et nous espérons qu'il trouvera le même accueil sur le Tour-de-France.

« Rapport de la commission de revision.

« Chers collègues,

« Le Bureau général, dans sa séance du 24 novembre dernier, en réponse à une circulaire venue de Paris, pour rétablir à l'article 1er de notre Règlement le mot celibataire, a repoussé, à l'unanimité, la demande du Bureau central, s'appuyant sur la raison que dans nos Bureaux la moyenne des hommes mariés entrant dans la Société est 7 pour 10, que l'exclusion de ceux-ci serait sûrement une cause de décadence pour la Société, et que, dans la plupart des Bureaux, ce sont les hommes mariés sédentaires qui remplissent les fonctions. Vous ne devez pas ignorer que le Bureau de Cognac a disparu faute de membres de Bureau, et que beaucoup pourraient subir le même sort

« Maintenant, chers collègues, les membres de la commission vous proposent les modifications suivantes à apporter à l'article 2 de notre Règlement, lequel serait ainsi conçu :

ART. 2

En se présentant au Bureau de sa profession ou à tout autre, à défaut de ce dernier, le candidat devra consigner:

1° de 17 à 25 ans: 5 francs de droit d'entrée, 2 francs pour la caisse de retraite;

2° De 25 à 30 ans: 5 francs de droit d'entrée, 5 francs pour la caisse de retraite;

3° De 30 à 35 ans: 5 francs de droit d'entrée, 10 francs pour la caisse de retraite ;

« Les deux premières catégories feraient leurs versements en deux fois et un mois de noviciat, et la troisième en trois fois et deux mois de noviciat.

« Voila, chers collègues, le changement que nous vous proposons, étant certains que ce sera un grand avantage pour notre caisse de retraite, et que cette augmentation pour la réception n'empêchera pas la Société de s'accroître, car dans toutes les Sociétés de secours mutuels l'entrée est au moins aussi élevée, si elle ne l'est plus, et elles n'ont pas de caisse de retraite.

« Voici maintenant la seconde partie de notre travail concernant l'alimentation de notre caisse de retraite :

« Qui de nous n'est pas soucieux de ses intérêts personnels et ne se préoccupe de ceux de sa famille?

« Permettez-nous de venir vous exposer un petit travail qui, croyons-nous, mérite toute votre attention.

« Les intérêts de notre capital social sont loin de suffire pour pouvoir assurer le montant intégral des retraites à nos vieux sociétaires, qui ont si vaillamment contribué à la prospérité de notre belle Société; en outre, ce capital ne s'est, pour ainsi dire, pas accru depuis cinq ou six années, et malheureusement il pourrait bien en être ainsi d'ici longtemps.

« Il faut donc chercher un moyen pour obvier à cet état de choses; nous avons travaillé à cet effet, et nous venons, chers collègues, vous faire connaître le résultat de nos recherches.

« Nous voulons parler d'une caisse de prévoyance.

« Les fonds de cette caisse de prevoyance serviraient à payer nos pensions et retraites, ainsi que les secours à donner à nos veuves et à nos orphelins.

« Vous savez tous chers collègues, que les intérêts de notre capital social se montent à 4,365 francs, tandis que nous avons près de 8,500 francs de pensions et retraites à servir; c'est-à dire un déficit de près de moitié; ou autrement il faudrait que notre capital social fût doublé d'un seul coup, chose qui ne peut se faire qu'en exigeant de chaque sociétaire actif un versement de plus de trente francs; et, en outre, admettre que, dans l'avenir, le montant de vos retraites ne s'augmente pas.

« Renonçons donc vite à vouloir servir nos pensions et retraites au moyen des intérêts de notre capital: car il est très certain que nous n'arriverions même pas à assurer à chaque retraité une pension supérieure à 300 francs, en admettant que le nombre ne dépassât pas 17, chose bien peu probable.

Occupons-nous donc de suite de notre caisse de prévoyance dans laquelle viendront se grouper les fonds qui nous seront nécessaires.

Quels seront les éléments de cette nouvelle caisse?

« 1° Tous les droits d'entrée ;

« 2° Une cotisation mensuelle de 0 fr. 25 exigée de tout sociétaire actif ;

« 3° Du montant des intérêts de notre capital social ;

« 4° Du montant des intérêts du solde existant à la caisse de prévoyance à la fin de l'année précédente.

« Ci-dessous, nous vous soumettons un tableau vous indiquant la marche que pourrait suivre notre caisse de prévoyance pendant une période de douze années :

ANNÉE	Nombre de Sociétaires actifs.	Montant de la cotisation de 2 fr. 40.	Montant des entrées basées sur le chiffre moyen de 4 fr.	Intérêts du capital social	Solde en caisse à l'année précédente.	Intérêts du solde en caisse basé sur 4 0/0.	TOTAL	Nombre de pensionnaires.	Montant de la pension basée sur le chiffre de 500 fr.	Reste en caisse à fin d'année.
1888	3 300	7 920	2 000	1 365	»	»	14 285	17	8 500	5 785
1889	3 400	8 160	2 000	1 365	5 785	230	20 540	19	9 500	11 010
1890	3 500	8.400	2 000	1 365	11.010	440	26 215	21	10.500	15 715
1891	3.600	8.640	2 000	1 365	15 715	630	31 350	23	11 500	19 880
1892	3 700	8 880	2 000	1 365	19 880	790	35 915	25	12 500	23 415
1893	3 800	9 120	2 000	1 365	23 415	935	39 835	27	13 500	26 335
1894	3 900	9 360	2 000	1 365	26 335	1 050	43 110	29	14 500	28 610
1895	4 000	9 600	2 000	4 365	28 610	1 140	45 715	30	15 000	30.715
1896	4 100	9 840	2 000	4 365	30 715	1.225	48 145	31	15 500	32.645
1897	4 200	10 080	2 000	1 365	32 645	1 300	50 390	32	16 000	34 390
1898	4 200	10.080	2 000	1 365	34 390	1.375	52 210	34	17 000	35 210
1899	4 200	10 080	2 000	1 365	35 210	1.405	53 060	35	17 500	35 560
1900	4.300	10 320	2.000	1 363	35 560	1.420	53 665	36	18 000	35 665

« Nous vous ferons remarquer, chers collègues, que ce tableau a été établi sur les bases des années précédentes ; ainsi par exemple :

« En augmentant le nombre des sociétaires actifs de 100 par an, nous ne faisons que suivre les précédents ; car, en 1882, il existait à la Société 2,900 sociétaires, et nous en trouvons 3,300 en 1886, soit une augmentation de quatre cents, en quatre années.

« Dans notre travail, nous supposons que le montant de notre capital social ne s'accroîtra plus (ce qui est peu probable), et nous ne faisons figurer nos intérêts que pour une somme de 4,365 fr., chiffre représentant le rapport annuel à ce jour, et le maintenons tel quel jusqu'en l'an 1900.

« Dans nos prévisions, nous comptons sur cinq cents entrées dans la Société annuellement, et le relevé des bulletins du 1er janvier 1884 au 1er janvier 1887 nous en accuse six cent trente ; vous voyez, chers collègues, que de ce côté nous sommes encore bien au-dessous de la moyenne.

« Depuis plus de cinquante années que notre Société existe, nous n'avons que dix-sept sociétaires retraités ou pensionnés ; et nous, dans nos prévisions, nous comptons sur dix-neuf retraités de plus en treize années, soit un total de trente-six retraités (et tous à cinq cents francs) pour l'année 1900.

« Nous insistons, chers collègues, afin que vous remarquiez bien cette grande différence.

« En résumé, le tableau que nous vous soumettons, n'est basé que sur des chiffres bien au-dessous de la moyenne, et qui sont plutôt à son préjudice qu'à son avantage ; et malgré cela nous arriverons en l'année 1900, c'est-à-dire après treize années de fonctionnement, à avoir servi très strictement nos pensions et retraites, et nous trouvant à la tête d'un capital de plus de 35,000 francs (trente-cinq mille francs).

« En admettant que notre belle Société, qui jusqu'à ce jour s'est accrue dans de si notables proportions, restât stationnaire à partir de l'année 1900, c'est-à-dire qu'elle ne se composerait que de 4,300 membres et aurait 36 pensionnés (pension représentant un respectable chiffre de dix huit mille francs), elle pourrait indéfiniment marcher ainsi, en assurant ses retraites et pensions, sans avoir besoin de recourir à ses trente-cinq mille francs restant dans sa caisse de prévoyance ; car, ses droits d'entrée qui figurent pour deux mille francs, les intérêts de son capital social pour 4,365 francs, les intérêts de son fonds de prévoyance pour 1 420 fr., et ses cotisations mensuelles supplémentaires pour 10,320 fr., ce qui forme un total de dix-huit mille cent cinq francs, suffiraient à régler intégralement ses 36 pensionnés.

« Pourquoi ne pas porter cette nouvelle cotisation mensuelle de 0 fr. 25 directement à notre capital social ?

« Voilà une question qui nous sera peut-être posée, et à laquelle nous répondrons :

« Les neuf mille francs qui seraient ainsi recueillis annuellement, placés au capital, ne feraient que de nous apporter une plus-value annuelle de 360 fr., somme représentant les intérêts qu'ils produiraient ; tandis qu'à l'heure actuelle il nous faut trouver quatre mille cent trente-cinq francs, les intérêts de notre capital ne produisant que 4,365 fr., pendant que nous avons 8,500 fr. de pensions à servir.

« Vous voyez, chers collègues, par ce simple exposé, que nous devons renoncer de chercher à grossir un capital social, duquel nous ne pouvons nous servir que des intérêts, et au contraire former une caisse dans laquelle nous puissions toujours puiser suivant nos besoins.

« Vous remarquerez aussi, chers collègues, que dans notre travail nous ne comptons que sur une cotisation de 0 fr. 20 ; car nous réservons cinq centimes qui serviront à soulager nos veuves et nos orphelins.

« D'après nos calculs, ces cinq centimes peuvent assurer un secours de cinquante francs à chacune de nos veuves ou à nos orphelins au moment où nous viendrions à leur manquer.

« Au décès d'un sociétaire célibataire ou veuf sans enfants, ce secours de cinquante francs pourrait être accordé à son père ou à sa mère, pourvu toutefois que ces derniers justifiassent que le défunt était leur unique soutien et qu'eux-mêmes ne peuvent se livrer à aucun travail par suite d'incapacité de leur part.

« Nous croyons, chers collègues, devoir appuyer sur ces secours répartis à tous dans la même proportion, car beaucoup de veuves préfèrent parfois manquer de tout, plutôt que de se voir obligées de tendre la main aux anciens collègues, amis et frères de celui qui n'est plus.

« Si nous nous préoccupons de nous assurer le pain de nos vieux jours, n'oublions pas ceux qui pourraient manquer du plus strict nécessaire à l'heure où notre séparation aura sonné.

« Remarquez bien, chers collègues, que, pour arriver à ces beaux résultats, cela ne nous coûtera absolument rien, et pour les raisons suivantes :

« D'abord nous commençons par demander la suppression des 0 fr.50 centimes prévus par l'art 135 de notre Règlement, et en outre, toute autre cotisation extraordinaire, y compris celle de la fête du 15 août (jour qui sera aussi bien fêté au moyen de souscriptions volontaires).

« Cette dernière suppression a pour base le motif suivant :

« Les fonds avancés par les Bureaux généraux pour paier aux frais de cette fête ne rentrent pas toujours au complet à la caisse, par suite des nombreuses mutations de sociétaires rayés, exclus ou abandonnant la Société avant le payement intégral de leur dette.

« Récapitulons :

« D'un côté, nous demandons trois francs par an, pour assurer nos pensions et retraites, aussi bien pour le présent que pour l'avenir, et en outre procurer un secours de cinquante francs à ceux qui nous doivent le pain de chaque jour.

« De l'autre côté, nous supprimons : 1° la cotisation extraordinaire de 0 fr. 50 centimes de l'art. 135 ; 2° les frais de la fête, un franc environ ; 3° toutes les autres cotisations extraordinaires, qui dans le courant de l'année peuvent se monter de 1 fr. à 1 fr. 50. Ce qui nous donne un total à peu près égal à notre demande.

« Vous voyez bien, chers collègues, que tout cela ne nous coûtera pas un centime de plus, mais qu'il nous faut un nouveau mode d'emploi de nos fonds.

« Nous terminons en vous priant, chers collègues, de nous excuser d'avoir peut-être abusé un peu longuement de votre bienveillante attention, mais nous tenions à vous soumettre en entier notre situation et à vous faire connaître un moyen qui nous permette, croyons-nous, d'en sortir à la satisfaction de tous.

« Nous souhaitons qu'un vote unanime vienne confirmer nos espérances.

« Recevez, chers collègues, nos saluts fraternels. »

« *Les membres de la commission*,

« Durand, Farat, Métivier, Boistard,

« Jauan, Leborgne, Delcroix.

« P. S. — Nous vous prions de nous adresser le

résultat de vos votes, au Bureau général de Nantes, rue du Marchix, 12, en même temps que vous les enverrez au Bureau central. »

Cette circulaire reçue dans tous les Bureaux ne fut pas discutée par les sociétaires, parce que l'on était au moment de savoir si on devait reviser le Règlement. En conséquence, on décida que les bonnes propositions de Nantes seraient donc étudiées profondement par les commissions préparatoires des cinq Bureaux généraux.

Les membres du Bureau central, se conformant donc à l'art. 3 de la base organique, décidèrent d'écrire à tous les Bureaux afin de connaître l'avis des sociétaires et de savoir si la revision devait avoir lieu. Voici d'ailleurs la copie de cette lettre :

« Paris, le 31 janvier 1888.

« Chers collègues,

« Vu l'article 346 de notre Règlement, nous venons vous demander s'il est urgent de reviser le Règlement. D'après l'avis de plusieurs Bureaux qui ont demandé cette revision, et le besoin urgent de faire des économies, il est donc de toute nécessité de reviser le Règlement.

« Nous vous prions donc, aussitôt le reçu de cette circulaire, de faire une *assemblée obligatoire extraordinaire* et aussitôt, le soir même du vote, nous envoyer le résultat, car il faut que le Bureau central, aussitôt le reçu de votre réponse, écrive à tous les Bureaux, pour qu'à l'Assemblée de mars (art. 247), on puisse nommer les commissions.

« Le vote sera *Oui* pour la revision, et *Non* pour ceux qui voudraient le maintien du Règlement en vigueur.

« NOTA. Il est bien entendu qu'il faut les deux tiers des membres présents en ville pour que le vote soit valable (art. 34 et 246).

« Nous comptons sur une prompte réponse.

Le Bureau Central,

Le Président, BRUDON ;
Le Vice-Président, PERDEREAU
Le Trésorier, GELIBERT ;
Le Secrétaire, G COURY ;
Le Trésorier-Adjoint, DOMINIGHETTI ;
Les Secrétaires d'Arrondissement, GAUTHIER, GUIGNARD, VAUTERAIN, DUFILH ;
L'Archiviste, LAMARCQ ;
Le Secrétaire-Rédacteur, DUCROS ;
Les Délégués, LEGRAND, LECOMTE, MAUCAUZ

Au reçu de la susdite, les membres de chaque Bureau particulier s'empressèrent de réunir les sociétaires pour leur faire voter par oui ou par non si on voulait en effet reviser le Règlement. Le nombre des voix ayant été envoyé au Bureau central, celui-ci expédia immédiatement la circulaire suivante :

« Paris, le 10 avril 1888. »

« Chers Collègues,

« La Société du Tour-de-France s'étant prononcée par 1269 oui contre 495 non, sur 1764 votants, pour la revision du Règlement, vous aurez donc, dans votre assemblée prochaine, à nommer les membres de la Commission (article 247). Les Bureaux de chaque ville où siège le Bureau général devront nommer chacun 2 délégués, les autres Bureaux de l'arrondissement choisiront 2 délégués. S'ils ne connaissaient pas particulièrement des sociétaires, ils devront désigner au Bureau général le Bureau où ils désirent que l'on choisisse leurs délégués ; ces délégués, une fois nommés, se mettront en rapport avec le Bureau qu'ils représentent, pour connaître et savoir discuter leur avis. Pour le Bureau général auxiliaire de Toulon, les Bureaux de cette ville nommeront chacun 2 délégués et formeront une commission à Toulon ; lorsque cette commission aura terminé son travail, elle l'enverra au Bureau général de Marseille ; les délégués de Marseille au congrès le prendront avec le leur, et le soumettront au Congrès sous le titre : Rapport de la commission du Bureau général auxiliaire de Toulon. Le Règlement étant muet sur le cas du Bureau général auxiliaire, le Bureau central a cru bien faire en ajoutant ce qui précède, mais toutefois ce Bureau général auxiliaire ne pourra correspondre directement avec Paris, et c'est avec son Bureau général qu'il doit s'entendre s'il a quelque communication à faire concernant le nouveau Règlement. Les Bureaux où ne siège pas le Bureau général pourraient, aussitôt cette circulaire reçue, convoquer une assemblée extraordinaire pour choisir leurs délégués et aussitôt envoyer la réponse au Bureau général, qui pourrait faire ainsi nommer leurs délégués en même temps que ceux de la ville où il siège, à l'assemblée de mai, ce qui fait que les Commissions pourraient fonctionner de suite ; autrement cela reculerait la formation de ces commissions.

« Le Bureau central recommande à tous les Bureaux de choisir avec soin leurs délégués, de prendre des hommes connaissant à fond les besoins du moment, ayant bien étudié ce mouvement qui se produit dans la Société, qui tend à se localiser, à devenir sédentaire au lieu d'être, comme autrefois, une Société se composant presque exclusivement d'ouvriers voyageurs, et, par ce changement, à amener de nouveaux frais sans pour cela avoir augmenté d'autant son chiffre de recettes ; c'est pour cela que nous nous permettons de vous dire de bien étudier ce grand travail, pour pouvoir le mener à bonne fin, et que nous puissions avec un nouveau Règlement non pas seulement équilibrer notre budget, mais faire des économies qui nous permettent d'augmenter notre capital, car vous avez dû le voir par la circulaire N° 2, que le nombre des pensionnés va toujours en augmentant et que, par suite, le chiffre des pensions suit un effet contraire ; et de plus, avec un Règlement sérieux et bien compris, nous n'aurions pas besoin de faire tous les cinq ans un nouveau Règlement avant que le stock des anciens soit écoulé, et qui ne sont plus bons après qu'à être vendus aux vieux papiers.

« Ainsi, mettez-y le temps voulu, car ce n'est pas six mois de plus que resterait en vigueur l'ancien Règlement qui feraient beaucoup plus de mal qu'il y en a; c'est pourquoi nous pensons donc être en communauté d'idée avec tous, en disant qu'il faut que ce travail se fasse bien et le plus économiquement possible.

« Le Bureau central ayant reçu nombre de lettres lui demandant des explications sur tel ou tel article, et plusieurs circulaires ayant été discutées et votées depuis cinq ans, nous avons donc pensé a mettre sous les yeux des commissions les articles qui ont amené le plus de discussions ou ceux qui pourront être supprimés ou remaniés; les membres des commissions trouveront donc là une base pour se guider dans ce travail assez difficile et délicat de la revision ; nous vous les soumettons article par article et par ordre, tels que les Bureaux nous les ont soumis, les uns ont été demandés par les Bureaux généraux, d'autres par les Bureaux particuliers.

« NOTA. — Le Tour-de-France, par 1.005 oui, et 95 non sur 1.100 votants, a permis au Bureau central de faire les démarches nécessaires pour autoriser la Société.

« Recevez, chers collègues, nos sincères salutations.

« LE BUREAU CENTRAL :

« *Le Président*, *Le Vice-Président*, *Le Trésorier*,
« BRUDON. PERDEREAU. GÉLIBERT.

« *Le Secrétaire*, *Le Trésorier-adjoint*,
« G. COUTY. DOMINIGHETTI.

« *Les Secrétaires d'arrondissement*,
« GUIGNARD, GAUTHIER, VAUTERAIN, DUFILH.

« *Le Rédacteur au Bulletin*, *L'Archiviste*,
« DUCROS. LAMARQUE.

« *Les Délégués*,
« VIEL, LEGRAND, LECOMTE, MARCAUZ. »

Comme on le voit, ce chapitre, qui est rempli par un grand nombre de propositions qui tendent toutes à faire le plus de bien possible, sera lu avec une attention sérieuse, par tous ceux qui aiment à voir l'ouvrier s'occuper de chercher les moyens les plus pratiques, afin d'aider ceux dont la position dans la vie est devenue difficile.

CHAPITRE VINGT ET UN

EXPOSITION DE 1889

Démarches pour l'autorisation de la Société. — Révisions et modifications pour le sixième Règlement unitaire.

Ainsi que cela avait eu lieu pour l'Exposition de 1878, les sociétaires de l'Union pensèrent donc qu'ils devaient pour celle de 1889 faire encore leur possible de pouvoir y participer ; à cet effet, une demande en ce sens a été remise au Bureau à l'assemblée générale à Paris, le 24 avril 1887, qui adopta la proposition. La circulaire qui suit fut envoyée à tous les Bureaux :

« Paris, le 25 juin 1887. »

« Chers collègues,

« A l'assemblée générale, à Paris, le 24 avril dernier, plusieurs sociétaires déposèrent la proposition suivante :

« Une commission sera nommée pour étudier les moyens par lesquels la Société pourrait participer à l'Exposition universelle de 1879.

« Cette proposition fut adoptée à l'unanimité et une commission composée de douze membres fut nommée.

« Cette commission, avant de commencer ses travaux, voudrait savoir si le Tour-de-France partagerait l'avis des Bureaux de Paris pour participer à cette Exposition, non seulement comme en 1878, au point de vue moral, mais aussi au point de vue professionnel, c'est-à-dire que l'on montrerait à tous ceux qui visiteront cette Exposition que nous, ouvriers, nous sommes capables de faire (sans le secours de ceux qui possèdent et qui nous dirigent) des travaux dignes d'être récompensés, et faire comprendre à tous que les ouvriers ont souvent plus droit à la récompense que les dirigeants, qui eux n'ont eu que la peine de regarder faire, et qui reçoivent à notre place honneur et récompense.

« Ainsi, chers collègues, la commission pense que vous prendrez à cœur, dans tous vos Bureaux, de discuter patiemment cette idée, de bien expliquer notre demande et faire ressortir que, jusqu'à présent, la Société, quoique ayant cinquante et quelques années d'existence, n'a rien fait sous le rapport du travail, et qu'aujourd'hui, où le progrès avance si rapidement, il serait bon de sortir de cette apathie et aller un peu de l'avant, afin que l'on puisse voir que nous, ouvriers réunis, quoique dans un but de secours mutuels, nous pouvons faire une œuvre quelconque; car qui parmi nous (et il y en a bien peu qui ne l'aient pas fait) ne s'est surpassé chez ses patrons pour participer à la confection d'un objet d'art pour une exposition? Ainsi réunissons-nous donc pour envoyer à cette grande fête soit un travail particulier, soit un travail collectif.

« Pour aujourd'hui vous n'aurez qu'à discuter sur l'idée par elle-même et nous répondre par oui ou non si votre Bureau consent, et lorsque nous aurons reçu votre réponse, la commission s'entendra alors avec tous les Bureaux pour savoir comment nous pourrons faire un travail d'exposition.

« Ainsi, chers collègues, nous pensons qu'à l'Assemblée de juillet vous pourrez discuter sur cette idée et nous rendre réponse de suite; car il ne faut pas tarder, nous n'avons que le temps bien juste pour mener cette œuvre à bonne fin.

« Recevez, chers collègues, les salutations de vos tout dévoués collègues de l'Union.

« *Le Secrétaire de la commission,*

« G. Couty.

« *La commission :*

« Pain Graux, Bergevin, Turpin, Legrand, Blanchet. Perdereau, Trichard, La Villedieu, Audaire, Bordet.

« Nota. — Vous adresserez les réponses à cette adresse : Monsieur COUTY, chez M. Felter, rue Chapon, 9, Paris. »

La réponse du Tour-de-France à la circulaire du 25 juin 1887 fut, nous devons le reconnaître, presque unanime à accepter la proposition de Paris; mais au la grande quantité de correspondances à échanger entre les différents Bureaux et la commission exécutive de l'Exposition, la formation des devis, les dimensions à donner aux œuvres que la Société se proposait d'exposer ; ne sachant pas au juste la superficie qu'elle pourrait obtenir, tout cela donna un retard très sensible, et la Société eut le regret de constater que le temps nécessaire pour son installation lui manquait; elle se vit donc dans l'impossibilité de reprendre en 1889 le rang qu'elle avait acquis en 1878, à l'exposition collective ouvrière.

On a vu qu'à la date du 10 avril 1888, le Tour-de-France, par 1,005 oui contre 95 non, sur 1100 votants, avait permis au Bureau central de faire les démarches nécessaires pour que la Société fût autorisée à pouvoir fonctionner partout où le besoin en serait utile. Dans les pages qui vont suivre, on verra d'ailleurs ce qui en a donné la cause et le résultat que l'on a pu recevoir.

Voici donc ce qui a été la cause des démarches faites pour obtenir l'autorisation légale de la Société, en 1888.

Le 5 septembre 1887, le Bureau central était avisé, par une lettre du Bureau général de Bordeaux, qu'à l'occasion du changement de local, le commissaire central de la ville, par une lettre à la Société demandait des renseignements concernant l'organisation, la date de sa fondation, sous quel régime elle avait été autorisée, ainsi que l'état civil des membres de Bureaux. Ces renseignements furent fournis par le Président et ajoutés au dossier, très complet sans doute, qui existe à la préfecture de la Gironde depuis plus de 60 ans que la Société fonctionne dans ce département.

Mais tous les renseignements fournis ne purent satisfaire M. le commissaire central, qui manda le

Président général dans ses Bureaux et le mit en demeure de lui fournir une pièce constatant que la Société est autorisée à fonctionner régulièrement ; faute de quoi, toutes les réunions de plus de 20 personnes seraient poursuivies devant les tribunaux, conformément à la loi

Le Bureau, ne possédant aucune pièce de ce genre dans ses archives, pria le Bureau central de lui faire parvenir une pièce constatant l'existence légale de la Société ; ce dernier fit diligence pour lui envoyer le duplicata de la seule pièce existant dans ses archives, qui est un certificat de dépôt à la préfecture de police de notre Règlement, en 1865, et, par un accusé de réception en date du 10 septembre, le Bureau de Bordeaux annonçait la remise de cette pièce, qui palliait pour cette fois les réclamations de l'administration.

Le Bureau central s'émut à bon droit de cette situation qui pouvait être faite à notre Société, de la mettre à la merci du commissaire de police, qui, portant une fausse appréciation sur son but, pourrait donc l'empêcher de fonctionner dans une ville ou dans l'autre, et lui porter, par ce fait, un grave préjudice, alors surtout que ces moyens d'intimidation ne se produisent pas pour la première fois, comme vous avez pu le voir dans le cours de cet ouvrage. On décida donc, dans une séance du Bureau central, d'entamer des démarches auprès du ministre de l'intérieur afin d'obtenir cette autorisation pour toute la France. A cet effet, on demanda l'avis de tous les Bureaux par la circulaire suivante :

« Paris, le 7 novembre 1887.

« Chers collègues,

« Un fait qui a déjà eu des précédents dans l'historique de notre Société vient de se passer à Bordeaux.

« Le commissaire central de Bordeaux a fait demander aux membres du Bureau général l'autorisation qui leur permettait de fonctionner dans la ville et dit que si, dans un délai très bref, le Bureau ne lui remettait pas l'autorisation, il serait poursuivi comme Société illicite, conformément à la loi. Le Bureau général en informa le Bureau central pour avoir cette autorisation. Le Bureau central n'a, en fait de papiers autorisant la Société à fonctionner, qu'un papier signé du Préfet de police, de 1865, et permettant à la Société de se servir du nouveau Règlement qu'elle venait de mettre en vigueur, et rien de plus. Nous avons envoyé une copie de cette pièce à Bordeaux, mais nous ne savons pas si pour l'avenir cela sera suffisant. C'est pourquoi le Bureau central vous demande de lui accorder l'autorisation de se pourvoir auprès des autorités compétentes, pour que la Société puisse être reconnue et puisse fonctionner par toute la France; car il est très regrettable qu'une Société comme la nôtre, après plus de cinquante ans d'existence et après avoir rendu de si grands services, et qui a de si lourdes charges et devoirs à remplir, tels que pensionnés à payer, ouvriers malades ou voyageant à secourir, soit ainsi à la merci du premier préfet ou commissaire qui, dans son arrondissement, empêchera de son droit la Société de fonctionner. Aussi nous pensons que vous examinerez très sérieusement cette demande, et remarquez bien que la Société, une fois autorisée, n'aura rien à changer à son fonctionnement et n'aura plus d'ennuis à avoir avec les autorités.

« Voilà donc un travail très sérieux. Une assemblée obligatoire, et dans le plus bref délai (si vous le jugez convenable), devra avoir lieu pour réunir, s'il est possible, tous les sociétaires présents en ville pour discuter toutes ces questions. Pour l'honneur et l'intérêt de la Société, nous comptons sur vous.

« Recevez, chers collègues, les salutations de vos tout dévoués collègues de l'Union.

« Le Bureau Central :

« *Le Président*, *Le Vice-Président*, *Le Trésorier*,
« Brudon. Olivier. Gelibert.

« *Le Secrétaire*, *Le Trésorier-Adjoint*,
« G. Couty. Dominighetti.

« *Les Secrétaires d'arrondissement* :
« Moine, Gauthier, Férérol, Vauterain.

« *Les Délégués* :
« Ducros, Dufilh, Lecomte, Perdereau, Benoit. »

Les réponses ne se firent pas attendre et furent unanimes pour approuver les vues du Bureau central, qui rédigea la demande d'autorisation, dans laquelle il faisait connaître, avec l'origine de la Société, son but et les divers services qu'elle rend à la classe ouvrière, et l'adressa à M. Floquet, ministre de l'Intérieur, président du conseil, dans le mois de mars 1888. La demande suivit son cours dans les bureaux de la Présidence et à la Préfecture de police, où le Président central fut appelé pour recevoir la réponse suivante : La Société de l'Union des Travailleurs du Tour-de-France ne peut pas être autorisée à fonctionner dans son ensemble, d'après les dispositions de la loi du 28 mars 1852 qui régit encore les Sociétés de secours mutuels, et qui spécifie que ces Sociétés sont locales et doivent être autorisées par les autorités de chaque département. La seule chose qui pourrait être faite pour cette Société, qui est unique en son genre, serait de faire autoriser les Bureaux dans toutes les villes où ils existent, ensuite de réunir toutes ces autorisations en un dossier et l'adresser au ministre avec une nouvelle demande d'autorisation. Dans ce cas, il pourrait être rendu un décret spécial autorisant notre Société dans son ensemble.

Cette démarche doit être faite pour bien affirmer notre existence auprès des pouvoirs publics. En attendant qu'une décision large et vraiment démocratique donne force de loi au Règlement, que chaque Société s'impose selon ses besoins ou ses aspirations, et nous ne continuerons pas de voir, sous un régime républicain, le favoritisme créé par le décret de 1852 se traduisant par des allocations annuelles votées par les législateurs et réparties à des institutions qui seraient loin de justifier, comme nous pouvons le faire, de services moraux et matériels que nous rendons depuis tant d'années à la classe si intéressante des travailleurs.

On voit que les démarches faites par le Bureau central n'ont pas plus réussi que celles faites, en 1856, par le Bureau général de Paris. Aussi devant ces difficultés, les sociétaires ont continué de gérer la Société le plus convenablement possible et dans l'intérêt des travailleurs de l'Union. On a donc continué à faire la révision du règlement, et dont voici le rapport des modifications adoptées dans ce qui suit :

Le Règlement mis en vigueur le 1er janvier 1883, en vertu des articles 246 et 247, a été révisé en 1889 et par application des articles 248 et 249, le congrès s'est réuni à Paris le 5 août de la même année, après convocation du Bureau central.

Le congrès était ainsi composé :

Arrondissement de Bordeaux : Rispal, Taillandier;
— Marseille : Vacher, Valrude;
— Nantes : Durant, Métivier;
— Lyon : Bergevin, Leconte;
— Paris : Blanchet, Couty.

Le congrès commença ses travaux le 5 août; ils prirent fin le 16 du même mois, après avoir tenu deux séances chaque jour sous la présidence du sociétaire Blanchet et Couty, secrétaire.

Dans la base organique, et conformément à la circulaire de Bordeaux, le congrès a admis les membres honoraires, de même qu'il reporte dans le nouveau Règlement, qui sera en vigueur le 1er janvier 1890, pour 10 années révolues, tous les différents titres que la Société a eus depuis sa fondation jusqu'à ce jour.

Pour les admissions, l'âge reste le même; mais on exige pour le candidat au-dessous de 21 ans un certificat de bonnes vie et mœurs des autorités du pays où résident les parents, et pour ceux au-dessus, un extrait du casier judiciaire.

En outre, comme droit d'entrée : de 17 à 25 ans, 5 francs d'entrée et 2 francs caisse de retraite; de 25 à 30 ans, 5 fr. d'entrée et 5 fr. caisse de retraite; de 30 à 35 ans, 5 francs d'entrée et 10 francs caisse de retraite.

Les deux premières catégories payeront en deux fois, feront un mois de noviciat, et la troisième payera en trois fois et fera deux mois de noviciat.

Il sera fait remise intégrale des sommes versées au candidat que la Société ne pourrait pas recevoir.

Élections

Les membres de Bureaux sont élus pour un an et renouvelables par moitié tous les six mois; les Bureaux compris dans un périmètre de douze kilomètres d'une ville où siège un Bureau général pourront nommer des délégués; les bulletins blancs ou nuls dans n'importe quel vote seront toujours retranchés du nombre des votants.

Assemblées

Les assemblées sont mensuelles et obligatoires; quel que soit le nombre des votants, les décision sont valables si l'assemblée est convoquée; le Président peut infliger une amende de 50 cent. à celui qu se fait rappeler deux fois à l'ordre.

Comptabilité

Le congrès a créé quatre registres nouveaux, il a en outre adopté que le bulletin serait semestriel, et que chaque sociétaire le recevrait individuellement et qu'il le payerait.

Secours

Tous les médecins sont payés à l'année : les bandages et les bas pour varices sont payés par la Société

Pensions et retraites

Le sociétaire retraité pourra remplir les fonctions de membre de Bureau, et il aura voix délibérative : on a également changé la base des retraites et des pensions : ceux qui ont moins de 10 ans touchent une somme égale et jusqu'à 30 ans ils touchent en raison de leur activité ; mais le total ne peut jamais excéder 365 francs.

Police

Les appels, quels qu'ils soient, ne se feront qu'aux Bureaux généraux. On a créé un titre nouveau qui traite de la suspension, radiation et exclusion.

Bureaux généraux

Le congrès a admis la possibilité de former des Bureaux généraux auxiliaires dans les villes où siègent trois Bureaux réunissant au moins 400 sociétaires ; il a même fait un titre spécial qui les concerne.

Le congrès a également donné au Bureau central la dénomination de conseil d'administration, comme devant lui être d'une grande utilité auprès des pouvoirs publics et dans toutes les opérations financières ; il lui a donné les pouvoirs les plus étendus pour ce qui concerne l'application stricte du Règlement.

COMMISSIONS DE SURVEILLANCE ET VÉRIFICATION

Le congrès a cru devoir déterminer leurs attributions. Il a en outre fait un article unique pour la commission de la Notice historique.

Le congrès a également adopté la circulaire de Bordeaux concernant les membres honoraires, et en a fait un titre spécial qui se compose de 9 articles, à la fin du Règlement.

CHAPITRE VINGT-DEUX

ÉPOQUE ACTUELLE

Etat personnel et financier. Conclusion satisfaisante. 1889.

Après avoir lu ce long commentaire, surtout ce que racontent les pages sur ce qui s'est passé en 1830 et en 1832, qui sont deux années mémorables pour la fondation de la Société sur le Tour de France, on aura assurément été convaincu que ce qui s'est accompli depuis est bien le résultat de l'unité des travailleurs qui fut admise par les sociétaires de l'Union. Et si les projets mis à l'étude en vue d'améliorer la position des ouvriers voyageurs ont réussi, c'est encore à l'unité qu'en revient la reconnaissance. Et si, malgré toutes les difficultés que les sociétaires unis ont eu a subir, la Société a prospéré d'une manière très importante, c'est encore aux principes d'union professionnelle qu'il faut en savoir gré, et il est incontestable qu'on le doit à la persistance et au dévouement des sociétaires.

On aura aussi remarqué que le fonctionnement social de l'Union n'a bien réellement commencé qu'à la fin de l'année 1832 et avec un très petit nombre d'ouvriers, qui n'avaient d'autre secours d'argent pour soutenir leur idée d'humanité bienfaisante qu'un faible tribut que chacun d'eux dut s'imposer sur son salaire journalier.

Il a donc fallu une volonté très persistante et une ténacité à toute épreuve à tous ceux qui ont pris part à vouloir l'unité de toutes les professions ouvrières, pensant vaincre tous les obstacles qui paraissaient insurmontables, afin d'asseoir la Société sur des principes convenables à tous. Le concours des hommes intelligents et dévoués a aussi été très utile pour cette entreprise laborieuse qui semblait être impossible au début.

La Société est donc parvenue à être bien établie, par la réussite de l'idée invoquée pour l'émancipation de la jeunesse ouvrière à l'époque de son origine. Et aujourd'hui on peut assurer que la Société est formée dans des conditions excellentes, assise sur des bases très solides et équitables pour tous ceux qui en font partie. Près de quatre mille sociétaires sont répartis dans vingt-neuf villes, savoir :

Paris, Saint-Denis, Dijon, Lyon, Anse, Genève, Marseille, Toulon, Mourillon, Pont-de-Las, Lagarde, Maison-Neuve, La Seyne, Montpellier, Cette, Béziers, Toulouse, Bordeaux, Angoulême Saintes, Rochefort, Château-d'Oléron, La Rochelle, La Flotte (Ile-de-Ré), Sainte-Marie (Ile-de-Ré), Nantes, Rezès-lès-Nantes, Angers et Tours.

Cinq villes forment les Bureaux généraux d'arrondissement, savoir :

Bordeaux, Lyon, Marseille, Nantes et Paris ; dans cette dernière siège le Bureau central. Un Bureau général auxiliaire existe à Toulon, parce qu'il y a trois Bureaux particuliers dans cette ville.

Les fonds mis en réserve pour les pensions de sociétaires, s'élèvent à plus de cent trente mille francs. En outre, il existe dans les caisses du Bureau central, des cinq Bureaux généraux et dans celles des cinquante-quatre Bureaux particuliers, plus de vingt et un mille francs.

Les Bureaux particuliers sont ainsi répartis : A Paris, 9 ; à Saint-Denis, 2 ; à Lyon, 3 ; à Marseille, 2, à Toulon, 3 ; à Bordeaux, 8 ; à Angoulême, 4 ; à Nantes, 2 ; et un dans les vingt et une autres villes. Avec les fonds de ces caisses, on solde les frais journaliers reconnus indispensables par la majorité des sociétaires et en vertu des articles prévus par le Règlement.

Il est utile de faire remarquer qu'en 1858, époque, de la mise en vigueur du deuxième Règlement unitaire, il n'y avait pas beaucoup de fonds en caisse, et que c'est en 1860 qu'il fut acheté pour la première fois des obligations pour la somme de dix mille trois cent soixante-deux francs dix centimes, provenant des caisses de vingt-deux villes qui étaient toutes celles où les sociétaires avaient établi des Bureaux.

En 1864, lorsque l'on fit la récapitulation des fonds, il y avait environ vingt mille francs en caisse ; cette somme fut inscrite sur le Règlement mis en vigueur à partir du 1er janvier 1865.

En 1874, au moment de faire imprimer le nouveau Règlement, le total des fonds s'élevait à plus de cinquante mille francs ; cette somme fut aussi inscrite à l'article concernant la caisse de retraite.

A la fin de 1882, au moment de faire imprimer le cinquième Règlement unitaire, il y avait deux mille neuf cent soixante-huit sociétaires cotisants et huit sociétaires pensionnés. Et la caisse du Bureau central possédait, soit en valeurs ou en espèces, la somme de cent douze mille six cent quatre-vingt-seize francs soixante-quinze centimes. Dans les caisses des cinq Bureaux généraux, il y avait quatre mille quatre cent quatre-vingt-dix-huit francs et dans les caisses des quarante-trois Bureaux particuliers, il y avait treize mille huit cent quarante francs.

En faisant un pas en arrière et en comparant les chiffres énoncés ci-dessus par chaque année, on reconnaîtra que ce résultat a été obtenu par un dévouement qui approche du merveilleux, de la part d'ouvriers laborieux, sages, éclairés et agissant avec une entière franchise, afin que chaque membre de la Société ait son droit.

Il est bien certain que, si les sociétaires suivent toujours les mêmes principes d'ordre, d'économie et de justice qui ont été suivis jusqu'à ce jour, ils parviendront à faire prospérer la Société avec de grands avantages pour tous ceux qui en feront partie. D'ailleurs, la certitude de ces avantages pour l'avenir est journellement prouvée par tous les secours prodigués aux sociétaires, surtout pour les pensions allouées aux ayants-droit et dont les noms sont portés au tableau faisant suite à la Notice, par lequel on verra que quarante sociétaires ont été admis à ce secours depuis le 28 octobre 1864, et actuellement il y a vingt-huit pensionnés, dont vingt-quatre l'ont été par leur âge civil et par le temps d'activité désigné dans le Règlement, et les seize autres étant atteints de maladies incurables. Cette réalisation de pouvoir solder les pensionnaires est assurément bien encourageante pour tous les membres de la Société.

On voit donc par la lecture de cette histoire, que l'ouvrier prévoyant et laborieux peut toujours trouver dans la Société de l'Union une ressource pour les moments les plus pénibles de la vie, soit dans les maladies, soit ayant des infirmités, soit dans la vieillesse, et soit enfin dans toutes les éventualités difficiles où le travailleur est susceptible de se trouver pendant le cours de l'existence.

Il est bon de dire aussi que ce que les ouvriers de toutes professions doivent le plus applaudir sur le Tour-de-France, c'est la paix qui est advenue entre toutes les Sociétés et entre tous les Devoirs. Il faut reconnaître aussi que ce qui a contribué puissamment à faire disparaître les haines et les discordes, c'est assurément les écrits de ceux qui n'ont pas craint de prendre la plume pour faire connaître leurs bonnes pensées pour l'union de tous.

Tels que les Perdiguier, les Moreau, les George Sand, les Balboc, les (Flora) Tristan, les C.-G Simon, les Gosset, les Chovin, les Rivière et un grand nombre d'autres écrivains et ouvriers, qui ont tous travaillé par dévouement à la grande œuvre bienfaisante, pour le bonheur du genre humain. Il ne faut pas oublier que l'instruction a aussi coopéré d'une manière sensible pour cette paix générale, qui était indispensable à l'humanité entière.

Le progrès qui a fait résoudre ce problème de l'entendement amical entre tous les Devoirs et tous les différents corps d'état sur le Tour-de-France n'a pas encore dit son dernier mot ; espérons qu'un jour viendra où l'unité triomphante se réalisera comme le comprenait (Flore) Tristan, c'est-à-dire que toutes les Sociétés n'en feront qu'une seule, tout en conservant chacune leur autonomie, afin de former une caisse dite : d'unité centrale, qui servirait spécialement à venir en aide aux infirmes du travail et à la vieillesse ouvrière. Pour que cette institution soit bien féconde, il faut que tous les préjugés disparaissent entièrement, afin que l'union ouvrière projetée en 1842 ne soit pas un vain mot. Le bien-être de tous les artisans réclame la réalisation de l'idée sublime invoquée à cette époque par cette femme amie des prolétaires (1).

Les membres de la commission historique ont donc pensé qu'il n'était pas hors de propos de faire appel à tous les hommes dévoués, pour qu'ils apportent leur contingent d'idées pratiques en vue d'unir tous les travailleurs. En attendant que l'union de tous complète son œuvre bienfaisante ; il est bon de faire remarquer que tous les secours qui ont été institués et bien résolus doivent être attribués aux jeunes ouvriers voyageurs de 1830 et 1832 d'immortelle mémoire. Gloire, hommage et honneur soient aussi rendus aux dévoués membres de l'Union qui ne cessent de faire prospérer la Société par la solidarité mutuelle ; merci surtout à (Flora) Tristan, qui avait conçu l'idee très louable de l'*Union ouvrière* pour les deux sexes de travailleurs, depuis l'enfance jusqu'a l'âge de la vieillesse, c'est-à-dire de récompenser le travail tel qu'il doit l'être : grandement et dignement.

Il serait aussi très opportun d'insister, pour continuer l'œuvre de l'instruction, sur la nécessite d'etablir dans chaque ville où il y a un ou plusieurs Bureaux, une bibliothèque composée de livres et brochures mentionnées dans cette Notice, ainsi que des discours prononcés par des sociétaires, et surtout des ouvrages les plus urgents pour instruire le plus complètement possible les jeunes ouvriers voyageurs, tels, par exemple, des encyclopédies et dessins de diverses professions ; des traités de toisé, de géométrie, d'arithmetique, de français et d'histoire, enfin tout ce qui peut servir a développer l'intelligence professionnelle et intellectuelle de la jeunesse, appelée par état à quitter le lieu

(1) Voir la page 8 du livre l'*Union ouvrière*, par feu (Flora) Tristan.

de sa naissance pour s'instruire et acquérir l'expérience nécessaire à son industrie.

Tous les sociétaires puiseraient en outre dans ces différents ouvrages des connaissances utiles qui peuvent bien leur servir dans le courant de la vie; ensuite, par la lecture des discours, des livres et brochures diverses, la paix entre tous les travailleurs se réaliserait avec plus d'efficacité pour atteindre le but de l'unité, par des principes justes, d'ordre et de concorde amicale. Assurément ces lectures rendraient tous les ouvriers laborieux, très aptes à l'association générale, à la fraternité universelle et surtout à l'union de tous les Devoirs sur le Tour de France.

En terminant cette histoire, il est bon aussi d'engager tous les sociétaires à étudier sérieusement toutes les questions sociales émises dans la Notice, afin que lorsqu'il y aura une revision du Règlement, chaque membre de l'Union soit prêt à faire valoir les meilleures idées pour l'intérêt de la Société et celui des sociétaires, surtout aussi pour que l'unité ouvrière puisse être résolue definitivement, comme l'ont pensé les fondateurs, et comme le désirent tous les hommes sages et laborieux qui veulent la paix universelle, c'est-à-dire entre toutes les professions industrielles, afin que la concorde soit acquise d'une manière indissoluble.

Surtout que la devise de l'Union : « *Humanité. — Dévouement. — Instruction,* » soit bien la règle de conduite de chacun pour le soulagement, la prospérité et le bonheur de tous les humains.

Pour conclusion de ce compte rendu historique, disons : Malgré toutes les difficultés que les sociétaires ont eu à vaincre depuis la première époque jusqu'à ce moment, soit une période d'existence de 57 années, la Société a prospéré dignement.

Elle a rendu des services incalculables à tous ceux

de ses membres qui ont eu besoin de son secours de toute nature. Il est donc évident que ces bienfaits alloués et prodigués amicalement sont un sûr garant pour l'avenir, et on en a l'assurance par tous les Bureaux qui ne cessent de se former dans différentes villes, surtout depuis que la Notice historique a été répandue, dans laquelle tout ce qui s'est réalisé est raconté fidèlement ; qu'elle rend un hommage bien mérité aux hommes laborieux qui se sont dévoués à faire grandir et aimer la Société, à faire une organisation améliorant sûrement la position des ouvriers par cette union de toutes les professions, dont le nombre est, comme on l'a déjà vu, de plus de 4,000 cotisants, habitant dans 28 villes de reunion, possédant en caisse, soit en valeur ou en argent, plus de 150,000 francs.

Voilà donc les résultats obtenus par la persistance, le dévouement et l'abnégation d'ouvriers travaillant sans relâche à l'amélioration de la classe des travailleurs, œuvre si bien résolue par :

« *l'Unité des Travailleurs du Tour-de-France* ».

Les Sociétaires de l'Union seront heureux et satisfaits de voir que cette idée d'unité suivie depuis 1832, et qui est mise en pratique dans l'Union par le premier Règlement unitaire de 1840, vient aussi d'être à peu près adoptée dans le Compagnonnage, car voici ce qui eut lieu le 8 septembre 1889, à Paris. Des ouvriers de plusieurs professions se sont réunis, rue Malher, chez la mère des Corps réunis, environ trois cents ouvriers Compagnons, les rubans au chapeau, l'écharpe aux reins et la canne ornée de cordons de couleur à la main.

Précédés par la fanfare des « Enfants du Peuple », ils se sont rendus en cortège à la salle de l'Elysée-Ménilmontant, où un banquet les attendait à quatre heures.

Cette promenade à travers les quartiers populaires avait pour but de célébrer publiquement la fédération qui vient de s'établir entre les diverses branches du Compagnonnage dans un congrès qui s'est ouvert mardi dernier, à l'Elysée-Ménilmontant, et qui a continué toute la semaine sans interruption.

Quatre-vingt-quinze délégués des diverses villes de France, ayant seuls droit de vote, ont pris part aux travaux, en présence de plusieurs centaines de Compagnons.

On remarquait dans le nombre un prêtre, ancien Compagnon cordonnier sous le nom de « Bressan Cœur Sincère », et qui est resté très devoué au Compagnonnage, auquel il a donné une partie de sa fortune.

Le Compagnonnage, bien qu'il soit en décadence, compte encore une vingtaine de mille adhérents en France. Jadis, il avait surtout pour but de donner aux ouvriers le moyen d'accomplir leur tour de France; l'ouvrier qui voyageait descendait chez la « Mère ». Là, il trouvait les Compagnons, qui s'occupaient de lui procurer de l'ouvrage, qui le secouraient de leur bourse s'il était dans le besoin, et qui lui assuraient des soins s'il tombait malade.

Ces habitudes entretenaient parmi eux un sentiment de solidarité très vif, une fierté et une dignité particulières.

Mais aujourd'hui, avec les facilités de communications, le but de l'ancien Compagnonnage a beaucoup moins de raison d'être. C'est pourquoi il tend à disparaître.

Quelques-uns de ses membres, à la tête desquels sont MM. Lucien Blanc, ancien Compagnon bourrelier, dit « Provençal le Résolu », devenu un riche banquier à Lyon; Frise, son gendre, ancien Compagnon plâtrier, dit « Va-de-bon-Cœur de Lyon », et devenu banquier également ; Escole, vieux Compagnon tailleur de pierre, dit « Joli-Cœur de Salerne », et plusieurs autres, ont essayé de le renouveler en l'organisant en société de secours mutuels et de retraite, et en lui constituant une caisse permanente à l'aide de remboursements de 1 fr. par mois.

Cette caisse, fondée il y a neuf ans, possède déjà 110,000 francs. Seulement il fallait décider les vingt-huit corporations qui font partie du Compagnonnage à y adhérer.

Tel était l'objet du congrès.

Les Compagnons se partageaient en trois branches : les Enfants de Jacques, les Enfants de Soubise et les Enfants de Salomon, ayant chacun des insignes et des attributs particuliers. Les adhérents des deux premières branches s'appelaient Compagnons du Devoir ; les adhérents de la seconde, Compagnons du Devoir et de la Liberté.

Seize Compagnons sur vingt-huit ont consenti à faire cesser ces divisions et à se fédérer en une association dont les membres s'appelleront désormais : Enfants de l'Union compagnonnique.

Ils auront dans les villes où existe le Compagnonnage une Mère commune, dite Mère cantonale, et ils payeront à la caisse commune la cotisation de un franc.

Ce qui vient d'être résolu par la majorité des Compagnons a lieu dans la Société de l'Union depuis 1846, c'est-à-dire depuis plus de 43 années. Les Sociétaires sont donc heureux de voir leur bon exemple mis en pratique. Mais il n'en reste pas moins acquis que le Compagnonnage a fait une belle œuvre qui mérite d'être encouragée. Cet accomplissement de l'Unité des travailleurs peut aussi faire espérer que les vœux exprimés à la sixième page de ce chapitre, pourront un jour être réalisés définitivement, et toujours en vue d'améliorer la position des travailleurs.

CHAPITRE XXIII

Affaires de Toulon. — Assassinat du président Carnot. — Congrès de la Société en 1899.

Depuis l'année 1882, la Commission a jugé de mettre, pour faire suite aux événements qui se sont passés depuis cette époque, les faits suivants relatifs à la suspension des Bureaux de Toulon et qui sont ainsi relatés :

En 1890, un événement grave se produisait à Toulon, où l'on comptait environ six cents sociétaires répartis en cinq Bureaux particuliers et un Bureau général auxiliaire. Le Bureau des chaudronniers entre autre, sous prétexte d'une épidémie, envoyait au Bureau central un déficit de 320 francs à payer en journées de maladies ; le Bureau central, connaissant déjà le mauvais état moral et financier qui régnait parmi les sociétaires de Toulon, délégua les membres du Bureau général de Marseille pour faire une enquête et vérifier la gestion de ces Bureaux ; ce dernier constata sans peine une mauvaise gestion et pas mal de fraudes et, sur son rapport, le Bureau central suspendit les Bureaux de Toulon en faisant ratifier cette décision par un vote du Tour-de-France qui fut adopté.

Tous les sociétaires de Toulon devaient se faire porter campagne au Bureau de Marseille ; beaucoup d'entre eux n'acceptèrent pas cette décision et se laissèrent rayer, notamment les plus compromis.

Tous les registres des Bureaux furent envoyés à Paris et une commission de douze membres fut nommée pour les vérifier à fond ; la tâche fut longue et laborieuse, en raison de l'état des registres ; le matériel de ces Bureaux avaient été confié à la garde de quelques sociétaires de Toulon et du Bureau de la Seyne.

La Commission de Paris, une fois ces travaux finis, et d'accord avec le Bureau central, ne crut pas devoir, vu les difficultés de l'enquête, faire poursuivre les membres coupables de malversations et se contenta de les exclure ou rayer, et enfin le Bureau central faisait reformer un seul Bureau à Toulon en 1893.

Ainsi fut terminée cette malheureuse histoire qui, espérons-le pour la bonne entente de la Société, ne se renouvellera plus.

Assassinat du président Carnot

A l'occasion de la mort du Président Carnot, une circulaire, en date du 10 juin 1894, fut envoyée aux sociétaires.

« Chers Collègues,

« Le dimanche 24 juin, le Président Carnot succombait à Lyon, frappé en pleine fête par un de ces êtres qui déshonorent leur Patrie. La France toute entière résolut de faire à cet homme de bien des funérailles dignes de lui. Notre Société, qui ne s'est jamais mêlée à aucun mouvement, à aucune cérémonie, ne pouvait pas cette fois rester en arrière. Le mercredi 27 juin, le Bureau général de Paris décida de convoquer les membres des Bureaux de Paris en assemblée de Bureaux pour le vendredi 29, et qu'à cette assemblée on déciderait si l'on devait se faire représenter aux obsèques. Le vendredi, 52 membres de Bureaux étaient présents à cette assemblée. Après une discussion entre plusieurs sociétaires pour savoir si l'on se ferait représenter à la cérémonie, un membre du Bureau central déposa la mention suivante : « La Société n'ira pas à l'enterrement ou, si vous votez qu'elle y aille, il faut faire les choses dignes de la grande Société que nous représentons; si l'on y va il faut : 1° Adresser une lettre de condoléance à la famille Carnot; 2° décider que l'on assiste en corps aux obsèques avec la bannière voilée d'un crêpe; 3° déposer une couronne sur le cercueil du Président Carnot ».

« Le vote décida d'assister aux obsèques.

« Il fut donc décidé que l'on convoquerait de suite tous les sociétaires des Bureaux de Paris pour qu'ils aient à se trouver au Siège social, rue Chapon, pour escorter la bannière et la couronne.

« Le dimanche, jour des obsèques, 150 sociétaires étaient présents, ont suivi le cortège et déposé la couronne de l'Union sur les marches du Panthéon. La bannière, voilée d'un crepe dont les bouts flottants étaient tenus en main par deux sociétaires, marchait en tête de la délegation; derrière, et portée par quatre sociétaires, une couronne de fleurs artificielles, composée de violettes, de roses et de lilas et mesurant 1 mètre 50 de diamètre, traversée par deux larges rubans de moire noire et portant ces mots en lettres d'or; sur celui du haut : *A Carnot, la Société de l'Union des Travailleurs du Tour-de-France*; sur celui du bas était écrit : *Paris, Lyon, Bordeaux, Nantes, Marseille.* La Société était donc dignement représentée.

« Une lettre fut adressée le samedi 30 juin, à Mme Carnot, au nom de la Société.

« Cette lettre était ainsi conçue :

« Madame,

« Le Conseil d'Administration et les Membres du Bureau de Paris de la Société *l'Union des Travailleurs du Tour de-France*, se faisant l'interprete des quatre mille membres composant la Société, répartis sur tous les points de la France, vous envoient, Madame, avec leurs sentiments de condoléance, l'expression des regrets que leur cause la mort du regretté Président Carnot.

« La Société tout entière mêle sa voix à la clameur d'indignation qui s'est élevée parmi le monde civilisé, devant le monstrueux attentat de Lyon.

« Ils vous prient de vouloir bien agréer, Madame, avec l'expression de toute leur respectueuse sympathie, l'assurance de leur plus profond respect.

« Pour la Société de l'Union :

« *Le vice-président du Bureau général de Paris*, TARIS ; *le président du Conseil d'administration*, G. COUTY ».

« Nous pensons, chers Collègues, que pas un sociétaire ne s'élèvera contre la décision prise par les Bureaux de Paris ; il était matériellement impossible de demander l'avis de nos Collegues de province, le temps nous manquant. Nous avons cru bien faire en affirmant, dans cette solennité, la vitalité et la grandeur de la Société de l'Union. En conséquence, le Bureau vous prie : 1° de lire cette circulaire à votre prochaine Assemblée ; 2° de la faire copier sur votre livre de correspondance, de façon à ce qu'elle reste aux archives de votre Bureau ; 3° de porter au compte de chaque sociétaire un extraordinaire de dix centimes, pour payer les frais qui se montent à trois cent et quelques francs, avec ces mots en tête du livre : Participation de la Société aux obsèques du Président de la République Française Carnot.

« Le Conseil d'Administration :

« *Le président*, G. COUTY ; *le vice-président*, DAUVERGNE ; *le trésorier*, LEGRAND ; *le secrétaire*, PAIN ; *les secrétaires d'arrondissement*, ROUCHEROLLES, BARTHAUD, PERILLOU, GIRERD, HAZERA ; *le trésorier adjoint* GUIGOUX ; *le secrétaire rédacteur au Bulletin*, POTHIER ; *l'archiviste*, THIBAUDIÈRE ; *les délégués*, BLANCHET, BATON, BRUDON, MICHARD, SUREL ».

Congrès de la Société de l'Union

Le Congrès a été ouvert le 31 juillet 1899, sous la présidence du sociétaire Taillandier, et fermé le 12 août suivant.

Formaient le Congrès, les délégués :

Bordeaux, Pelletier et Taillandier ; Marseille, Coutereau et Karl ; Nantes, Chartier et Métivier ; Lyon, Desrue et Peyligriny ; Paris, Agard et Gorry.

Les changements saillants apportés sont à peu près les suivants :

Les statuts prévoient des bibliothèques pour tous les Bureaux ou tout au moins pour tous les Bureaux Généraux.

L'admission à 16 ans au lieu de 17.

Les droits d'entrée de 16 à 21 ans : 3 francs d'entrée, 2 francs, Caisse de réserve ; de 21 à 25 ans : 5 francs d'entrée, 5 francs de Caisse de réserve ; de 25 a 30 ans : 7 francs d'entrée, 8 francs de Caisse de réserve ; de 30 à 35 ans : 10 francs d'entrée, 10 francs de Caisse de réserve.

Cotisations mensuelles, 1 fr. 75 et 0 fr. 25 pour Caisse de réserve.

Secours pendant 6 mois à 1 fr. 50 ; le reste de la maladie, 0 fr. 75.

Les sociétaires, campagne 0 fr. 50 de plus par jour.

Les délégués au Bureau central, au nombre de 25, sont nommés aux assemblées de novembre et de mai ; ces délégués nomment entre eux les membres du Bureau.

Ledit Bureau ne pourra avoir plus de 3,000 francs en caisse.

Les Bureaux Généraux pas plus de 1,000 francs en réserve ; ils peuvent les placer à la Caisse d'épargne et l'intérêt est capitalisé sur la somme.

Il y a deux assemblées générales obligatoires.

Les Assemblées de Bureau particulier sont bi-mensuelles : janvier-mars, mai-juillet, septembre et novembre.

Les diplômes sont au nombre de cinq :

1° Remerciement ;
2° Encouragement ;
3° D'honneur (10 ans de fonctions) ;
4° Regrets ;
5° Membres honoraires.

CHAPITRE XXIV

PROJET

tendant à augmenter le Fonds social, tout en augmentant de suite le taux de la Pension alimentaire, qui ne pourra être supérieure à 360 fr. par an.

L'attention de tous, sans distinction de classe ou de parti, est attirée sur cette question du problème social que l'on nomme « Pensions ouvrières ». Chacun a son projet à lui, depuis la « Tontine », les « Sociétés des Retraites simples », la « Caisse Nationale des Retraites pour la Vieillesse », le Projet Constant, » et tant d'autres.

Nous estimons, pour notre compte, que tous les projets sont bons, mais qu'en partie ils vont tous à l'encontre du but qu'ils ont voulu atteindre ; la retraite ouvrière semble par ce seul fait que c'est un « secours », qu'il doive venir pour que le minimum de misère s'appesantisse sur les ménages ouvriers. Eh bien, c'est l'effet inverse qui se produit : L'ouvrier qui veut se conserver une bouchée de pain pour ses vieux jours se trouve placé dans la situation de faire partie d'une Société de « Retraite simple », à laquelle il a beaucoup de chances de verser longtemps et de ne jamais en avoir aucun bénéfice; l'ouvrier qui n'a que son maigre salaire pour subvenir aux besoins des siens et qui veut se créer une retraite, « pour modeste qu'elle soit », a beaucoup de chances pour être rayé ou mort avant l'âge où il doit toucher sa pension, car la maladie et le chômage sont deux agents qui ont vite raison des économies qu'il a pu faire ; de là, retard et radiation, et alors il a privé les siens tout en se privant lui-même, et cela au profit de ses collègues plus chanceux que lui ou plus fortunés!

Mais me direz-vous : Pourquoi cet ouvrier, en prévision de la maladie, n'a-t-il pas fait partie d'une Société de Secours mutuels qui lui aurait donné les soins médicaux et pharmaceutiques en même temps qu'une indemnité journalière?

Voilà le mal produit par les Sociétés de « Retraite simple ». Elles ont retiré une bonne partie des meilleurs éléments de la mutualité, proprement dite; la formation de Sociétés de « Retraite simple » a eu pour cause de laisser un capital déjà formé improductif et d'en créer un deuxième, tout en créant aussi une deuxième cotisation ; de ce fait, il s'est fait une sélection dans la mutualité ; d'un côté, le mutualiste aisé, pour ne pas dire riche, qui a pu payer deux cotisations, l'une pour la caisse de « Retraite simple », l'autre pour la Société de « Secours mutuels » ; l'autre, le besogneux, celui qui se prive déjà pour payer sa cotisation qui le met en garde contre la maladie ; on a voulu lui imposer un effort qu'il n'a pu produire, car beaucoup ont suivi le mouvement et n'ont pu le continuer ; tandis qu'il était si facile, en augmentant la cotisation d'une faible somme, de permettre à tous les mutualistes de continuer ; car la maladie survenant, ils étaient secourus par la Société et forcement à jour avec la Caisse, et, de ce fait, ils se créaient une retraite tout en recevant des secours, et au lieu de compter 1.500.000 mutualistes (un million cinq cent mille), nous nous compterions par millions.

Nous savons bien que l'on m'opposera que les pensions que servent les Sociétés de « Secours mutuels » sont dérisoires, et que beaucoup d'entre elles sont obligées d'attendre la mort de l'un de leurs pensionnés pour la reverser sur un autre, qui attend quelquefois depuis plusieurs années. Mais à cela, nous répondrons qu'un mutualiste qui a 20 ou 30 ans d'exercice, a le plus souvent récupéré le capital qu'il a versé, et que ce qu'on lui donne est toujours au-dessus des espérances qu'il aurait dû avoir.

Les Sociétes de « Retraite simple » versent à leurs pensionnés un peu plus, voire même le double, en moyenne, de ce que versent les autres ; mais plaçons-nous au point de vue des versements et des chances à courir :

Les versements pour la « Retraite simple » sont, en moyenne, de 600 francs en 15 ou 20 ans ; ensuite il touche de 100 à 120 francs de pension, et dans les 15 ou 20 ans d'activité qu'il a, il a couru les risques de radiation et de mortalité. Car toutes les opérations des Sociétés de ce genre sont basées sur le maximum de mortalité et de radiations pour non paiement.

Tandis que le « Mutualiste », en prenant le maximum de cotisations qui est de 24 francs par an pendant 25 ans, arrive lui aussi à verser 600 francs. Mais pendant ce temps, s'il a été malade (ce qui ne fait aucun doute), il a eu les secours pécuniers, médicaux et pharmaceutiques ; de là, vient fatalement le peu d'économies placées à la Caisse de retraites et partant la pension dérisoire qui lui est servie.

Mais, ici, vous nous permettrez de placer une parenthèse : Un facteur entre en ligne, ce qui, à mon avis, a favorisé les Sociétes de « Retraite simple » au détriment des Sociétés de « Secours mutuels ».

L'Etat, pour encourager les « Retraites pour la Vieillesse », verse aux déposants à ladite Caisse, une somme égale a la moitié du versement.

L'inégalité est flagrante !

Voilà deux Sociétés qui perçoivent de leurs adhérents la même somme : l'une a à sa disposition toute sa recette pour en faire le placement qu'elle veut ; l'autre est obligée de secourir ses malades, en un mot, de combattre la misère, et elles touchent toutes deux en proportion de ce qu'elles peuvent verser à ladite Caisse.

Nous vous laissons le soin d'apprécier si la répartition est équitable.

Nous concluons donc :

Les Caisses de retraites sont bonnes, elles sont indispensables ; mais de la façon dont elles ont été fondées, elles ne sont pratiques que pour la classe aisée des travailleurs, pour ceux-là seuls qui peuvent distraire une somme de leur budget, sans avoir à regretter le sacrifice qu'ils font, et nous estimons que si l'on eût créé ce mouvement en faveur des Sociétés de « Secours mutuels », le résultat obtenu eût été plus fraternel et plus philanthropique ; il eût mieux répondu aux besoins de la classe pauvre, celle qui peine et souffre toute sa vie, et cela avec un sacrifice à la portée de tous.

« Chers Collègues,

« Ce qui précède n'a d'autre but que de démontrer l'utilité de fortifier l'idée de servir les Retraites et les Pensions par les Sociétés de « Secours mutuels » proprement dites, et pour atteindre ce but, grossir notre capital, tout en augmentant les pensions de nos vieux sociétaires.

« Nous nous sommes proposé un triple but :

« Grossir la Caisse ;

« Doubler de suite les pensions et les retraites,

« Et conserver intact le recrutement de nos jeunes sociétaires qui sont, sans contredit, virtuellement nos membres honoraires

« Nous considérons pour l'économie du projet qui va suivre une augmentation de cotisation de 6 francs par an, soit 0 fr. 50 par mois, due par les sociétaires ayant atteint l'âge de 35 ans et au-dessus, soit 2 fr. 25 de cotisation mensuelle.

« Nous disons 35 ans, parce qu'un sociétaire entrant chez nous, à la dernière limite, se trouve payer pendant 25 ans de caisse capitalisable, ensuite, à 35 ans, les sociétaires sont tout à fait stables et partant ont beaucoup de chances d'être assez bien casés ; en tout cas, c'est l'âge où l'homme entre en situation et envisage le mieux l'avenir.

« Nous disons donc 25 années à 6 francs = 150 francs par unité.

« Nous pouvons hardiment, sur 3 600 sociétaires que nous sommes, compter sur 2,000 ayant dépassé 35 ans.

« Multipliant 6 francs par 2,000 sociétaires, nous trouvons 12,000 francs ; en donnant les deux tiers aux ayants-droit, soit 8 000 francs, qui joints à l'intérêt que nous avons déjà 6,348 fr. 80 = 14,000 francs à partager entre nos vieux sociétaires et ceux que l'infirmité frappe avant l'âge réglementaire, nous aurions ainsi une pension de 120 francs au moins, égale ou à peu près à celle que servent les meilleures Sociétés de « Retraite simple », telles que le *Grain de Blé* et les *Industries de Paris*, et encore nous augmentons tous les ans notre capital de 4,000 francs.

ce qui nous permettra de nous maintenir dans un arrérage régulier et même de le grossir, puisque chaque année notre intérêt viendra s'augmenter du revenu d'un capital d'au moins 8,000 francs, puisque nous faisons en moyenne 4,000 francs d'économies et que nous aurons un prélèvement de 4,000 francs sur les cotisations des sociétaires de 35 ans et au-dessus.

« L'effort que nous demandons est d'autant plus minime, que nous le demandons à des sociétaires d'un âge mur et réfléchi, qui certainement se rendront compte que le versement de 6 francs que nous leur réclamons leur donne des avantages qu'ils ne pourront trouver nulle part, car dans cette combinaison la maladie elle-même n'est pas une cause de radiation, puisque *nous n'abandonnons jamais notre malade* et qu'après deux années de maladie nous le retraitons ; ensuite, et c'est le point capital, *nous n'entravons pas* le recrutement de nos jeunes sociétaires qui sont très certainement l'honneur et la force de notre Société.

« Pour ceux qui craignent la diminution de l'intérêt de notre capital, nous pouvons les rassurer, car une conversion seule peut le faire varier, et il n'est pas douteux qu'en cas de vente ou de remboursement, une bonne gestion peut augmenter de ce fait notre capital de 25 à 30,000 francs. Vous voyez donc que, dans ces conditions, nos arrérages resteraient les mêmes ou à peu près.

« Les tableaux qui suivent n'ont pour but que de faciliter les recherches des Commissions de revision, en leur montrant le roulement du personnel depuis 6 ans et leur fournir une base pour rechercher un moyen d'y remédier si possible ».

Roulement de la Société par arrondissements depuis 1890 à 1896.

Années	Activité	Reçus	Envoi à la Caisse centrale Art. 214.	Reçu de la Caisse centrale Art. 230
			Paris	
1890	929			
1891	913	15	265 »	
1892	896	56		1.000 »
1893	928	96	500 »	
1894	925	14	2.100 »	
1895	933	80		
1896	924	82		
		373		
			Lyon	
1890	213			
1891	243	68	40 »	
1892	292	110	622 50	
1893	390	88		1.000 »
1894	337	110		
1895	374	59		
1896	333	59		
		494		

Il y a eu une erreur d'environ 1.000 francs que le Bureau de Lyon a envoyés et qui ne sont pas portés dans le tableau.

Années	Activité	Reçus	Envoi à la Caisse centrale Art. 214.	Reçu de la Caisse centrale Art. 230
			Nantes	
1890	433			
1891	»	240	1.950 »	
1892	890	200	1.500 »	
1893	875	150	13 »	
1894	931	157	11 50	
1893	877	114	27 50	
1896	860	155		
		1.016		

Années	Activité	Reçu	Envoi à la Caisse centrale Art. 214.	Reçu de la Caisse centrale Art. 230.
			Bordeaux	
1890	1093			
1891	1173	194	4.306 55	
1892	1664	212	3.350 50	
1893	1888	233	5.000 »	
1894	1158	258	5.500 »	
1895	1226	263	4.341 95	
1896	1264	324		
		1.484		
			Marseille	
1890	517			
1891	412	34		
1892	233	27		
1893	298	25		
1894	326	42		
1895	293	22		
1896	296	20		
		170		

Récapitulation par Années

Années	Activité	Reçus	Transport à la Caisse cent. Art. 214. Bureaux génér.	Bureaux partic.
1890	3215			
1891	2141	551	4.650 »	6.008 »
1892	3465	605	3.775 05	4.541 50
1893	4370	592	4.533 »	5.754 25
1894	3677	611	7.120 »	4.525 »
1895	3723	538	4.379 50	3.876 50
1896	3677	640		

Il faut tenir compte pour l'année 1891 qu'il manque les nombres de plusieurs bulletins, ce qui fait un déficit de plus de 1 000 Sociétaires sur les autres années.

Mais nous avons tenu à donner ce roulement afin de permettre à toutes les commissions, ainsi qu'à tous les Sociétaires, d'apprécier le peu de prospérité en fait de personnel. Sur les 550 réceptions que nous avons par an, notre nombre devrait au moins s'augmenter de 200, mais les chiffres démontrent tout le contraire ! ! Et en tenant compte que ce sont les Bureaux et les Arrondissements qui font le plus d'admissions, qui envoient le plus d'argent à la Caisse centrale, nous sommes convaincus que si, par un fait quelconque, ce roulement de 550 admissions se trouvait supprimé ou amoindri d'une notable façon, notre caisse en souffrirait beaucoup.

Voilà la seule raison qui nous fait demander une augmentation aux Sociétaires de 35 ans et au-dessus, afin de laisser aux jeunes l'entrée et la cotisation comme par le passé ; car si nous regardons les admissions et les radiations, nous trouvons les premières, tout comme les secondes, bien au-dessous de 35 ans, et là où nous voyons le plus de radiés, c'est à l'âge où les jeunes gens partent pour le service militaire.

Nous ne croyons pas que l'on puisse soutenir très sérieusement que les jeunes, qui voyagent, en général, coûtent aussi cher à la Société que les sociétaires sédentaires qui ont, pour la plupart, femme et enfants, et, avec l'âge, bien plus de cas de maladie.

Aux objections que l'on peut nous faire sur l'augmentation à ceux-ci, plutôt qu'à ceux-là, nous répondrons que plus on est vieux, plus on est à même de jouir de la retraite, et à ceux qui sont ennemis de la capitalisation, nous leur disons qu'une retraite pour qu'elle soit solide, il faut qu'elle soit basée sur un capital effectif, et que toute association dont le capital ne grossit pas est une Société qui périclite ; en outre, comme le nombre de sociétaires n'augmente pas, avec le système que nous donnons, dans une période relativement courte, notre capital serait assez fort pour nous permettre de réduire les cotisations ou tout au moins de mettre tous les sociétaires au taux actuel, car nous devons compter avec d'autres placements que ceux à ce jour, puisque la nouvelle loi nous permettra des placements immobiliers.

Pour les objections que l'on peut faire sur la rentrée des cotisations au sujet des Bureaux qui ne font pas leurs affaires, elles peuvent s'appliquer à toutes les augmentations et l'on devra toujours tabler avec ces non-valeurs.

Le Bureau central n'en fait pas une proposition ferme ni une question de Bureau, il ne donne ce travail que comme idée susceptible d'être discutée, et par là faire naître un courant définitif dans le sens de *l'augmentation de la retraite.*

Il donne son idée en tant que principe, mais non comme article définitif, et seulement parce que le « Tour de France » est unanime pour augmenter les retraites.

Nous vous livrons les grandes lignes d'un projet.

A vous de faire au mieux des intérêts de la Société, et trop heureux nous serions s'il pouvait être utile pour les travaux qui vont commencer au mois de juillet prochain, en vertu de notre règlement.

Les Membres du Bureau central :

Le président, BLANCHET, *le vice-président*, THIBAUDÈRE; *le secrétaire*, GIRERD, *le trésorier*, PAIN ; *le trésorier-adjoint*, GUIGNOU ; *le secrétaire-rédacteur*, RALLET ; *l'archiviste*. GUILLON ; *les secrétaires d'arrondissements*, GAUTHIER, RAFF, PERILHOU, BERT, FORMUS ; *les délégués*, FONTENEAU, BRUDON, DUBOIS, ARGNANI, LEFEBVRE, BLOT, FONTENEAU.

CHAPITRE XXIV

DE L'IMPORTANCE DES BIBLIOTHÈQUES

Il y à dans notre époque de progrès un point important à ne pas négliger au sujet de l'instruction qui tend à se propager de plus en plus ; que l'ouvrier comprenne qu'il ne doit pas négliger à augmenter son savoir et ses connaissances théoriques et pratiques et pour s'en rendre le moyen le plus facile, qu'il cherche dans des livres ce qui doit le plus lui plaire ; c'est dans une bibliothèque qu'il les trouvera, mais, nous dira-t-on, où sont ces bibliothèques? créons-les, à l'exemple des instituteurs qui ont formé des cercles et ont donné des conférences, imitons-les, que dans les Bureaux ou du moins dans les grands centres, que l'on essaye à se procurer des livres, aussi bien des ouvrages scientifiques que des lectures amusantes, l'on délaissera plutôt les romans pour chercher un renseignement utile concernant son métier ou ses occupations, et plus le niveau intellectuel s'élèvera par l'instruction, plus l'ouvrier comprendra ses devoirs civiques envers la Société qui l'aura aidé à se former et envers l'humanité ; il fera part à ses amis de ses découvertes et leur dira que c'est grâce aux livres et brochures qu'il a lus et aux bons conseils qu'il a reçus, qu'il a pu devenir un ouvrier intelligent, et favorisera ainsi le recrutement de nos jeunes sociétaires.

Plusieurs grandes villes ont déjà compris cette idée de fonder des bibliothèques telles que : Lyon, Nantes, Bordeaux, qui ont des bibliothèques organisées pour l'instruction de tous nos sociétaires, et nous ne saurions mieux faire que de vous relater un extrait du rapport de M. Gruet, en date du 13 avril 1892 et lu par l'honorable M. Daney, maire de Bordeaux.

« Messieurs,

« L'administration a soumis à votre Commission de l'Instruction publique une demande formée par la *Société de l'Union des Travailleurs du Tour de France* dans les circonstances suivantes :

« Cette Société fondée en 1832, dont une section comptant plus de 700 membres fonctionne à Bordeaux depuis 1834, a pour but principal d'assister les travailleurs de toutes les corporations et les guider dans leurs voyages ; mais elle se préoccupe aussi de l'instruction professionnelle de ses membres, soit par des cours spéciaux, soit par la formation de bibliothèques dans les villes où, comme à Bordeaux, siège un Bureau général.

« Les membres de ce Bureau se proposent de combler la lacune qui existait dans l'organisation locale en créant une bibliothèque, et comme les ressources de la Société ne peuvent être employées qu'à la distribution des secours, ils demandent à la ville de leur venir en aide pour la réussite de l'œuvre qu'ils ont entreprise.

« L'administration, après examen de cette demande, a pensé qu'il y avait lieu d'encourager les efforts louables de l'*Union des Travailleurs*, en accordant une subvention dont le montant servirait à constituer un fonds sérieux de livres choisis parmi les plus utiles aux ouvriers des diverses professions. La liste de ces ouvrages a été, sur notre demande, dressée par le Bureau ; elle répond au but que poursuivent les fondateurs et atteint le chiffre de 500 fr.

« Par ces motifs etc , etc. »

Le Conseil municipal vota la proposition qui lui était soumise et permit ainsi à l'*Union* de fonder sa bibliothèque sur des bases sérieuses.

Les sociétaires obtinrent aussi un lot important de livres du Ministère de l'Instruction publique, de la Société Franklin de Paris et de généreux donateurs. Le Ministère du commerce voudra bien à son tour aider à la constitution de l'œuvre qui est déjà belle. Elle est très fréquentée par les sociétaires qui sont autorisés à prendre des volumes et ils trouvent à leur lecture l'instruction, en même temps qu'un emploi des moments de loisirs, intéressant, moral, sans frais et profitable à tous les points de vue.

Les pouvoirs publics, disions-nous plus haut, ont compris l'utilité d'œuvres comme l'*Union des Travailleurs du Tour de France*; aussi est ce avec une grande joie que nous avons lu le projet de loi sur des Sociétés de Secours Mutuels, déposé à la Chambre des députés par l'honorable M. Audiffred. Ce projet et le rapport qui l'accompagne consacrent en entier toutes les œuvres de l'*Union*. Toutes les barrières élevées par l'ancienne législation seront démolies, la preuve étant irréfutablement faite que toutes ces barrières sont inutiles et même nuisibles.

L'honneur de ce beau résultat doit revenir aux Sociétés de la première avant-garde qui, malgré toutes les entraves dont on parsemait leur marche vers le bien, ont su, à force de persévérance, atténuer de plus en plus les effets de la misère et des souffrances de leurs adhérents et rendre ainsi supportable l'existence à tout un grand nombre de membres de l'innombrable famille des déshérités.

Lyon et Nantes ont également des bibliothèques; cette dernière ville reçoit des subventions qui se sont élevées, en 1899, à la somme de 700 francs.

D'après le bulletin du premier semestre 1899 et d'après un graphique montrant la marche ascendante de la Société, il y a quatre mille trente-huit sociétaires formant un capital d'environ 250,000 francs, ainsi qu'il est expliqué à la page xv du fascicule.

Constitution de la Commission

Quant à la constitution actuelle de notre Commission pour la Notice historique, nous avons eu le regret de perdre un de nos plus dévoués défenseurs des intérêts de l'Union, c'est dire le sociétaire Marquet, qui a constamment rempli des fonctions de membre de bureau et qui avait rédigé et proposé cette Notice, et qui en a continué la suite jusqu'à sa mort, en 1899.

Le sociétaire Brudon est également décédé en laissant des souvenirs de bon et dévoué serviteur de l'Union, et ayant rempli sans intervalle des fonctions de membre de bureau.

Il faut encore ajouter à cette liste les sociétaires Authier et Ducrot, de bons sociétaires dont nous ne pourrons plus avoir les excellents conseils.

Deux ont donné leur démission, n'ayant plus le temps indispensable de s'occuper sérieusement des faits se rapportant à ce travail, ce sont les sociétaires Thierry et Trichard.

La Commission est actuellement composée des sociétaires :

Bergevin, Blanchet, Boulanget, Liniez, Marquet, Pain et Thibaudière.

Membres correspondants des bureaux de province

Bureau de Bordeaux. — Cap et Taillandier.

FIN

DATE DE LA FONDATION

DES

BUREAUX ACTUELLEMENT CONNUS

DÉSIGNATION DES BUREAUX	DATES	PRÉSIDENTS OU FONDATEURS
Arrondissement de Paris		
Bureau central	11 avril 1858	Ausset
— général	11 mai 1845	Migneau
— des Quatre-Corps	1er décem 1844	»
— des Menuisiers	1er octobre 1843	(Franç.) Souladié
— des Serruriers	1er octobre 1844	(Pier.) Moreau
— Corroyeurs, Tanneurs	1er nov. 1843	(Ach.) François
— des Mégissiers	26 décem 1852	Pénalliesse
— Bourrel.-Selliers (1)	11 mai 1845	Picheuot
— des Tailleurs d'habits	27 avril 1857	Guillier Guignard
— des Charrons	1er janvier 1852	»
— des Maréchaux (1)	1er avril 1866	»
— des Couvr. Plombiers et Zingueurs (1)	1er février 1883	Michard
— St Denis, Quatre-Corps	1er février 1876	Lamoureux
— St-Denis, Mégissiers	1er juin 1884	Dervieux
Arrondissement de Bordeaux		
Bureau général	1er décem. 1834	Chesnau
— des Serruriers	12 juin 1832	(Marius) Motte
— des Menuisiers	8 nov. 1835	Bergeret
— des Bourreliers	1er avril 1835	»
— Corroyeurs, Tanneurs	1er avril 1851	»
— des Plâtriers	5 juin 1853	Loizy
— des Chapeliers	4 mai 1854	»
— des Tailleurs d'habits	6 octobre 1854	Gazon, Guignard
— des Charrons	»	»
— des Maréchaux	»	»

(1) Ces bureaux sont maintenant supprimés.

DÉSIGNATION DES BUREAUX	DATES	PRÉSIDENTS OU FONDATEURS
Bureau des Charpentiers	6 octobre 1854	Gazou, Guigrard
— des Quatre-Corps	»	»
— des Peintres	»	»
— de Toulouse	1er février 1833	Marty, Guiraud Mèche
— d'Angoulême Qu.-Co.	»	»
— — Cordonniers	»	»
— — Métallurgie	13 décem. 1884	Gautier
— — Poudriers	»	»
— St Michel, papetier	1897	»
— de Saintes	»	»
— de Rochefort	»	»
Arrondissement de Lyon		
Bureau général	15 octobre 1840	Bouvier
— des Serruriers	1er octobre 1832	Chalet
— Quatre-Corps	4 juin 1832	Chappuis
— des Menuisiers	»	»
— des Maréchaux	1er mars 1832	»
— des Charrons	»	»
— de Dijon	2 juillet 1844	Deboustat
— d'Anse (Rhône)	»	»
— de Genève (Suisse)	»	»
Arrondissement de Marseille		
Bureau général	»	»
— des Quatre-Corps	»	»
— des Menuisiers	28 février 1844	Roussière
— de Béziers	»	»
— de Cette	»	»
— de Montpellier (1)	»	»
— de Nîmes (1)	6 janvier 1839	»
— de Toulon (1)	30 juillet 1832	Brunet
— — des Serr. (1)	1er janvier 1879	Fébu

(1) Ces bureaux sont supprimés.

DÉSIGNATION DES BUREAUX	DATES	PRÉSIDENTS OU FONDATEURS
Bureau — des Maçons(1)	1er janvier 1879	Fébu
— de Toulon (Mourillon)	26 juillet 1881	Lainet
— — Maison-Neuve	13 février 1883	Beillon
— — Lagarde	7 décem. 1884	Fruval
— — Pont de-Lys(1)	1er mars 1880	Mazère
— de la Seyne	»	»
Arrondissement de Nantes		
Bureau général	25 décem. 1838	(Achil.) Hémon
— des Menuisiers	»	»
— des Quatre-Corps	»	»
— de Tours	1er janvier 1838	»
— d'Angers	1er janvier 1838	»
— de La Rochelle	5 février 1835	L. Parizot
— de Rezés-lès-Nantes	1er juillet 1883	»
— de Château-d'Oléron	1er mars 1881	»
— de la Flotte (Ile-de-Ré)	28 sept. 1879	Parizot
— de Sainte-Marie — (1)	15 février 1885	»

(1) Ces bureaux sont supprimés.

TABLEAU DES PENSIONNÉS DEPUIS 1864

	NOMS	PROFESSION	BUREAUX des PENSIONNÉS	DATE de RÉCEPTION	DATE D'ADMISSION	ANNÉES d'activité	POSITION des PENSIONNÉS	DATE de suppression OU DU DÉCÈS
1	Chapot.	Menuisier	Marseille	6 avril 1839	28 octob. 1864	24	incurable	Supprim. 3 janv. 1869
2	Ludé.	Menuisier	Paris	8 sept. 1840	11 avril 1865	24	incurable	22 octobre 1865
3	Motte.	Serrurier	Marseille	12 juin 1832	20 mars 1867	34	60 ans	15 mars 1874
4	Bergeal.	Tailleur	Nantes	4 déc. 1838	20 mars 1867	28	incurable	1er avril 1869
5	Luquet.	Menuisier	Nantes	9 mai 1843	1er avril 1872	28	incurable	31 décembre 1872
6	Cottin.	Corroyeur	Paris	6 oct. 1845	1er octob. 1872	26	60 ans	1er février 1886.
7	Martin.	Menuisier	Angoulême	3 fév. 1854	1er juillet 1872	18	incurable	sup. 31 mars 1894
8	Farat.		Nantes	2 oct. 1841	1er janv. 1874	32	60 ans	22 octobre 1881
9	Lavergne.	Serrurier	Lyon	8 mars 1846	15 mai 1874	28	incurable	15 octobre 1874
10	Favier.	Ferblantier	Nantes	4 juillet 1847	1er janv. 1876	28	incurable	3 février 1897
11	Brunet.	Serrurier	Toulon	6 sept. 1857	1er octob. 1877	19	incurable	26 mars 1898
12	Souladier.	Menuisier	Paris	1er juil. 1840	1er janv. 1878	33	60 ans	2 mai 1886
13	Chérut.	Sellier	Paris	6 avril 1848	1er janv. 1878	29	60 ans	5 mars 1878
14	Périgot.	Sellier	Paris	11 mai 1845	1er avril 1875	33	60 ans	27 septembre 1895
15	Petit.	Corroyeur	Paris	6 sept. 1849	1er janv. 1881	31	60 ans	20 janvier 1882
16	Denis.	Cordonnier	Bordeaux	3 déc. 1852	1er avril 1881	28	60 ans	24 octobre 1890
17	Collot.	Doreur	Paris	7 sept. 1860	1er janv. 1883	22	incurables	19 janvier 1885
18	Tisné.	Tailleur	Bordeaux	3 déc. 1875	1er avril 1883	7	incurables	
19	Chevalier.	Tanneur	Paris	1er mai 1853	1er janv. 1881	30	60 ans	24 novembre 1897
20	Lanne.	Menuisier	Paris	1er juil. 1858	1er janv. 1884	25	60 ans	3 janvier 1890
21	Albert	Maréchal	Lyon	6 avril 1872	1er janv. 1884	11	incurable	
22	Certain	Cordonnier	Paris	7 mai 1866 Remerc. en 1868 Réint. en 1880	1er janv. 1884	6	incurable	
23	Fiard	Serrurier	Saintes	3 oct. 1845	1er janv. 1885	39	60 ans	
24	Marquet	Serrurier	Paris	2 juin 1850	1er janv. 1885	34	60 ans	22 mars 1899
25	Duffaut	Charpentier	Bordeaux	18 mai 1855	1er janv. 1885	33	60 ans	30 décembre 1892
26	Dénéké	Tailleur	Nantes	3 sept. 1854	1er janv. 1885	30	60 ans	18 décembre 1896
27	Gischia	Tailleur	Paris	1er oct. 1851	1er janv. 1886	34	60 ans	
28	Decharme	Ferblantier	Paris	4 juillet 1857	1er janv. 1886	28	60 ans	17 août 1889
29	Cligny	Corroyeur	Paris	3 oct. 1857	1er janv. 1886	28	60 ans	27 mai 1894
30	Sanson	Cultivateur	Toulouse	7 nov 1862	1er janv. 1886	13	incurable	
31	Chapeau	Serrurier	Marseille	4 mai 1851	1er janv. 1886	34	60 ans	30 décembre 1894
32	Choucherie	Menuisier	Marseille	7 août 1851	1er janv. 1886	35	60 ans	
33	Prunagre	Serrurier	Paris	5 déc. 1852	1er janv. 1887	34	60 ans	23 janvier 1897

	NOMS	PROFESSION	BUREAUX des PENSIONNÉS	DATE de RÉCEPTION
34	Labarthe	Menuisier	Paris	28 mai 1853
35	Barthe Latour	Relieur	Toulouse	5 juillet 1853
36	Caumont	Maréchal	Bordeaux	3 fév. 1865
37	Poisson	Faïencier	Nantes	4 juillet 1869
38	Savart	Menuisier	Paris	1er janv. 1850
39	Constantin	Mécanicien	Paris	4 juillet 1852
40	Reperche	Menuisier	Paris	3 avril 1853
41	Soum	Ferblantier	Lyon	3 juillet 1859
42	Serres	Scieur de long	Bordeaux	4 mai 1881
43	Augier	Mécanicien	La Seyne (Var)	4 mai 1851
44	Delpont	Menuisier	Nantes	1er fév. 1852
45	Lhoumeau	Serrurier	Tours	2 mai 1852
46	Joly	Menuisier	Paris	5 sept 1852 Remarq. en 1863 Réint. en 1865
47	Martin	Menuisier	Angoulême	3 février 1854
48	Lévêque	Serrurier	La Rochelle	5 février 1854
49	Viguié	Cordonnier	Paris	7 sept. 1856
50	Lemaître	Chauffeur	Paris	6 sept. 1863
51	Guerin	Serrurier	Paris	1er mars 1868
52	Menais	Corroyeur	Nantes	1er mai 1881
53	Charvet	Charron	Paris	2 oct. 1853
54	Régnier	Tanneur	Paris	5 sept. 1862
55	Soly	Serrurier	Lyon	3 mars 1851
56	Chaulon	Ajusteur	Paris	5 juin 1853
57	Bouzon	Tailleur	Paris	6 juin 18[illegible]3
58	Giraux	Charron	Marseille	3 sept. 1857 Remarq. en 1862 Réint. en 1865
59	Thierry	Paveur	Paris	25 juil. 1865
60	Papoin	Maréchal	Tours	1er juil. 1866
61	Rigel	Maréchal	Paris	5 août 1875
62	Favin	Sellier	Paris	4 juin 1852
63	Godin	Bourrelier	Bordeaux	10 juil. 1852
64	Bréard	Corroyeur	Paris	2 sept. 1853
65	Bonnet	Menuisier	Bordeaux	1er avril 1855
66	Flacher	Menuisier	Marseille	8 juin 1856
67	Noyer	Charron	Marseille	9 août 1859

DATE D'ADMISSION	ANNÉES d'activité	POSITION des PENSIONNÉS	DATE de suppression OU DU DÉCÈS
1er janv. 1887	33	60 ans	29 juillet 1896
1er janv. 1887	33	60 ans	5 mai 1891
1er janv. 1887	21	incurable	21 janvier 1893
1er janv. 1888	18	incurable	10 mars 1895
1er janv. 1889	38	60 ans	24 février 1900
1er janv. 1889	36	60 ans	
1er janv. 1889	35	60 ans	
1er janv. 1889	29	incurable	22 mars 1894
1er janv. 1889	4	incurable	29 décembre 1891
1er janv. 1890	38	60 ans	24 juin 1897
1er janv. 1890	37	60 ans	13 octobre 1893
1er janv. 1890	37	60 ans	
1er janv. 1890	35	60 ans	
1er janv. 1890	35	60 ans	13 octobre 1892
1er janv. 1890	35	incurable	6 janvier 1891
1er janv. 1890	33	60 ans	
1er janv. 1890	26	60 ans	14 septembre 1892
1er janv. 1890	21	incurable	18 août 1891
1er janv. 1890	5	incurable	
1er janv. 1891	37	60 ans	
1er janv. 1891	28	60 ans	
1er janv. 1892	38	60 ans	
1er janv. 1892	38	60 ans	
1er janv. 1892	34	60 ans	
1er janv. 1892	31	60 ans	21 janvier 1894
1er janv. 1892	26	60 ans	
1er janv. 1892	25	incurable	
1er janv. 1892	16	incurable	4 janvier 1896
1er janv. 1893	40		
1er janv. 1893	40	60 ans	3 mars 1897
1er janv. 1893	39	60 ans	13 décembre 1893
1er janv. 1893	37	60 ans	25 janvier 1900
1er janv. 1893	36	60 ans	21 janvier 1900
1er janv. 1893	33	incurable	21 juin 1894

	NOMS	PROFESSION	BUREAUX des PENSIONNÉS	DATE de RÉCEPTION	DATE D'ADMISSION	ANNÉES d'activité	POSITION des PENSIONNÉS	DATE de suppression OU DU DÉCÈS
68	Saint-Marcel	Plombier	Paris	4 janv. 1863	1er janv. 1893	29	incurable	
69	Garigus	Chaudronnier	Paris	5 avril 1865	1er janv. 1893	27	60 ans	21 janvier 1894
70	Fournier		Nantes	2 déc. 1866	1er janv. 1893	26	60 ans	30 décembre 1895
71	Guénin	Ferblantier	Paris	10 mars 1872	1er janv. 1893	20	incurable	
72	Franck	Fumiste	Paris	3 fév. 1859	1er janv. 1893	33	incurable	
73	Cornuault	Menuisier	Paris	3 juin 1852	1er janv. 1894	41	60 ans	
74	Croissy	Menuisier	Lyon	3 sept. 1853	1er janv. 1894	40	60 ans	22 novembre 1898
75	Chauvin	Charron	Lyon	2 juil. 1854	1er janv. 1894	39	60 ans	
76	Guénard	Bourrelier	Paris	1 sept. 1854	1er janv. 1894	39	60 ans	
77	Vaissière	Cordonnier	Bordeaux	4 mars 1855	1er janv. 1894	38	60 ans	
78	Chaquineau	Relieur	Paris	5 juil. 1855	1er janv. 1894	38	60 ans	
79	Camoissan	Menuisier	Nantes	23 avril 1856	1er janv. 1894	37	60 ans	
80	Saint-Aubin	Charpentier	Bordeaux	5 mai 1859	1er janv. 1894	34	60 ans	
81	Bertillion	Peintre	Dijon	9 avril 1859	1er janv. 1894	34	incurable	18 septembre 1896
82	Pellet	Serrurier	Lyon	5 août 1860	1er janv. 1894	33	60 ans	
83	Soubie	Forgeron	Nantes	5 oct. 1862	1er janv. 1894	31	60 ans	
84	Brandon	Journalier	Paris	10 janv. 1864	1er janv. 1894	29	60 ans	
85	Mottier	Maréchal	Paris	3 juin 1864	1er janv. 1894	29	60 ans	20 novembre 1899
86	Rillet	Serrurier	Lyon	5 juin 1864	1er janv. 1894	29	60 ans	
87	Pujin	Peintre	Paris	1er oct. 1864	1er janv. 1894	29	60 ans	
88	Seigneur	Journalier	Paris	2 sept. 1866	1er janv. 1894	23	60 ans	
89	Tony	Charpentier	Bordeaux	1er déc. 1867	1er janv. 1894	26	60 ans	En 1897
90	Bisson	Chauffeur	Paris	3 mai 1868	1er janv. 1894	25	60 ans	
91	Jégard	Tailleur	Paris	7 sept. 1868	1er janv. 1894	25	60 ans	22 octobre 1897
92	Duffaud	Charpentier	Bordeaux	5 nov. 1871	1er janv. 1894	22	incurable	9 novembre 1895
93	Bazignan	Tailleur	Paris	2 déc. 1873	1er janv. 1894	20	incurable	31 mars 1895
94	Aléch	Corroyeur	Marseille	5 janv. 1890	1er janv. 1894	3	incurable	
95	Quair	Menuisier	Paris	9 mars 1854	1er janv. 1895	40	60 ans	
96	Tanguy	Peintre	Paris	30 sept. 1854	1er janv. 1895	40	60 ans	
97	Cassagnavire	Tailleur	Toulouse	4 mars 1854	1er janv. 1895	40	60 ans	
98	Joubert	Menuisier	Paris	7 sept. 1855	1er janv. 1895	39	60 ans	
99	Verquière	Ferblantier	Montpellier	12 août 1855	1er janv. 1895	39	60 ans	
100	Fouilloux	Maréchal	Paris	7 sept. 1856	1er janv. 1895	38	60 ans	
101	Chiron	Menuisier	Angers	5 oct. 1856	1er janv. 1895	38	60 ans	1er mai 1898
102	Coroilliaux	Menuisier	Bordeaux	8 déc. 1856	1er janv. 1895	38	60 ans	30 décembre 1895
103	Laval	Menuisier	Paris	8 déc. 1857	1er janv. 1895	37	60 ans	
104	Bortherie	Charpentier	Bordeaux	6 mai 1859	1er janv. 1895	35	60 ans	

	NOMS	PROFESSION	BUREAUX des PENSIONNÉS	DATE de RÉCEPTION	DATE D'ADMISSION	ANNÉES d'activité	POSITION des PENSIONNÉS	DATE de suppression ou de décès
105	Trassy	Menuisier	Bordeaux	5 mai 1861	1er janv. 1895	33	60 ans	20 mai 1897
106	Baussaut	Métallurgiste	Bordeaux	6 fév. 1863	1er janv. 1895	32	60 ans	
107	Darrieumerlou	Maréchal	Bordeaux	11 fév. 1860	1er janv. 1895	25	60 ans	
108	Cossas		Bordeaux	4 sept. 1852	1er janv. 1895	43	60 ans	
109	Suchaire	Ferblantier	Tours	7 sept. 1854	1er janv. 1896	41	60 ans	
110	Gricourt	Plâtrier	Bordeaux	1er juil. 1855	1er janv. 1896	40	60 ans	
111	Guibert	Bourrelier	Nantes	4 nov. 1855	1er janv. 1896	40	60 ans	
112	Cochet	Serrurier	Angers	6 sept. 1857	1er janv. 1896	38	60 ans	
113	Fief	Ferblantier	Angers	1er juin 1858	1er janv. 1896	37	60 ans	
114	Boué	Tailleur	Paris	3 oct. 1858	1er janv. 1896	37	60 ans	13 novembre 1896
115	Vilespy	Ferblantier	Toulouse	4 déc. 1859	1er janv. 1896	36	60 ans	En 1898
116	Bouillot	Bourrelier	Paris	4 mai 1862	1er janv. 1896	33	60 ans	
117	Serre	Maréchal	Lyon	4 juil. 1863	1er janv. 1896	32	60 ans	
118	Gally	Mégissier	Paris	7 avril 1867	1er janv. 1896	28	60 ans	
119	Pin	Menuisier	Béziers	7 nov. 1869	1er janv. 1896	26	60 ans	
120	Brudon	Tailleur	Paris	4 janv. 1854	1er janv. 1897	43	60 ans	27 octobre 1899
121	Arcambret	Tailleur	Bordeaux	9 mai 1855	1er janv. 1897	41	60 ans	
122	Autier	Ferblantier	Bordeaux	4 nov. 1855	1er janv. 1897	41	60 ans	
123	Mulcey	Serrurier	Paris	1er nov. 1857	1er janv. 1897	39	60 ans	
124	Guérin	Bourrelier	Paris	2 mai 1858	1er janv. 1897	38	60 ans	
125	Lacoste	Menuisier	Bordeaux	4 nov. 1858	1er janv. 1897	38	60 ans	
126	Leclanche	Serrurier	Paris	3 juillet 1862	1er janv. 1897	34	60 ans	2 septembre 1899
127	Poignant	Tailleur	Paris	2 nov. 1863	1er janv. 1897	31	60 ans	
128	Drôme	Peintre	Paris	2 mai 1864	1er janv. 1897	32	60 ans	
129	Meigneu	Menuisier	Nantes	3 juin 1871	1er janv. 1897	25	incurable	
130	Legrioux	Menuisier	Nantes	7 déc. 1882	1er janv. 1897	14	incurable	13 décembre 1898
131	Guillaume	Ajusteur	Nantes	2 mars 1883	1er janv. 1897	13	incurable	
132	Rivoire	Charron	Lyon	7 juillet 1889	1er janv. 1897	7	incurable	
133	Lagardère	Charron	Bordeaux	2 avril 1893	1er janv. 1897	3	incurable	15 juin 1897
134	Aubin	Serrurier	Marseille	7 sept. 1856	1er janv. 1898	41	60 ans	
135	Gélu	Menuisier	Paris	4 oct. 1856	1er janv. 1898	41	60 ans	
136	Riviere	Menuisier	Paris	4 oct. 1858	1er janv. 1898	39	60 ans	6 mai 1900
137	Seifritz	Serrurier	Paris	6 fév. 1859	1er janv. 1898	38	60 ans	
138	Berger	Menuisier	Paris	4 sep. 1859	1er janv. 1898	38	60 ans	
139	André	Corroyeur	Paris	2 déc 1860	1er janv. 1898	37	60 ans	
140	Chauvin	Menuisier	Paris	2 juin 1861	1er janv. 1898	36	60 ans	
141	Pioche	Tanneur	Paris	7 mai 1865	1er janv. 1898	32	60 ans	

	NOMS	PROFESSION	BUREAUX des PENSIONNÉS	DATE de RÉCEPTION
142	Ponroy	Menuisier	Bordeaux	6 sept. 1868
143	Lefèvre	Frappeur	St Denis	4 nov. 1877
144	Dubournais	Pêcheur	Nantes	1er janv. 1882
145	Crassas	Fondeur	Angoulême	3 mars 1888
146	Guégniau	Charron	Lyon	4 mai 1893
147	Hibert	Cordonnier	Paris	7 fév. 1873
148	Josse	Tailleur	Paris	5 août 1854
149	Prud'homme	Tailleur	Paris	4 août 1857
150	Bidault	Chauffeur	Paris	6 mars 1866
151	Pitz	Tanneur	St Denis	9 fév. 1873
152	Halliez	Corroyeur	Nantes	31 déc. 1859
153	Delaveine	Menuisier	Marseille	4 sept. 1870
154	Clément	Charpentier	Bordeaux	1er mars 1868
155	Daroque	Maréchal	Bordeaux	2 avril 1865
156	Allias	Coiffeur	Toulouse	1er janv. 1869
157	Montus	Tonnelier	La Flotte	3 juin 1877
158	Echappé	Menuisier	Nantes	2 fév. 1888
159	Rispal	Serrurier	Bordeaux	6 oct. 1872
160	Celier	Menuisier	Paris	7 janv. 1857
161	Leblanc	Serrurier	Paris	3 sept. 1861
162	Savry	Maréchal	Paris	5 avril 1867
163	Besnard	Ferblantier	Paris	1er janv. 1857
164	Gay	Tailleur	Paris	5 mai 1857
165	Fissadan	Menuisier	Paris	3 août 1863
166	Delayre	Menuisier	Paris	5 juin 1859
167	Delézir	Menuisier	Paris	2 juin 1867
168	Maubec	Charron	Paris	4 oct. 1865
169	Launay	Forgeron	Bordeaux	6 mars 1864
170	Mora	Charpentier	Bordeaux	6 déc. 1859
171	Rolet	Cordonnier	Bordeaux	5 oct. 1871
172	Calmès	Menuisier	Bordeaux	5 avril 1863
173	Wertz	Corroyeur	Nantes	5 oct. 1873
174	Legeay	Menuisier	Nantes	6 oct. 1872
175	Thénot		Nantes	7 juillet 1889
176	Bréjeon	Chaudronnier	Angers	2 juin 1886
177	Legain	Tourneur	Nantes	4 juin 1880
178	Derhaye	Carrier	Nantes	1er mars 187[illegible]
179	Janin	Maréchal	Lyon	3 mai 1867

DATE D'ADMISSION	ANNÉES d'activité	POSITION des PENSIONNÉS	DATE de suppression ou de décès
1er janv. 1898	29	60 ans	
1er janv. 1898	20	incurable	
1er janv. 1898	16	incurable	
1er janv. 1898	9	incurable	
1er janv. 1898	4	incurable	
1er janv. 1899	25	60 ans	
1er janv. 1899	44	60 ans	
1er janv. 1899	41	60 ans	
1er janv. 1899	32	60 ans	
1er janv. 1899	25	60 ans	
1er janv. 1899	39	60 ans	
1er janv. 1899	28	60 ans	
1er janv. 1899	30	60 ans	
1er janv. 1899	33	60 ans	
1er janv. 1899	30	60 ans	
1er janv. 1899	19	incurable	
1er janv. 1899	11	incurable	5 avril 1899
1er janv. 1899	26	incurable	
1er janv. 1900	42	60 ans	
1er janv. 1900	38	60 ans	
1er janv. 1900	32	60 ans	
1er janv. 1900	42	60 ans	
1er janv. 1900	42	60 ans	
1er janv. 1900	36	60 ans	
1er janv. 1900	40	60 ans	
1er janv. 1900	32	incurable	
1er janv. 1900	36	60 ans	
1er janv. 1900	35	60 ans	
1er janv. 1900	41	60 ans	
1er janv. 1900	28	60 ans	
1er janv. 1900	36	incurable	
1er janv. 1900	26	60 ans	
1er janv. 1900	27	incurable	
1er janv. 1900	10	incurable	
1er janv. 1900	13	incurable	
1er janv. 1900	19	incurable	
1er janv. 1900	26	60 ans	
1er janv. 1900	32	60 ans	

TABLE

IMP. PAUL BOUSREZ, TOURS.

www.ingramcontent.com/pod-product-compliance
Ingram Content Group UK Ltd.
Pitfield, Milton Keynes, MK11 3LW, UK
UKHW012010240726
13965UKWH00001B/270

9 782013 579889